VICTOR NICKOLICH

El
LINCE

UNA HISTORIA VERIDICA DE INTRIGA, DECEPCION Y
TRIUNFO EN LOS DIAS DE LA GUERRA FRIA

Shreiber Press

Reseñas

Conocí a Víctor Nickolich en los Campeonatos Panamericanos de Paracaidismo realizados en Lima, Perú, en el año 1975. Él integraba la delegación cubana como competidor de clase mundial y fue un protagonista destacadísimo en esa competencia.

Un par de años más tarde nos reencontramos en Oaxtepec, México, durante el siguiente Campeonato Panamericano de Paracaidismo, donde compartimos experiencias realmente muy excitantes, que Víctor relata detalladamente en su extraordinario libro, que hoy tenemos el inmenso placer de disponer su edición en idioma español.

En El Lince, Víctor relata su historia increíble con la autoridad de haber sido testigo personal de una de las etapas más críticas del comunismo cubano y de su descomunal y solitaria lucha por lograr la libertad.

Contra todo pronóstico, Víctor se convirtió en un paracaidista de clase mundial con el propósito exclusivo de abandonar la isla carcelaria, en una poderosa demostración del espíritu inquebrantable de la supervivencia humana.

El deseo imperioso y legítimo de Víctor por vivir en libertad le impulsó a sobrellevar diversas situaciones extremadamente riesgosas, que finalmente le permitieron lograr su propósito ambicionado.

La lectura de este libro, en el cual relata su historia excepcional, absolutamente real y emocionante, es, a mi criterio, de lectura obligada para todos quienes amamos la libertad y un ejemplo auténtico de lo que puede lograr un ser humano que desea ser el artífice de su propia vida, sin imposiciones de un autoritarismo extremo.

-Tomás Dánil Berriolo, presidente de la Federación Panamericana de Paracaidismo, 1972-1980. Gold Medal de la FAI 2016 y recipiente del altamente distinguido diploma «Paul Tissandier» otorgado por la Fédération Aéronautique Internationale.

El Lince es una historia poderosa e inspiradora de coraje y compromiso con la libertad. También es una ventana fascinante a la historia de Cuba durante la Guerra Fría. ¡Lo recomiendo altamente!

- Almirante James Stavridis, USN (Retirado) jefe del Comando Sur de EE. UU., 2006-2009. Comandante Aliado Supremo de la OTAN, 2009-2011.

El Almirante Stavridis es actualmente el Decano del Colegio de Diplomacia de la Universidad de Tufts en Massachusetts y el autor de «*Destroyer Captain*», «*The Accidental Admiral*» y «*Sea Power*».

El Lince es el relato espeluznante de un hombre extraordinario en búsqueda de su libertad contra toda esperanza. Es una historia emocionante, inspiradora y repleta de intriga internacional, con todos los ingredientes de una novela de John LeCarre, excepto por un aspecto crítico: toda la acción, todos los actores y todas las circunstancias son reales. A través de su paciencia, innovación y competencia, Nick logra poner al resto de las fugas de la guerra fría en un plano muy inferior. Si apreciamos la libertad, o simplemente necesitamos ser recordados de este privilegio de vez en cuando, El Lince es un muy buen lugar para empezar.

El coronel John Fenzel es un veterano de las Fuerzas Especiales que sirvieron en nuestra nación en los campos de batalla de Europa y el Medio Oriente. Sirvió como asesor personal del Secretario de Defensa, el jefe del Estado Mayor del Ejército y el vicepresidente de los Estados Unidos. Al término de la Guerra Fría, John dirigió a las primeras campañas militares de EE. UU. en los Países Bálticos.

John Fenzel es el autor de «*The Sterling Forest*», «*The Lazarus Covenant*» y «*The Fifth Column*».

Un agradecimiento muy especial a la Secretaria de Estado Condoleezza Rice, quien hizo posible la desclasificación y publicación de las comunicaciones secretas entre el Departamento de Estado de EE. UU. y la Embajada de EE. UU. en la Ciudad de México y que aparecen al final de este libro.

Para mis hijos maravillosos, Stana y Lucas,
a quienes amo y admiro más de lo que nunca llegaran a saber.

Y para mi querida esposa Loes, sin la cual nada sería posible.

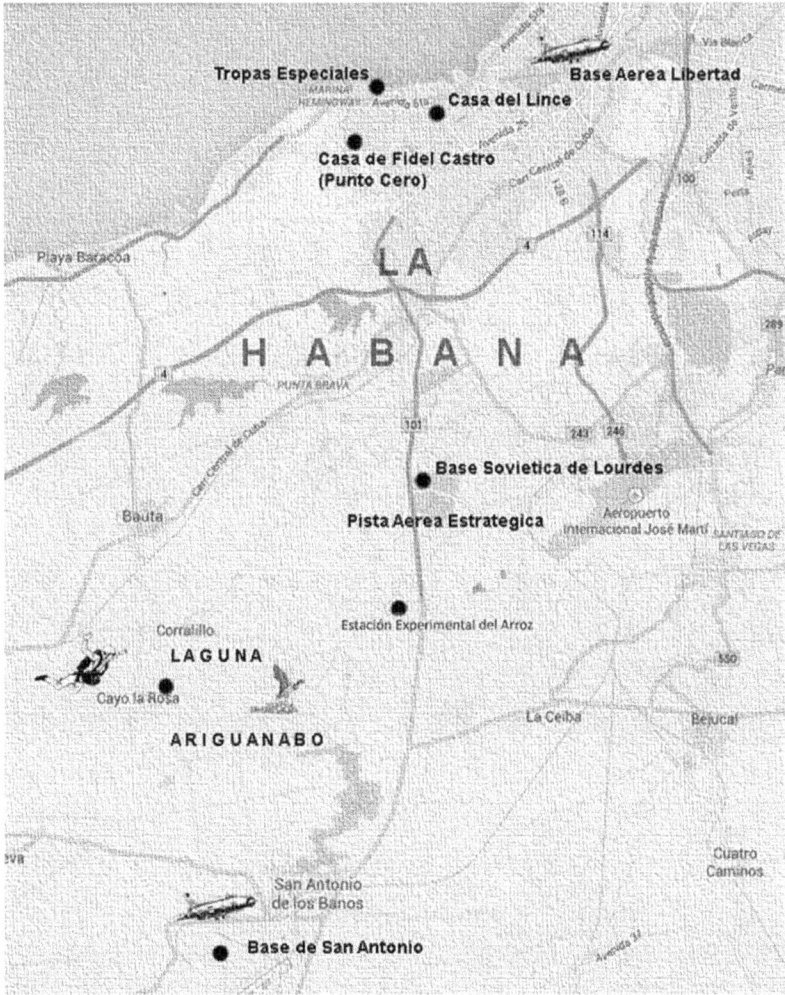

Mapa de la Habana y sus alrededores, 1972

Prólogo

La espesa neblina había descendido sobre el aeródromo en las altas horas de la noche y permaneció estacionaria hasta más allá del amanecer. A pesar de la visibilidad escasa, el atleta logró mantener un paso constante por los dos kilómetros de senderos irregulares que bordeaban la pista de aviación. Había corrido por ese mismo camino un sinnúmero de ocasiones y se conocía cada desnivel y rugosidad del terreno como la palma de sus manos.

Las madrugadas le brindaban una paz interna sin igual. Era la hora más serena del día, cuando los únicos sonidos a su alrededor eran su propia respiración, y las pisadas de sus zapatillas deportivas sobre el pasto cubierto de rocío. Los espacios infinitos les daban claridad a sus pensamientos y lo invitaban a soñar despierto.

Sin embargo, esa tranquilidad no sería más que un soplo efímero. En cuestión de minutos, el aeródromo volvería a la vida con los sonidos típicos de una base de aviación agrícola, la que hacía vez de centro de entrenamiento para el equipo nacional de paracaidismo deportivo.

Una tras la otra, las avionetas de fumigación AN-2 levantarían vuelo para descargar sus tanques de pesticidas sobre los campos de caña de azúcar aledaños. Una vez que el último avión despegase hacia el horizonte, otro avión se trasladaría a la plataforma para recibir el primer grupo de paracaidistas.

Nick aceleró el paso en los últimos cincuenta metros y se dirigió directamente hacia las barracas. Apenas contaba con tiempo suficiente para ducharse, recoger su equipo de paracaídas y abordar el avión asignado para los saltos. Estaba feliz. Los rayos del sol que observó filtrándose a través de la neblina auguraban un día ideal para el paracaidismo.

No obstante, la vida a veces da giros inesperados. Mientras el deportista se preparaba en mente y cuerpo para un día de entrenamiento intensivo, el destino le tenía reservado un episodio muy diferente.

1

EL ENIGMA

Capítulo 1

Las decisiones son un riesgo arraigado en la determinación de ser libre.

—Paul Tillich

En el verano de 1977, el club de aviación de Cuba convocó a un grupo selecto de paracaidistas al aeródromo de San Nicolás de Bari. La ocasión era el comienzo del entrenamiento para el Campeonato de Panamericano Paracaidismo que se celebraría en México a finales de ese año. El entrenador de la selección nacional sería Anatoli Yurenkov, un excampeón nacional de la URSS a quien todos en el aeródromo llamaban cariñosamente *Tolia*.

Fornido, dispuesto y con una habilidad extraordinaria para la instrucción, Tolia emprendió su encomienda con gran entusiasmo y aplicando las técnicas de entrenamiento más avanzadas en la URSS. Al final de cuatro largos meses, el ucraniano logró calificar al equipo de Cuba como uno de los favoritos para ganar la medalla de oro en México.

Una ligera brisa proveniente del oeste finalmente disipó la neblina, dejando en su lugar una atmosfera fresca y un cielo azul y carente de nubes. Antes del mediodía, los cuatro finalistas del equipo nacional habían anotado cinco aterrizajes perfectos en la diana de diez centímetros, un patrón repetido salto tras salto y día tras día, en las previas tres semanas.

Faltando sólo seis días para el viaje, el equipo estaba listo para alcanzar una victoria decisiva en México. En retrospectiva, cada noche pasada lejos de casa, cada reempaque de los paracaídas bajo el sol abrasador y cada impacto a alta velocidad sobre el disco rojo habían rendido sus frutos. Esa sería la segunda aparición de Cuba en los juegos panamericanos, un evento único celebrado cada dos años en un país diferente. Varios equipos de paracaidistas militares y civiles se encontrarían una vez más para poner a prueba sus habilidades aéreas individuales y por equipo. Pero como en las últimas competencias, el equipo a derrotar sería el de los *Golden Knights* de EE. UU., quienes hasta entonces mantenían el título de campeones Panamericanos invictos.

El tictac inexorable del reloj avecinaba el día que los Estados Unidos y Cuba se enfrentarían de nuevo, esta vez sobre el aeródromo de Tequesquitengo en México. Dos años antes, en el Perú, los Estados Unidos habían derrotado a Cuba en el evento de aterrizaje de precisión por equipo por un margen pequeño de puntos. Ahora, los cubanos tendrían la oportunidad de desafiar nuevamente a los Golden Knights y revertir los resultados del Perú. Había llegado la hora del desquite, aunque no necesariamente con el mismo propósito en mente por parte de uno de los paracaidistas cubanos.

Nick empacó su paracaídas soviético UT-15, pidió un sándwich de jamón en la cafetería y se dirigió hacia las barracas para dormir la siesta reglamentaria. Como de costumbre, sus pensamientos empezaron a divagar hacia un pasado relativamente distante. Siete años habían transcurrido desde el día cuando decidió inscribirse en el club de paracaidismo con el objetivo único de escaparse de la isla carcelaria. Ahora un competidor experimentado y tres veces miembro del equipo nacional, su determinación de ser libre se mantenía inquebrantable.

Siete años después—pensó para sí mismo. Había leído en alguna parte que el *siete* era el número de la perfección divina. La fuga se consumaría en esta ocasión, o nunca.

***

El paracaidista se encontraba adormecido sobre el colchón de su litera cuando notó la figura ciclópea de Tolia irrumpiendo súbitamente en el interior de la barraca. El ucraniano se detuvo por un instante en el umbral de la puerta para ajustar su visión a la oscuridad y acto seguido se dirigió directamente hacia él con paso resuelto. Nick se percató de unas gruesas gotas de sudor surcándole el rostro al entrenador.

—Nick, *pochemu ti niet México,* — ¿Por qué no vas a México? ¿Eres un hooligan?

—¿Un hooligan? Sólo cuando estoy soñando— Nick bromeó, sintiéndose confuso y no sabiendo cómo responderle a Tolia.

—Lince, Tolia está hablando en serio— interrumpió Kymbe, uno de sus compañeros. Al igual que los pilotos, la mayoría de los paracaidistas respondían a sus seudónimos. El apodo de Nick era *el Lince.*

—Acabo de tener una conversación con Melo. Me dijo que tienes problemas con la policía y que ya no conformas el equipo nacional. ¿Qué has hecho?

—Absolutamente nada que yo recuerde.

El entrenador hizo una pausa para enjugarse el sudor de su frente con el borde de su camiseta.

—Melo dice que Raúl ocupará tu lugar en el equipo y que Enrique viajará como alterno. No sé qué piensan tus jefes, pero ninguno de esos deportistas está calificado para competir en México. Ya Cuba no tendrá el menor chance de subirse al podio en los Panamericanos.

Lince demoró unos segundos para caer en cuenta de su situación. La única «policía» que podría haber ordenado su expulsión del equipo era la dirección de seguridad del estado, el temido DSE. ¿Sospecharía el DSE de sus intenciones de fugarse en México? Si así era, ¿cómo llegaron a esa conclusión apenas a unos pocos días del viaje?

Tres días antes, los miembros de la selección nacional se habían reunido a puertas cerradas con el teniente Tony Angulo, el oficial de la inteligencia cubana a cargo de la seguridad del club aéreo. Como de costumbre, Angulo les dispensó la charla política que precedía a todos los viajes al extranjero. Y como en ocasiones anteriores, el agente les hizo firmar un documento con las reglas del juego— todo lo que no podían hacer ni decir durante su estancia en México. Era el papel que el régimen no dudaría en utilizar contra ellos si alguien se atrevía a violar una o más de las disposiciones ahí plasmadas.

Sin embargo, nada durante ese encuentro hizo sospechar a Lince que podía estar en apuros con el DSE. Dedujo que la decisión de separarlo del equipo fue tomada en las últimas veinticuatro a cuarenta y ocho horas.

El paracaidista le pidió escusas a Tolia y salió de la barraca con paso apresurado. Necesitaba encontrar a Melo. El hombre que le dio la noticia a Tolia tal vez podría darle una explicación sobre el problema que acababa de volcarle su vida al revés.

$$***$$

La irrupción repentina de Lince en la oficina de operaciones del aeropuerto pescó a Melo por sorpresa. El hombre, quien se encontraba reclinado en su silla con sus botas encima del escritorio, bajó súbitamente sus pies al suelo y se irguió en su silla. Melo había sufrido un accidente en un avión de fumigación algunos años atrás el cual le afectó el uso normal de una pierna. Imposibilitado de pasar el examen físico para recalificar como piloto, Melo había sido puesto al frente de la base aérea de fumigación y de las operaciones de paracaidismo en San Nicolás. Escuálido y de alta estatura, Melo lucía un bigote espeso al estilo Pancho Villa que le daba una apariencia jocosa.

—Melo, ¿qué carajo está pasando en este lugar? Estaba durmiendo la siesta cuando Tolia se apareció en la barraca para decirme que me han sacado del equipo. No me gusta escuchar malas noticias referentes a mí de segunda mano, y mucho menos por boca del entrenador soviético.

—No fue culpa mía, Lince. Luciano me llamó por teléfono esta mañana para decirme que pusiera a Raul en tu lugar y que se lo comunicara de inmediato al ucraniano. Tolia se mostró turbado cuando le di la noticia. Por un instante pensé que me iba a dar un puñetazo en la cara. El entrenador te tiene un gran afecto.

—Alguien ha metido la pata en grande. Esto no solamente ha creado un problema para mí, sino que de hecho ha eliminado a Cuba antes del comienzo del evento. ¿Está la seguridad del estado detrás de este asunto?

Melo asintió. —Tiene que venir de allá arriba. Luciano quiere que recojas todas tus pertenencias y lo vayas a ver a la sede del club esta misma tarde. Ahí podrás discutir tu problema con él.

—El autobús del equipo no sale hasta las seis de la tarde— ¿Cómo supones que pueda llegar a tiempo para la reunión con Luciano?

—No te preocupes—yo ya me encargué de eso. Acabo de hablar con un inspector del Instituto de Aeronáutica Civil quien estuvo aquí de visita hoy. El hombre sale para la Habana en media hora. Él te llevará a las oficinas del club de aviación.

—Estaré listo en cinco minutos. Mira, quizás nos encontremos de nuevo cuando salga de la cárcel— dijo Lince con un tono de ironía.

—Buena suerte, Lince. Avísame dónde te encerraron. Me gustaría enviarte cigarrillos— bromeó Melo.

Lince salió de la oficina y se detuvo a pensar por unos segundos. Era extraño que Melo ya hubiese hecho arreglos para su viaje a la Habana. De regreso a la barraca, Lince vació su armario bajo la mirada atónita de sus compañeros de equipo.

—Son los segurosos— les dijo Lince. —No sé lo que tienen ahora contra mí, pero no voy a rendirme sin echar una pelea. No me cuenten fuera del juego todavía.

—Dales duro, socio. Te necesitamos en México— balbuceó Kymbe.

Kymbe sintió un escalofrío repentino. Por sus antecedentes y su posición dentro del partido comunista, el compañero de equipo de Lince sabía que las disposiciones de la seguridad del estado no tenían apelación posible. El DSE era la autoridad con mayor poder en la isla después de los hermanos Castro y de un puñado de caciques en el comité central. Con Lince bajo la sombra de la duda y prácticamente eliminado del equipo, sus sueños con derrotar a los Golden Knights se habían esfumado para siempre.

***

El automóvil Lada rojo estaba aparcado a la salida del aeropuerto con el motor en marcha. Lince se acercó al coche y observó al chofer inclinándose para levantar el pestillo de la puerta del pasajero.

— ¿Lince? — le preguntó el hombre al volante.

—Sí, soy yo.

—Soy Marcos. Melo me dijo que necesitas viajar de urgencia a la ciudad. Entra y toma asiento.

—Gracias, Marcos.

—Estaremos allá en menos de una hora.

Melo le había dicho que Marcos era un inspector del Instituto de Aeronáutica Civil. Sin embargo, a juzgar por la protuberancia en la parte posterior de su camisa, Marcos portaba una pistola. Lince sabía que las únicas personas autorizadas a llevar armas ocultas en Cuba eran los agentes del ministerio del interior. Melo no le había dicho toda la verdad.

De inmediato, supuso que Marcos era un agente enviado por el del DSE para llevarlo de regreso a la Habana, tomar notas, grabar todo lo que se hablase en el auto y estudiar sus reacciones. Decidió no mencionar su problema a menos que Marcos se lo preguntase, y también evitar dar muestras de estar turbado. Marcos, por su parte, pasó la mayor parte del viaje comentando sobre la temporada de béisbol en curso y cambiando con frecuencia las estaciones en la radio del Lada.

Lince necesitaba tiempo para pensar. La incógnita alrededor de su separación súbita del equipo le resultaba alarmante. Extrajo su cuaderno de saltos de su mochila y comenzó a anotar los detalles de los lanzamientos realizados esa mañana—lo que en realidad era un pretexto para evitar que Marcos lo molestara. Necesitaba descifrar el enigma antes de llegar a la Habana y preparar su defensa para el encuentro con Luciano. No podía darse el lujo que Luciano lo sorprendiera desprevenido.

Poco a poco, Lince comenzó a deshilvanar la madeja en su mente. Sus pensamientos lo transportaron a un episodio en el otoño de 1976, algo que el deportista había echado al cajón del olvido meses atrás. Recordó el día que dos paracaidistas canadienses, Gabriel y Derek se personaron sin previo aviso en las oficinas el club de aviación en la Habana. Nadie presente en el club aquel día entendía una palabra de inglés, por lo que acudieron a Lince para que hiciera función de intérprete.

Los canadienses simplemente deseaban hacer saltos en paracaídas en Cuba. Cuando Lince le pasó la información a Néstor Aponte, el jefe de los paracaidistas, Aponte lo comisionó para que los llevara a saltar al aeropuerto de San Nicolás al siguiente día. También le dio instrucciones, por órdenes de la seguridad del estado, de no perderlos de vista. El DSE quería conocer si los extranjeros tenían algún motivo ulterior para su visita a Cuba. Como ocurría con todos los extranjeros que visitaban Cuba, la seguridad cubana sospechaba que los canadienses eran espías.

Una vez concluidos los saltos en paracaídas, Lince invitó a los canadienses a una cena informal en su residencia. Gabriel y Derek habían expresado su interés de conocer a su familia cuando supieron que su padre, Víctor Daniels Nickolich, era un ingeniero norteamericano que llevaba viviendo en la isla más de cuarenta y cinco años.

Esa noche, aprovechando la intimidad de su hogar, Lince les habló abiertamente a los canadienses sobre su antagonismo prolongado con el régimen de Castro. También les confesó su determinación de escaparse durante la próxima competencia en el extranjero. Siguiendo una corazonada, pensó que sus nuevos amigos tal vez pudieran ofrecerle sugerencias para alcanzar ese objetivo.

La franqueza de Lince le instó a Gabriel a hacerle una revelación. Algunos meses antes del viaje a Cuba, Gabriel estableció amistad con Jock Covey, un paracaidista norteamericano que trabajaba para Henry Kissinger, el secretario de Estado saliente de los Estados Unidos. Covey le propuso a Lince comunicarse con su amigo en D.C. a su regreso a Canadá y comentarle sobre sus propósitos. Gabriel pensó que, si el gobierno norteamericano tuviese conocimiento de antemano de sus intenciones, y si Lince lograse viajar a la competencia México, podrían ayudarle a romper el cerco de la seguridad cubana y ofrecerle una vía de escape. Lince era hijo de un ciudadano estadounidense y el departamento de estado «nunca le daría la espalda a uno de los suyos» —concluyó Gabriel.

Sin embargo, si el secreto se filtrase a donde no debía y llegara a oídos de la inteligencia cubana, Lince sería arrestado de inmediato y enviado a pudrirse en un calabozo por el resto de su vida.

A pesar de los riesgos que esa decisión implicaba, el paracaidista le dio luz verde a Gabriel para contactar a su amigo en Washington. En su desespero, vio la sugerencia de Gabriel como una oportunidad única que nunca se le volvería a presentar. Esa noche, Lince aprovechó la visita de los canadienses para escribirle una breve misiva a su hermana en Estados Unidos, la cual Derek prometió echarla en un buzón de correos a su regreso a Vancouver.

***

—¿Cuántos saltos tienes? Marcos le peguntó de repente.

—Más de mil.

—El paracaidismo debe ser un deporte emocionante. ¿Nunca has sentido temor?

—Temor no, pero pánico si—dijo Lince soltando una breve carcajada. Acto seguido el deportista prosiguió con sus anotaciones en el registro de saltos. Marcos se dio por entendido y calló.

Seis meses después de la visita de los canadienses a Cuba, una tormenta inesperada tomó forma a noventa millas al norte de Cuba. Sin previo aviso, el presidente Jimmy Carter ordenó al gobierno de los Estados Unidos que iniciara un proceso para restablecer los lazos diplomáticos con el régimen de Fidel Castro.

Mientras que la noticia causó consternación entre muchos cubanos en la isla y en el exilio, Lince la vio como una bomba a punto de estallar. Se preguntó si había cometido un error fatal en compartir su secreto con Jock Covey y Henry Kissinger por vía de los paracaidistas canadienses. En retrospectiva, hubiese sido más prudente esperar hasta su llegada a México para hacer contacto con los funcionarios estadounidenses. Desafortunadamente, ya era demasiado tarde para volverse atrás.

—¿Te sientes bien? —preguntó Marcos. Aparentemente, había notado el profundo estado de introspección en el deportista. Lince aún sostenía el bolígrafo entre sus dedos, pero no estaba escribiendo.

—Si Marcos, pero algo cansado por el entrenamiento de esta mañana.

Marcos lo miró desde el rabillo del ojo y asintió con la cabeza.

Su perfil se le antojó al Lince como el de un halcón.

Cuando el sedan de fabricación rusa se aproximó a los límites de la ciudad de la Habana, el hombre conocido como el Lince pensó que la tierra estaba a punto de tragárselo. ¿Sería posible que las mismas personas a quien les había pedido ayuda lo hubiesen traicionado? De repente, la posibilidad que alguien en el departamento de estado se congraciara con los cubanos y revelado sus intenciones de fugarse en México se convirtió en una realidad desalentadora. Lince se resignó a lo peor.

Capítulo 2

El primer deber de un hombre es pensar por sí mismo.

—José Martí

Nick era un hombre inquieto, de estatura media y porte atlético que amaba los deportes, la música rock y la literatura. Cuando apenas contaba con dos años de edad, su familia se mudó a una residencia que su padre hizo construir en el Biltmore, una urbanización elegante de la Habana la cual fue renombrada Siboney tras la toma del poder por hermanos Castro. Era un área suntuosa, poblada de árboles frondosos y refrescada por una perenne brisa marina.

A mediados de la década de los 1960, el éxodo en masa provocado por la llegada de las tropas rebeldes a la Habana convirtió a Siboney en un reparto fantasma. El vecindario permaneció prácticamente abandonado durante varios años y luego comenzó a habitarse paulatinamente por embajadas, residencias diplomáticas y familias de asesores técnicos del bloque soviético. Varios altos personajes del gobierno de Castro, más conocidos como los «mayimbes», también establecieron residencia en Siboney con sus familias, junto con un centenar de jóvenes becadas para cursar estudios en una escuela de pedagogía. Luego de prácticamente forzar a miles de personas a marcharse del país, Fidel se convirtió en dueño y señor de todo en la isla de Cuba, incluyendo un enorme tesoro de bienes raíces valorado en cientos de millones de dólares. El dictador gustaba en repartir esas residencias a su antojo entre sus colaboradores más cercanos, o las arrendaba por altas sumas de dólares al cuerpo diplomático acreditado en Cuba.

En 1969, Nick y su familia eran unos de los pocos residentes originales en el área ubicada a dos millas cuadradas al sur de la antigua Universidad de Villanueva. La mayoría de sus vecinos habían abandonado el país, o fueron reubicados en contra de su voluntad en otros vecindarios menos afluentes de la ciudad. Para entonces, la familia Nickolich se había convertido en la reliquia viviente de una época ya desaparecida.

En los años que precedieron la llegada de Castro, el padre de Nick lo matriculó en la Academia Militar de St. Thomas. Si bien St. Thomas no era un reformatorio en el sentido general de la palabra, la estructura férrea del colegio fue suficiente para inculcarle disciplina, valores morales y respeto al joven cadete. Nick se destacó en esgrima y el judo y se convirtió en un nadador competitivo en las aguas del Comodoro Yacht Club. Los fines de semana, el joven pasaba las horas leyendo en la biblioteca de su casa. Con docenas de volúmenes de todos los géneros posibles clamando por ser explorados, Nick se sumergió en un mundo de conocimientos y aventuras emocionantes. No tardó mucho en desarrollar una pasión por los libros de ciencia y un buen día decidió hacerse ingeniero como su padre.

Sus aspiraciones, sin embargo, se derrumbaron el día que los "barbudos" descendieron de las montañas e irrumpieron en las calles de la Habana. En pocos meses, las escuelas privadas en Cuba fueron clausuradas y reemplazadas por un sistema de enseñanza pública profundamente politizado. El régimen procedió a implementar un programa de adoctrinamiento de estilo soviético paralelo a los currículos académicos. Los estudios sobre Marxismo y Leninismo se convirtieron en temas obligatorios para todos los estudiantes que asistían a las escuelas primarias, secundarias y universitarias.

Uno de los mandatos más controvertidos impuesto por Castro fue la retirada de circulación de todos los libros de historia impresos antes de 1959. Las nuevas ediciones cubrían extensivamente los años de la insurgencia armada de Castro, a la par de relatos censurados sobre la guerra cubano-española. De un plumazo, el régimen intentó borrar para siempre décadas de hechos históricos del pasado prolífico de Cuba. Decenas de ilustres personalidades y líderes políticos quienes habían forjado la identidad de la isla y enriquecido su vasta cultura también desaparecieron del patrimonio nacional como por arte de magia.

Las imágenes de Jesucristo, la Virgen María y los santos católicos sufrieron un destino similar. Las alegorías religiosas fueron reemplazadas por imágenes y bustos de Karl Marx, Friedrich Engels, Joseph Stalin, Vladimir Ilyich-Lenin y Mao Tse-Tung, filósofos con ideas torcidas y déspotas de quienes la mayoría de los cubanos jamás habían escuchado en sus vidas. Como consecuencia, la población se vio obligada a ocultar sus creencias religiosas y al mismo tiempo prestarles tributo a los nuevos dioses seculares. Aquellos que desacataron la nueva idolatría laica fueron víctimas de ataques verbales y las represalias por las turbas del régimen, o terminaron en la cárcel

Nick, al igual que el resto de sus compatriotas, tuvo que disimular una tolerancia por los dictados caprichosos de los fidelistas. Entendió que la sobrevivencia en ese ambiente tóxico e intransigente dependería en mantenerse a la cabeza del juego hasta que pudiese encontrar una salida. Sin embargo, sus esperanzas de abandonar el país desaparecieron el día que cumplió los quince años y alcanzó la edad militar, lo que significó que no podría abandonar el país legalmente durante los próximos doce años. Desafortunadamente, su familia conjeturó que el régimen de Castro se derrumbaría por su propio peso, o sería derrocado por una invasión de patriotas exiliados. A causa de ese cálculo errado, de repente se vieron atrapados en una prisión enorme, rodeada de un mar traicionero y repleto de tiburones.

A pesar de las presiones a las que fue sometido en la escuela, Nick logró mantenerse por un tiempo al margen de la política. Esquivaba a los reclutadores marxistas que trataban de captarlo pretendiendo una indecisión falsa hasta que los comisarios políticos desistieron de sus esfuerzos. Sin embargo, la política se había convertido en el núcleo fundamental de la sociedad marxista. Aquellos que decidieron quedarse al margen del sistema fueron tachados como elementos antisociales, lo cual les garantizó un futuro nada prometedor dentro de la nueva sociedad.

La esquizofrenia generalizada que se había apoderado de su país desconcertó a Nick desde los principios de la revolución. Con frecuencia se preguntaba por qué tantas personas habían optado por abandonar sus valores morales y su libertad para adorar a un déspota que los mantenía bajo la suela de su bota.

¿Sería por mero oportunismo y conveniencia personal, o quizás porque Castro poseía un poder de persuasión extraordinario y un gran carisma? Sin dudas, el dictador era un genio para el artificio. Repitiendo su retórica bien ensayada, Fidel había logrado convencer a muchos de que los sacrificios hechos en nombre de la revolución eran para el beneficio de las generaciones futuras. Lo que Castro realmente quiso decir era que el tiempo presente en Cuba estaba condenado a una parálisis y un descalabro económico, salvo por supuesto para él, su familia y sus colaboradores más cercanos.

—Haremos grandes sacrificios para garantizar el futuro de nuestros hijos y los hijos de nuestros hijos—repetía Castro una y otra vez como un disco rayado.

Tuvo que transcurrir una década entera antes que un incidente en Europa le ofreciera a Nick una respuesta plausible a la paradoja social a la cual habían sucumbido tantos de sus compatriotas.

En agosto de 1973, varios empleados del *Kreditbanken* en Suecia fueron tomados como rehenes por un grupo de criminales armados y forzados al interior de la bóveda del banco. Luego de una confrontación con la policía que duró seis días, varias de las víctimas se mostraron simpatizantes con sus captores, e incluso justificaron su comportamiento violento. El renombrado psiquiatra sueco Nils Bejerot nombró por primera vez esa extraña anomalía como el Síndrome de Norrmalstrong, más tarde conocido como el *Síndrome de Estocolmo*.

El incidente del *Kreditbanken* convenció a Nick de que miles de cubanos habían estado sufriendo de una condición similar al Síndrome de Estocolmo desde hacía mucho tiempo. Desafortunadamente, no veía ninguna cura posible para la insólita aberración sicológica que continuaba sometiendo a miles de cubanos en un estado deplorable de subordinación ciega y sin esperanzas.

$$***$$

La realidad detrás de las pregonas sobre la igualdad social que la revolución supuestamente le había otorgado al pueblo estaba a la vista de todos, pero muchos optaron por ponerse una venda sobre los ojos. Mientras que el cubano promedio batallaba a diario para adquirir las raciones magras de alimentos que el régimen les asignaba, la nueva clase élite nunca dejo de vivir con excesos y un gran lujo. Los mayimbes viajaban por el mundo con todos sus gastos cubiertos, poseían casas de vacaciones en la playa exótica de Varadero y otros parajes pintorescos y conducían automóviles europeos nuevos de fábrica. Sus familias compraban en los almacenes de víveres con múltiples tarjetas de racionamiento y mantenían sus despensas bien surtidas con todos los alimentos y bebidas imaginables. Sus hijos vestían camisas de poliéster americanas, vaqueros Levi's, zapatos Florsheim y eran conducidos a los colegios en automóviles Alfa Romeos con asientos de la más fina piel italiana. La prole de la nueva clase privilegiada comunista, la cual había sido desenmascarada magistralmente años antes por el autor Yugoslavo Miljovan Djlas, eran ahora los nuevos «niños consentidos» de Cuba.

A mediados de los años sesenta, Nick tuvo un encuentro de primera mano con el estilo de vida suntuoso de la nueva clase élite que gobernaba la isla. El incidente tuvo lugar durante una visita casual a la residencia de Jesús Montané, el Ministro de Comunicaciones y uno de los comandantes rebeldes de Castro en los días de la insurrección armada contra Batista. Nick conoció al hijo de Montané, Sergio, a través de un amigo de la escuela secundaria y fue invitado a pasarse una tarde en su casa en el barrio exclusivo de Miramar. Haciendo alarde de su «categoría» frente a sus invitados, Sergio les pidió a los chicos que lo siguieran a la cocina, donde procedió a destapar un enorme congelador horizontal. Cuando la nube de vapor frío se disipó, Nick notó que el congelador estaba repleto hasta el tope con carne de venado.

—Mi padre acaba de regresar de cacería—les dijo Sergio a sus amigos con una sonrisa en el rostro.

El padre de Sergio era uno de los pocos hombres autorizados a poseer armas y cazar ciervos y otros animales en la isla. Irónicamente, el congelador en la residencia de Montané contenía más carne de la que una familia cubana podía comprar en dos o tres años.

Una puerta entreabierta en la despensa de la cocina reveló la presencia de latas de cacao Hershey, jugo de frutas en polvo Tang y cereal de maíz Kellogg, productos de los Estados Unidos que hacía muchos años habían desaparecido de los mercados en Cuba. Nick también observó varias cajas de wisky escoces Chivas Regal en el piso de la despensa. En ese momento sintió una gran repugnancia por el hallazgo, pero se impuso a no dejar entrever sus sentimientos.

El modo de vida privilegiado de la familia Montané le confirmó lo que Nick hacía tiempo sospechaba— los líderes comunistas en Cuba disfrutaban de prebendas inmundas y eran los mayores hipócritas sobre la faz de la tierra.

El joven no tardó mucho en juntar las piezas del rompecabezas y completar el cuadro. Durante años, la mayor parte de los envíos humanitarios remitidos por residentes en el extranjero a familiares y amigos en Cuba nunca llegaron a manos de sus legítimos consignatarios. El Ministerio de Comunicaciones había adoptado el hábito de apropiarse y repartir sistemáticamente las parcelas de comida, medicinas ropa y zapatos que entraban al país entre los miembros de la clase élite en el poder. Obviamente, los beneficiarios del botín incluían al propio ministro Montané y a los miembros de su familia.

***

A pesar de lo difícil que le resultaba llevarlo a la práctica, Nick había logrado mantener sus emociones bajo control y la boca cerrada por mucho tiempo... eso hasta una tarde funesta en el colegio. En ese día, su buena suerte tomó un giro inesperado para lo peor.

El incidente tuvo lugar durante una clase política conocida como *plenos estudiantiles*. Durante los «supuestos» debates, a los estudiantes no se les permitía expresar opiniones fuera de la línea del partido, ni desafiar la palabra del adoctrinador político de turno. Los temas de estudio eran generalmente tomados de los editoriales «anónimos» publicados en el diario Granma, los cuales se conjeturaba eran redactados por el mismo Fidel Castro. Nick era de la opinión que tal anonimato tenía un propósito bien definido. De hecho, exoneraba a Fidel de toda responsabilidad o vergüenza si las opiniones o predicciones en el editorial resultaran ser incorrectas en el futuro. El genio del mal, a quien la gente llamaba a sus espaldas *el caballo,* nunca perdió su habilidad innata de transformarse como un camaleón y cambiar de opinión siempre que las circunstancias así lo demandasen.

Ese día, el tema de debate político eran las relaciones entre el Ché Guevara, un guerrillero marxista nacido en la Argentina y Regis Debray, un periodista francés de extrema izquierda que había establecido vínculos estrechos con el régimen de Castro durante los primeros días de la revolución.

A mediados de los años sesenta, el *Ché* ya soñaba con replicar la revolución de Castro en otros países del mundo. En 1965, el aventurero argentino se involucró brevemente en una revuelta armada en la República del Congo, pero fue obligado a poner pies en polvorosa y huir de regreso a Cuba. Muchos piensan que aquel fracaso en el Congo fue algo que Fidel nunca le perdonó al Ché.

En el año 1968, tal vez estimulado a hacerlo por el mismo Fidel, Ché Guevara y un puñado de sus seguidores más cercanos abandonaron la isla caribeña para emprender otra aventura improbable. Esta vez, el Ché estaba resuelto a sacar del poder al General René Barrientos en Bolivia y ponerse en su lugar.

Poco después de que Guevara estableciera su base de operaciones en las montañas bolivianas, Regis Debray decidió seguirle los pasos. El periodista francés aspiraba emular los resultados logrados por Herbert Mathews, un reportero del New York Times quien entrevistó a Fidel Castro en la Sierra Maestra diez años antes. Tergiversando con su pluma la verdadera naturaleza de la revolución, Matthews le había proporcionado a Fidel una ayuda incalculable ante la opinión pública mundial.

La intención de Debray era la publicación de una serie de artículos pictóricos en París y en otras ciudades europeas para comparar a la guerrilla del Ché con la gesta del héroe ficticio *Robin Hood*, pero en aras de liberar al pueblo de Bolivia de sus opresores. A través de esos artículos, Debray esperaba otorgarle legitimidad a la insurrección armada del Ché y promover el apoyo internacional que el asesino argentino tanto necesitaba. Los reportajes también ayudarían a abrir los grifos financieros del *6to Distrito de Paris,* un enclave Bohemio donde residían los socialistas más poderosos y adinerados del mundo.

Sin embargo, el destino les tenía un reservado un final muy diferente tanto para el Ché como a Debray. En abril de 1967, efectivos de las fuerzas especiales Bolivianas capturaron al periodista francés y a un argentino llamado Ciro Bustos en las montañas cercanas a La Paz cuando los hombres intentaban salir del país. En noviembre de ese mismo año, Debray y Bustos fueron declarados culpables de ser miembros de la fuerza guerrillera de Ché por un tribunal militar y sentenciados a pasar los próximos treinta años de sus vidas en una prisión militar boliviana.

Pocos meses después de arresto de Debray, Ché Guevara fue capturado por los comandos de selva del ejército boliviano y ejecutado a balazos en el pequeño poblado de La Higuera. En una ironía del destino, la vida del Ché terminó de la misma manera que cientos de cubanos cuya sentencia de muerte el argentino firmó personalmente durante su comisión como jefe de la prisión militar de La Cabaña.

Nick había escuchado un reportaje sobre la captura de Debray en la Voz de las Américas, una estación de radio patrocinada por el Servicio de Información de los Estados Unidos. La emisora difundía su programación regular dentro de Cuba en la frecuencia AM de 1,100 megahercios y también en varias frecuencias de onda corta.

A principios de los años sesenta, las tropas soviéticas desplazadas en la isla instalaron un poderoso deflector de frecuencias en una de sus bases de Inteligencia de Señales (SIGINT). El propósito del *deflector* era interferir las transmisiones de la Voz de las Américas colocando un zumbido alto sobre la frecuencia y bloquear su difusión dentro de Cuba. El zumbido, sin embargo, no resultaba ser más que una molestia al oído que no desalentaba a los cubanos a escuchar esa voz de esperanza y libertad en la intimidad de sus hogares. La VOA se había convertido en la ventana virtual de los cubanos al mundo exterior. Entre otros sucesos significativos difundidos por la VOA, miles de cubanos en la isla escucharon en vivo las palabras de Neil Armstrong cuando el astronauta estadounidense bajó la escalera de su modulo lunar y puso sus pies por vez primera sobre el satélite natural del planeta tierra.

Cierta noche, la VOA difundió la noticia que el Ché Guevara había sido capturado y ajusticiado gracias a la información proporcionada por Regis Debray a los servicios de inteligencia bolivianos durante los interrogatorios posteriores a su captura.

Sin pensarlo por segunda vez, Nick se levantó de su pupitre para dirigirle la palabra a sus compañeros de clase.

—Tenemos que considerar la posibilidad que, bajo coerción y tortura física, Debray pudo haberle revelado al ejército boliviano la posición exacta del Ché en las montañas.

Nick entendió de inmediato que había cometido un error imperdonable. Luego de un silencio que le pareció interminable, observó el rostro de la adoctrinadora política tornarse color purpura por la ira.

La mujer desató una diatriba colérica contra el joven estudiante, acusándolo de escuchar ilegalmente los programas subversivos de la Voz de las Américas. La gran mayoría de los profesores que enseñaban marxismo en Cuba eran agentes encubiertos de la policía secreta, o trabajaban como informantes. El DSE les había instruido escuchar la programación de la VOA regularmente para que conocieran exactamente lo que se estaba transmitiendo hacia la isla. La adoctrinadora obviamente había escuchado el mismo informe de la VOA que Debray, tras su captura, había revelado la posición del Ché en la selva.

—Debray es un socialista indoblegable que nunca habría traicionado a Ché en ninguna circunstancia. Un verdadero revolucionario nunca se quebranta, aun bajo la peor de las torturas. Eres un burgués desvergonzado y un reaccionario. Veré que jamás pongas un pie en esta escuela. Abandona la clase ahora mismo y esperarme en la oficina del director—le increpó la mujer.

Nick fue echado del colegio ese mismo día. El director colocó la carta de expulsión en su expediente personal para que quedase como evidencia permanente de su transgresión política, señalando que el joven había intentado crear divisionismo ideológico y sabotear la clase.

La expulsión del centro docente fue sólo el comienzo de sus problemas. En menos de una semana, un soldado uniformado se presentó en su casa para entregarle el telegrama temido del ministerio de las fuerzas armadas, el MINFAR. El régimen había decidido reclutarlo para el SMO, el servicio militar obligatorio, por los próximos tres años.

—Núnca pierdas las esperanzas—le dijo su padre. —Un día miraras atrás y veras el tiempo pasado en el ejército como un episodio insignificante en su vida.

Capítulo 3

Cuando contaba con apenas doce o trece años de edad, Nick ya se entretenía haciendo esbozos de balsas rusticas que esperaba construir algún día para escaparse de la isla. Dibujaba los diseños furtivamente durante las clases en su escuela, en su casa y prácticamente dondequiera que se tropezaba con un lápiz y papel. En ocasiones, añadía una chispa de humor negro a sus bocetos dibujando aletas dorsales de tiburones sobre el agua, o buques enormes con la bandera soviética de la hoz y el martillo avanzando en dirección a la balsa desde el horizonte. Con el tiempo, la idea de construir una embarcación que pudiese cruzar el Estrecho de la Florida se convirtió en una obsesión real.

Una noche en su habitación, Nick leyó el telegrama del MINFAR por enésima vez. A menos de dos semanas antes de su cita en la unidad militar, el joven decidió que era hora llevar sus ideas a la práctica.

La balsa rustica que tenía en mente requería varios componentes, algunos más fácil de obtener que otros. Necesitaría dos cámaras de neumáticos, media docena de sacos yute, los palos de soporte de una escalera de madera, un remo y unos cincuenta pies de cuerda trenzada de media pulgada. Luego de inflar las cameras, las envolvería con los sacos de yute para protegerlas del sol y prevenir que resultasen accidentalmente perforadas por un arrecife, o por escombros flotantes. La cuerda trenzada serviría para atar las dos cámaras a los palos de la escalera y darle rigidez, y también para tejer dos mallas sobre las aberturas de las cámaras. Una de las mallas la usaría como asiento y la otra para atar un recipiente con agua y un saco conteniendo latas de leche condensada que esperaba le dieran sustento por varios días.

Emulando las hazañas de Arsenio Lupín, un cleptómano francés ficticio y héroe de su infancia, Nick irrumpió de noche en un taller de reparación de autobuses y logró huir furtivamente del local con dos cámaras desinfladas de neumáticos. A través de los años, su padre había acumulado una gran cantidad de sacos vacíos de alimento para aves de corral en la caseta en el traspatio patio de su casa, donde también almacenaba varios rollos de cuerda trenzada. Una vieja bomba de aire para neumáticos le serviría para inflar las cámaras y una brújula de bronce que destornilló del teodolito de su padre le ayudaría a navegar rumbo norte.

El viaje en balsa requeriría remar vigorosamente hasta dos o tres millas mar afuera. Con un viento ligero, y una dosis de buena suerte, Nick esperaba alcanzar la corriente oceánica conocida como la corriente del golfo en cuestión de horas. Si los libros que había leído sobre el tema no estaban errados, la corriente del golfo lo podría desplazar hasta la costa éste de la Florida en tres o cuatro días. Una vez en altamar, también podría ser rescatado por uno de los buques mercantes que navegaban por el Estrecho de Florida, o por una embarcación de la guardia costera de los Estados Unidos.

Nick comprendía los riegos que correría durante esa travesía intrépida. Podría ser descubierto por los guardias fronterizos en la costa, por una lancha torpedera de la marina de guerra en altamar, o por uno de los buques de carga de los países del bloque comunista que entraban y salían de Cuba frecuentemente. También podría perderse en medio del mar, quedarse sin comida o agua potable, o caer al agua y ahogarse.

A escondidas de su padre, Nick ocultó los componentes de su

balsa en la caseta del patio trasero y se dio a la encomienda de buscar un lugar seguro donde armar la embarcación rudimentaria y lanzarse al mar. Vivía a menos de media milla de la costa y se conocía la zona como la palma de sus manos. Sin embargo, el litoral de la Habana estaba patrullado día y noche por soldados con armas largas y perros policía, lo cual limitaba a un mínimo los posibles lugares donde esconderse y preparar la huida.

Los habitantes del vecindario costero también constituían una amenaza para sus planes. La mayoría de los residentes eran fanáticos «come candelas» a quienes el régimen les había entregado las viviendas de los cubanos forzados al exilio. Cualquiera de los vecinos en esa área podría tomar el teléfono y denunciarlo a la policía si sospechaba que estaba tratando de huir de la isla. A través de los años, miles de fanáticos y oportunistas habían colaborado con las fuerzas represivas de Castro para encarcelar a sus propios compatriotas con el fin ganarse favores con el régimen y escalar a posiciones más altas en el poder.

Nick se paseó en su bicicleta durante una semana a lo largo de la costa buscando un lugar propicio para lanzar su balsa al mar. Finalmente, se decidió por una pequeña caleta de diente de perro aledaña a una residencia privada situada frente al océano. Un arbusto frondoso y cercano a la caleta le permitiría esconderse, armar la balsa, y luego aguardar por el momento adecuado para lanzarse al mar.

El joven comenzó a contar los días hasta la próxima noche sin luna. Sintonizó diariamente la WQAM, una estación de música pop de Miami en la frecuencia de 560 AM cuya señal penetraba en Cuba con gran claridad y ofrecía, a la hora en punto, el boletín meteorológico para el sur de la Florida y los cayos. Aunque el área del pronóstico se encontraba a más de cien millas de distancia, los informes del WQAM eran un indicador confiable de las condiciones meteorológicas generales en el estrecho de la Florida. Nick dudaba de las noticias que el régimen transmitía a través de la radio cubana y de los boletines meteorológicos locales y pronósticos de tormentas. Desconfiaba de los voceros Castristas, quienes pensaba que se equivocaban el noventa por ciento del tiempo.

En la mañana del día elegido para la fuga, la WQAM predijo un mar relativamente tranquilo con ocasionales tormentas eléctricas y un viento ligero soplando del nordeste. La dirección del viento estaba lejos de ser ideal, pero Nick no podía permitirse el lujo de posponer su huida hasta la siguiente noche sin luna. Si lo atrapaban tratando de huir del país una vez alistado al ejército, entonces sería juzgado por una corte militar por delito de deserción. Su castigo sería entonces mucho peor.

Una pieza a la vez, Nick transportó con sigilo los componentes de la balsa en su bicicleta hasta la caleta. El trabajo de inflar las cámaras con la vieja bomba de pie resulto ser más ruidoso y lento de lo que había previsto. Cubrirlas con los sacos de yute y tejer las redes también resultó ser una tarea larga y penosa. En dos ocasiones, tuvo que detener su faena y echarse de bruces sobre las rocas, conteniendo la respiración mientras la patrulla fronteriza de dos hombres con su perro pastor alemán pasaba a pocos metros de su escondite.

Una racha de viento frío procedente del norte le advirtió que el tiempo estaba cambiando. Lanzarse al mar bajo esas condiciones sería imprudente, pero ya no podía darse marcha atrás. Comprobó la integridad de la balsa por última vez y amarró las provisiones a la red tejida sobre la segunda cámara. Para entonces, su corazón ya latía en su pecho a más de cien millas por hora.

La llovizna empezó a caer alrededor de la medianoche, coincidiendo con la llegada de la patrulla de guardafronteras por tercera vez. Una vez más, le llevó a los soldados y al perro unos diez minutos para hacer su ronda y desaparecer tras un reviro en la costa.

El momento había llegado. Nick sacó la balsa del escondite bajo del arbusto, la arrastró hasta el agua y se subió a bordo Nunca había experimentado una sensación igual de angustia mortal, una ansiedad casi paralizante.

Llevaba media hora remando en una balsa sin quilla que se negaba mantener el rumbo cuando se tropezó con la primera ola rompiente. La fuerza del oleaje hizo retroceder la balsa unos diez metros antes de que una segunda ola rompiera inesperadamente frente a él. Esa ola resultó ser enorme y despiadada. Nick soltó la cuerda que llevaba atada a su brazo unos segundos antes de que la balsa se volteara y lo dejase caer en las aguas oscuras.

El joven era buen nadador, pero la corriente marina que encontró esa noche casi lo ahoga. Cuando logró salir a la superficie, su balsa había desaparecido tras las sombras de la noche y la cortina de lluvia. Mientras nadaba de regreso a la costa guiándose por las luces de la ciudad, el ladrido de un perro en la distancia le advirtió del regreso de la patrulla fronteriza. Notó que corriente lo había llevado a la deriva y llegaría a la orilla varias cuadras al oeste de su punto de partida.

Ya próximo a la orilla rocosa, la resaca lo lanzó bruscamente contra un arrecife a flor de agua. El coral afilado desgarró su ropa y le laceró la epidermis en su pierna derecha. Nick salió del agua y se echó a correr agazapado hacia el único escondite a la vista—una placa de hormigón, quebrada en dos mitades y que yacía inclinada contra un muro de contención. Lo más pegado a la arena posible, serpenteó su cuerpo hasta logar ocultarse debajo de la estructura y cuidándose que un trozo de cabilla oxidada no le lacerase la espalda.

El cielo se abrió y la llovizna se convirtió en un aguacero torrencial. Vio un relámpago caer cerca, seguido por un trueno ensordecedor. Un segundo relámpago iluminó la playa frente a él, revelando las siluetas de dos guardias quienes batallaban contra un viento que trataba de volarles las capuchas de sus ponchos. El pastor alemán continuaba con su ladrido incesante, tirando de su correa en dirección a donde Nick se encontraba guarecido. El perro quizás había olfateado su presencia, o tal vez lo divisó con su visión aguda. Afortunadamente, los guardias no le prestaron atención al animal y continuaron su caminata penosa por la costa bajo el aguacero torrencial.

Esa noche, los relámpagos que iluminaban el cielo le ofrecieron visiones esporádicas de su balsa volcada mar afuera, arrojada a la deriva por el vaivén de las olas. Había fracasado en su descabellado intento de fuga, pero se sintió muy afortunado por salir con vida y evadir la captura. De haberse tropezado con él esa noche, los guardias castristas le hubiesen propinado una golpiza mayor y enviado directamente a un campo de trabajos forzados. Sus padres no hubiesen sabido de su suerte hasta semanas, o incluso meses después.

$$***$$

— ¿Cómo te las arreglaste para lastimarte de esa manera? — le preguntó una bella enfermera en el policlínico de Jaimanitas. La chica había estado inspeccionando sus heridas con visible preocupación.

—Tuve una caída estúpida. Me resbalé y caí de un muro mientras pescaba bajo la lluvia. Aterricé de costado sobre el diente de perro.

Luego de recuperar su bicicleta la noche anterior, Nick regresó a su casa alrededor de las tres de la madrugada. Se vendó las heridas más profundas con gasa y estimó que sería prudente visitar el policlínico temprano en la mañana. Varias de las lesiones ya habían comenzado a mostrar señales de infección.

—Me temo que esas dos heridas en tu pierna necesitarán un par de puntos de sutura. Voy a limpiar bien y desinfectar los otros rasguños, pero el médico tendrá que atender el resto. A propósito, me llamo Carmen.

—Que nombre tan lindo. Le viene perfectamente a una mujer bella como tú.

—La adulación no te llevará a ninguna parte— gruñó la chica.

—Carmen, me enteré de que están poniendo de nuevo una película de acción que he querido ver desde hace mucho tiempo, pero no me gusta ir solo al cine. Apuesto a que tú tampoco has visto ese filme.

—Eres demasiado rápido para mí. Apenas te conozco.

—No puedes culparme por probar mi suerte. ¿Eso significa que me acompañarás al cine?

—Llámame si quieres uno de estos días y podemos conversar por teléfono. El doctor te verá ahora.

Carmen sacó un pedazo de papel de una gaveta, anotó su número de teléfono y se lo entregó al paciente. La chica salió de la consulta con una sonrisa en sus labios, lo que Nick interpretó como un intento cándido de seducirlo.

El fin de semana siguiente, Nick llevó a Carmen a ver una repetición de *El Hombre de Rio* con Jean-Paul Belmondo. El filme francés había sido un éxito taquillero cuando apareció por primera vez en los teatros de la Habana y lo estaban proyectando de nuevo en un cine de barrio en la Habana vieja. Después de disfrutar de la película, los jóvenes decidieron dar un paseo por el casi desierto bulevar del Parque Central.

—Nick, quiero confesarte algo. Hace varios años, mi familia pidió la salida de Cuba a través de España. Una hermana de mi madre que vive en Brooklyn nos consiguió la visa para viajar en España y puso el dinero para los pasajes en avión. El día que pedimos el permiso a inmigración, mi padre fue despedido de su trabajo y enviado a cortar caña a un campo en Camagüey.

—¿Cuánto tiempo lleva allí? — le preguntó Nick.

—Ya ha cumplido la mayor parte de los tres años de trabajo forzado impuesto por el régimen. Esperamos recibir el permiso para salir del país en cuestión de meses, o semanas. Tú y yo no nos veremos nunca más. Nick notó un vestigio de tristeza en la voz de la joven.

—Carmen, yo también debo confesarte algo. — Yo te mentí en el policlínico. Mis heridas no fueron causadas por una caída desde un muro como te dije aquel día, sino cuando fui arrojado contra un arrecife poco profundo mientras trataba de escaparme de la isla en una balsa. Casi me ahogo en el intento. Tú y yo pensamos de la misma manera con respecto a este gobierno.

—Estás totalmente loco. — Pude leer en tus ojos que no decías la verdad. Estabas en un estado de shock.

—Carmen, ese intento era mi última oportunidad de escaparme, al menos por ahora. En unos pocos días tengo que presentarme para el servicio militar obligatorio. Pero eso no significa que no volveré a intentarlo. Me gustaría ir a visitarte a Brooklyn.

—No seas tonto. Demasiadas personas han muerto ahogadas en el mar tratando de huir de esa manera. Si te comportas bien, te prometo escribirte muchas cartas y salir contigo en tus días libres antes de que me vaya de Cuba—susurró Carmen.

Nick cayó en una depresión al poco tiempo de llegar a su unidad militar. En los meses que siguieron, esperaba con ansiedad las cartas de Carmen para leer sus palabras de cariño y esperanza. Acostado de noche en su litera en la barraca de las montañas de Pinar del Rio, el recluta leía una y otra vez las misivas de la chica hasta quedarse dormido.

Sin embargo, ese paliativo resultó ser efímero. Un buen día y sin previo aviso, la policía de inmigración se presentó a la casa de la familia de Carmen. Los oficiales apenas les dieron tiempo para empacar una maleta pequeña cada uno y salir deprisa hacia el aeropuerto para abordar el vuelo a Madrid.

Nick, quien en aquel entonces se encontraba destacado en una base de artillería a ciento cincuenta kilómetros de distancia, nunca tuvo la oportunidad de despedirse. El joven no supo de la partida de Carmen para España hasta que la carta que le había escrito para decirle adiós le fuera entregada dos semanas después.

Adiós Carmen. *C'est la vie.*

Capítulo 4

En el otoño de 1968, la hermana de Nick fue expulsada del instituto preuniversitario cuando cometió el error de desafiar a un adoctrinador político. El profesor de Marxismo había estado vomitando su retórica antiamericana en la clase cuando Militza no resistió más las mentiras y le dio riendas sueltas a su irritación. La chica fue prácticamente arrastrada hasta la oficina del director, quien le ordenó que nunca más regresara a esa escuela.

Irónicamente, el incidente fue casi idéntico a lo que le sucedió a Nick dos años antes, pero la reacción del director esta vez fue más pérfida. El director, un comunista ultra radical y conocido saboteador de la guerrilla urbana durante la insurrección, acusó a Militza de ser una mercenaria al servicio de los Estados Unidos. El sicario la amenazó con reportar su actitud contrarrevolucionaria al G2, la policía secreta de Castro.

—Que no te sorprenda si te envían a la UMAP. Es el único lugar adecuado para elementos antisociales como tú — la amenazó el director.

La simple mención de la UMAP le produjo a la joven un escalofrío. A mediados de los años sesenta, el régimen había creado un sinnúmero de campos de concentración por toda la isla. Esos campos de internamiento eran conocidos como UMAP, el acrónimo de «unidades militares para la ayuda de la producción».

A través de los años, miles de jóvenes que se atrevieron a mostrar tendencias proamericanas fueron conducidos por la fuerza a los campos de la UMAP sin ningún proceso legal. El régimen también condujo a esos campos a decenas de hombres y mujeres de la fe cristiana, testigos de Jehová, judíos, homosexuales, lesbianas y prostitutas, todos a quienes Castro llamaba la «lacra social».

Los campamentos se llenaron rápidamente. La policía conducía las «recogidas» en la Habana y otras ciudades generalmente en las altas horas de la noche. Forzaban a los jóvenes a montarse en los camiones del ejército y los trenes de ganado y los enviaban directamente a las UMAP en Camagüey y otras provincias del país. En la mayoría de los casos, las familias no fueron notificadas de la suerte corrida por sus seres queridos hasta varias semanas después. Entre 1965 y 1968, a desconocimiento del mundo fuera de Cuba, miles de jóvenes cubanos fueron confinados detrás de cercas de alambre de púas y bajo las peores condiciones de vida imaginables.

Los presos de la UMAP dormían en hamacas de yute sucias en barracas con piso de tierra y por lo general carecían de agua potable o servicios sanitarios. La comida consistía en magras raciones de carne enlatada rusa, sardinas y fideos. Sus cuerpos estaban cubiertos con costras infectadas y picaduras de insectos y la gran mayoría sufría de disentería crónica y otras dolencias graves. Muchos de los prisioneros jóvenes se suicidaron, mientras que otros tantos fallecieron como resultado de los abusos físicos y las enfermedades.

Los hombres y mujeres que Castro había calificado de inadaptados sociales y degenerados se vieron obligados a trabajar de sol a sol bajo la vigilancia de guardias armados. Fueron obligados a sembrar y cortar caña de azúcar, recoger raíces de boniato y desmochar campos espinosos de marabúes con machetes mellados. Ninguno de ellos había cometido un delito punible, pero aún así fueron internados solamente por «ser quienes eran y atreverse a pensar por sí mismos».

Con visiones de las UMAP acechándole en la mente, Militza regresó a casa desconsolada y con los ojos aguados en lágrimas. Temiendo que el director de la escuela cumpliera con sus amenazas, su padre, Víctor Daniels Nickolich, decidió escribirle una carta a su amigo William Powe para pedirle ayuda. Powe había sido su socio en la concesionaria Caterpillar Tractor Company en la Habana y quien a propósito era el padrino de Militza. Powe y su familia habían huido de Cuba en 1961 hacia los Estados Unidos y eventualmente se reubicaron en las afueras de Hattiesburg, la ciudad natal de Powe en el estado de Mississippi.

La solicitud de ayuda de Víctor Daniels no resultó en vano. Bill Powe le respondió de inmediato prometiéndole obtener una visa de turista a Militza para que viajase a México, comprarle un boleto de avión y encargarse de que sería bien atendida en ese país hasta su llegada a los Estados Unidos. Semanas después, Bill Powe le escribiría una carta al departamento de estado ofreciendo 10,000 acres de bosques forestales de su propiedad como garantía de que Militza no sería una carga pública para los contribuyentes de impuestos norteamericanos.

* * *

Zulema Nasser era una mujer de descendencia cubano-libanesa y una de las nietas del prócer de la guerra de independencia cubana, el Generalísimo Máximo Gómez. Víctor Daniels y Ramona Nickolich mantenían buenas relaciones con la mujer luego de establecer amistad durante una recepción en la embajada del Líbano. Cada año, el 22 de noviembre, la familia Nickolich era invitada sin falta a una cena en esa embajada con motivo del día de la independencia del Líbano. La sede diplomática se encontraba frente por frente a la residencia de la familia Nickolich en Siboney.

El 22 de noviembre de 1963, sin embargo, un suceso triste e inesperado conmovió al mundo. En esa tarde infausta, el embajador libanés llamó a Víctor Daniels por teléfono para comunicarle que la cena había sido cancelada. Las ondas radiales habían traído la noticia de sobre el asesinato del presidente norteamericano John Fitzgerald Kennedy en las calles de Dallas. El cuerpo diplomático acreditado en Cuba se hallaba de luto.

***

—Acabo de recibir una llamada de Zulema—dijo Militza varios días más tarde. —Me avisó que Korda vendrá a nuestra casa mañana para tomar fotografías.

Cuando Zulema supo de la partida inminente de Militza para los Estados Unidos, la mujer se apresuró en contactar al famoso fotógrafo Alberto Korda para que le tomara fotos a Militza junto a su familia en la residencia de Siboney. Pensó que sería un gran recuerdo tanto para la jovencita, como para sus padres.

Irónicamente, Alberto Korda era el fotógrafo personal de Fidel Castro y quien tomó la foto infame del Ché Guevara que años después le proporcionaría notoriedad internacional. Era la imagen con el rostro del Ché que muchos jóvenes habrían de lucir en sus camisetas durante las próximas décadas como símbolo de rebeldía. Desafortunadamente, la mayoría de esos individuos ignoraban que el Ché no sólo fue un aventurero lunático, sino un despiadado asesino que envió a cientos de cubanos a morir ante el pelotón de fusilamiento.

Un soborno de doscientos pesos a última hora a un oficial de inmigración garantizó la firma del permiso final de salida de Militza para la Ciudad de México. Para sus padres, la despedida de la joven en el aeropuerto José Martí fue un momento de lágrimas de angustia y paz interior. No sabían si la volviesen a ver de nuevo algún día, pero estaban felices que Militza no sería nunca más víctima de los enajenados marxistas que controlaban la existencia de todos los habitantes de la isla. Una vez que las llantas del avión de Cubana de Aviación despegaron de la pista, Nick sintió una sensación que su hermana ya estaba a más de mil años luz de distancia. La chica apenas había cumplido diecinueve años.

Poco después de la salida de su hermana para México, Nick decidió que era hora de idear su baja prematura del ejército. Había cumplido más de diez meses como paramédico en un remoto hospital de campo en las montañas de Pinar del Río y estaba hastiado del lavado de cerebro diario por los discursos políticos difundidos por los altavoces del campamento, la mala alimentación y las condiciones terribles de vida. Había llegado la hora de probar su suerte de nuevo.

Una noche mientras se encontraba apostado de guardia, Nick le gritó a otro de los centinelas que una avanzada de robots *Solarianos* se aproximaba a la base desde el firmamento. Colocó el selector de tiro de su rifle AK-47 en automático y comenzó a disparar el arma en ráfagas por encima de las barracas de los oficiales. Cuando se quedó sin balas, dejó caer el fusil en el suelo y se subió a un árbol alto. Dos policías militares eventualmente lo convencieron de que se bajara del árbol, procedieron a inmovilizarlo con unas amarras y lo encerraron durante la noche en un calabozo improvisado.

A la mañana siguiente, el comandante de la base encontró el libro de ciencia ficción que Nick había dejado intencionalmente encima de su almohada como parte de su ardid. Era una copia del libro de bolsillo *El Sol Desnudo*, escrito por el autor ruso Isaac Asimov. La novela de ciencia ficción trataba de un planeta antagónico al planeta tierra donde los robots se habían apoderado de todo y superaban a la población de *Solarianos* nativos diez mil a uno.

—Esto explica los extraños nombres con los que Nick ha estado llamando a sus superiores en las últimas semanas. Asegúrense de que los médicos en el hospital sepan que estaba leyendo ese libro, — el comandante de la base le instruyó a la escolta de la policía militar.

Nick fue internado durante dos días bajo observación en el hospital naval de la Habana del Este y a luego enviado a su hogar para recuperarse bajo el cuidado de sus padres. Después de varios meses de consultas, un equipo de médicos diagnosticó que había sufrido una crisis nerviosa. Nick fue a recoger los documentos de la baja del ejército a la base militar dos meses después, donde el fiscal militar Mario Remedios de los Cuetos le dijo con ironía:

—Te pusiste de suerte que estás loco. Estábamos preparados para encerrarte en un calabozo por los próximos veinte años.

Nick trató de regresar a los estudios académicos, pero se tropezó con un rechazo sistemático en todos los colegios donde aplicaba. No demoró en enterarse que la razón del rechazo no fue su baja prematura del ejército como él había supuesto, sino un documento que lo tachaba como elemento antisocial que el director de la escuela había colocado en su expediente un año antes. Los espectros del Ché Guevara y Regis Debray lo continuaban persiguiendo mucho después de sus fracasos en las montañas inhóspitas de Bolivia.

En el verano de 1969, Nick decidió hacer algo productivo con su vida y obtuvo un empleo como traductor de inglés en la Universidad de la Habana. Su pasión por la lectura le había ayudado a perfeccionar el inglés básico que aprendió en la academia St. Thomas. A los dieciséis años, el joven ya había devorado la mayor parte de los diccionarios multi lingüísticos y libros y que su padre guardaba con gran celo en la biblioteca de su casa. Entre otros, los autores incluían a Graham Greene, Edgar Allan Poe, Miljovan Djlas, Leon Tolstoi, Mark Twain, Fyodor Dostoyevsky y Walt Whitman, todos en inglés. Pasó el examen de admisión con las más altas calificaciones.

En esa ocasión, Nick se cuidó de no hacer mención en la solicitud de trabajo de sus antecedentes políticos, ni tampoco su baja prematura del ejército. La universidad jamás lo hubiera contratado de tener conocimiento sobre su pasado turbulento. Contra los dictados de su conciencia, el joven entendió que necesitaría continuar viviendo a las sombras de la mentira y la decepción para poder sobrevivir en la isla maldita.

$$***$$

Cuba necesitaba una transformación radical para restablecer las libertades y los derechos humanos robados al pueblo por los marxistas en el poder. Como muchos hombres y mujeres de la isla, Nick soñaba con frecuencia con una rebelión interna que derrocara a los hermanos Castros del poder. Desafortunadamente, no había un chance en un millón para que tal sueño se hiciera realidad, al menos mientras que el régimen siguiera contando con legiones de oportunistas y fanáticos como sus fieles partidarios. Las fuerzas armadas cubanas también se habían convertido en un instrumento poderoso y altamente politizado al servicio del régimen. Sin embargo, incluso los militares vivían con un temor constante a la policía secreta y a los sistemas represivos del régimen.

El pánico a las represalias políticas echó raíces por doquier y se propagó por todos los segmentos de la población. Sin excepción, todos los habitantes en la isla temían decir o hacer algo que pudiera interpretarse como antagónico a Fidel, a sus dictados caprichosos, o a la doctrina marxista. Una insinuación cándida de descontento con el régimen, expresada en el lugar equivocado, equivaldría a cometer suicidio.

A través de los años, el aparato de la seguridad del estado cubana logró reclutar con éxito a decenas de miles de informantes en los centros de trabajo, unidades militares, escuelas, centros deportivos, granjas agrícolas y prácticamente en todos los rincones de la isla. Mientras muchos individuos con sentimientos de maldad espiaban y delataban a sus compatriotas de forma voluntaria y sin escrúpulos, una gran parte de los informantes fueron chantajeados para realizar actos de bajeza luego de ser descubiertos cometiendo delitos menores, como la compra de alimentos suplementarios en el mercado negro, o una salida de una unidad militar sin el pase reglamentario.

Las tácticas de captación del DSE eran sutiles y al mismo tiempo inescapables. Si una víctima se negaba a colaborar, la seguridad le insinuaba que podría ser enviado a sufrir prisión por el delito cometido. Por otra parte, si aceptaban a cooperar con el DSE, eso sería interpretado como un voto de lealtad al régimen que los exculparía de toda transgresión.

No pasó mucho tiempo antes de que la isla de Cuba se colmara de chivatos que escribían informes periódicos al DSE sobre las actividades cotidianas de sus amigos, conciudadanos y familiares.

Como consecuencia, el pueblo perdió la confianza y cesó de expresarse abiertamente y con franqueza. Llegó un momento en que nadie podía confiarse en la integridad de los amigos más allegados, o incluso en los familiares inmediatos. No había forma de saber con certeza quién era sincero, ni quién estaba trabajando encubiertamente para el DSE. En ocasiones, los informantes eran incitados a hacer alusiones anticomunistas para poner a prueba la lealtad al régimen de otras personas. Cuba se había convertido en un estado policial en todos los sentidos de la palabra.

La esperanza que ocurriese un levantamiento dentro del propio gobierno era otro sueño quimérico. Desde los primeros días de su dictadura, Castro logro silenciar varias manifestaciones de disidencia contra su poder, ya bien en el pelotón de fusilamiento o en las mazmorras, enviando así un mensaje firme y contundente a sus súbditos—el líder marxista no toleraría ningún desafío a su poder autoritario. Para Nick y muchos otros como él, la única esperanza que les quedaba era hallar una forma de huir de la isla prisión y empezar sus vidas de nuevo en un país libre.

Capítulo 5

A menos de una hora en auto al suroeste de la Habana se encontraba la laguna legendaria de Ariguanabo, una vasta extensión de agua de poca profundidad la cual una vez cubrió más de diez millas cuadradas al sur del pueblo de Bauta.

En 1969, Nick se había convertido en un visitante frecuente de la laguna con su vecino Michael Quinn, el primer secretario de la embajada británica en Cuba. Un diplomático de carrera en el servicio exterior británico, Michael se jactaba de su afición por la fotografía y la ornitología — el estudio de las aves. Con frecuencia, Michael le hablaba a Nick sobre su interés en escribir un ensayo pictórico de las aves acuáticas de Norteamérica que invernaban en la región occidental de Cuba. El inglés ambicionaba en publicar el artículo en la revista *National Geographic* en un futuro no muy lejano.

Nick y Michael hicieron amistad el día que Michael y su esposa Annabelle se mudaron a la residencia colindante a su casa. La embajada del Reino Unido había arrendado la residencia moderna al gobierno cubano poco después de que sus propietarios, Humberto Medrano y Alelí Carbó, huyeran al exilio en Estados Unidos con sus dos hijos. Esa tarde, Nick se encontraba leyendo a la sombra de un árbol cuando escuchó una conversación animada al lado opuesto del muro colindante. Impulsado por la curiosidad, colocó una escalera contra la pared y se subió para investigar.

En el patio al otro lado del muro halló a un hombre alto de unos veinticinco años acompañado de una mujer delgada y atractiva con cabello castaño claro y ojos azules. La joven pareja se encontraba contemplando con interés una rama de árbol que sobrepasaba la pared divisoria de la propiedad y que estaba colmada de frutas.

—Son *mangos* — les dijo Nick. —Por favor recojan tantos como quieran.

Ese encuentro fortuito con los Quinns fue la chispa para una bella relación de amistad. A partir de ese día, Nick se pasaría largos fines de semana jugando backgammon con Michael, Annabelle y otros amigos del cuerpo diplomático acreditado en Cuba, o simplemente escuchando las más recientes grabaciones de los Beatles, los Rolling Stones y otras bandas de rock en la morada de su vecino. Aparte de su propio hogar, la residencia de los Quinn se convirtió en un refugio virtual donde podía respirar libremente y desconectar de la austeridad que reinaba en el resto de la isla.

Ese año, Nick y Michael hicieron varias expediciones a la cuenca fluvial de Ariguanabo para fotografiar patos y otras aves que emigraban en el invierno desde América del Norte. Durante los años que precedieron al régimen de Castro, esas migraciones marcaban el inicio de la temporada de cacería de aves en la isla. Esa tradición, sin embargo, desapareció en 1959 cuando el régimen eliminó los derechos ciudadanos de poseer armas de fuego. Los nuevos cazadores eran ahora un grupo selecto de *caciques* dentro de los círculos más íntimos del dictador a quienes Fidel les permitía poseer armas de fuego y les había otorgado acceso ilimitado a los cotos de caza en la isla.

Fue durante uno de esos viajes en un Triumph descapotable a Ariguanabo, inmunes a los sistemas de escucha ocultos de la seguridad cubana, cuando Nick le confesó a Michael su obsesión de escaparse de Cuba. Había encontrado en su amigo británico alguien dispuesto a escucharle, alguien en quien podía confiar plenamente.

—Habrá una salida para ti, Nick —lo animaba Michael a menudo. —Nunca pierdas la esperanza.

* * *

Durante una recepción por el año nuevo en la residencia de los Quinn, Annabelle le presentó a Nick a Camille Bouchet, la hija encantadora del embajador francés en la Habana.

Esa noche, Nick y Camille pasaron el resto de la velada conversando de música, arte y de los sueños de Nick de salir algún día de Cuba. Cuando las copas espumantes de champán *Veuve Clicquot* se elevaron para brindar por el Año Nuevo, Camille y Nick ya habían sellado una bella amistad.

Camille no tardó en comentarle a su padre sobre las inquietudes de Nick, urgiéndole que lo ayudara a fugarse de la isla. Días después, a la hora de la cena en la residencia del embajador francés, *Monsieur* Bouchet le susurró un secreto al oído de su hija.

—Acabo de hacer una visita de cortesía a uno de nuestros buques mercantes atracados en el puerto de la Habana— le dijo su padre. —El capitán aparenta ser un hombre honesto y razonable. Cuando hable con el de nuevo mañana, le preguntaré si está dispuesto a llevarse a Nick a Francia a bordo del barco.

— ¿Cómo hará para subir al buque? —preguntó Camille con entusiasmo.

—Si el capitán está de acuerdo en llevarlo, tus hermanos Jean-Claude y Pierre lo pueden acompañar a bordo mostrando sus pasaportes diplomáticos. Los oficiales y los marineros del barco bajan al puerto todo el tiempo para ir a beber en las cantinas aledañas. Tres hombres jóvenes y bien vestidos no deberían despertar sospechas, y mucho menos ya que Nick no aparenta ser cubano.

—Estoy muy orgulloso de ti, papá. Gracias.

—Ya veremos. Con un poco de suerte, tu amigo podría estar en camino a Marsella dentro de pocos días.

Al día siguiente, el señor Bouchet le dio la buena noticia a su hija.

—El capitán ha accedido en esconder a Nick en su barco y trasladarlo a Francia, siempre y cuando logre subir a bordo sin despertar sospechas de los guardias cubanos. Comprendo que quiere evitarse problemas con las autoridades portuarias si alguien supiera que hay un polizón a bordo. Hoy voy a explicarles a Jean-Claude y Pierre exactamente lo que tienen que hacer.

Impulsivamente, Camille quiso correr al teléfono y darle a Nick la buena noticia, pero su padre le pidió que no dijera ni una palabra sobre el complot—aun no y mucho menos por teléfono.

En el día fijado para la fuga, Jean-Claude y Pierre llegaron sin previo aviso a la casa de Nick. Era bien avanzada la tarde y le pidieron que se vistiera con ropa casual, pero a la vez elegante. Le dijeron que Camille lo había invitado a asistir a un pequeño cóctel en su casa. Sólo fue cuando el auto pasó de largo por la calle donde estaba localizada la residencia del embajador francés que Nick se dio cuenta de que iban a otro lugar.

—Ha habido un cambio de planes. Vamos a hacerle una visita a uno de nuestros buques de carga anclado en el puerto de la Habana —dijo Pierre.

—Muy interesante—contesto Nick, tragando en seco.

Al extremo este del malecón, el Renault con matrícula diplomática giró hacia la derecha en dirección a la Avenida del Puerto y pasando por frente al Castillo de la Fuerza. Al lado opuesto, en la bahía, Nick observó las luces en un vapor de carga anclado junto a un muelle y expresó su curiosidad sobre el significado de unas rayas y números visibles en el casco del buque sobre la línea de flotación.

—Los marineros le llaman «líneas de Plimsoll»— dijo Jean-Claude. Cuando están visibles, significa que el barco ha sido liberado de su carga y está listo para aceptar una nueva consignación. Nick captó el doble sentido de las palabras del francés y sonrió.

Jean-Claude dejó el auto aparcado en el bulevar y los tres hombres se dirigieron hacia el muelle. Al llegar a la pasarela del barco se encontraron a un soldado con un fusil automático quien les bloqueaba el paso.

— ¿Van a subir al buque? — les preguntó el centinela.

—Sí, somos de la Embajada de Francia en una visita de cortesía, — respondió Jean-Claude mientras mostraba su pasaporte diplomático. Pierre hizo lo mismo.

— ¿Y su pasaporte? le preguntó el guardia a Nick.

—Lo siento, pero dejé el mío en casa, —respondió Nick, fingiendo su mejor acento francés.

El guardia se apartó para permitirle el paso a Jean-Claude, seguido de Nick y Pierre. Los hombres habían comenzado a ascender por la pasarela metálica cuando el soldado les ordenó de repente que se detuvieran.

—Lo siento, pero necesito ver todos los pasaportes. Tengo órdenes estrictas de no permitir que nadie suba a bordo sin documentación.

Jean-Claude no entendió el porqué del cambio de opinión repentino del guardia, pero se dio de cuenta que tenía que actuar rápido. Temía que el soldado intentase hacerles más preguntas, lo cual podría poner al descubierto la identidad de Nick. Si la policía descubría a un cubano abordando un barco de bandera extranjera, lo arrestarían acusándole de intentar salir del país ilegalmente. Eso era considerado como un crimen muy serio en Cuba y que invariablemente enviaría a Nick a la cárcel por largo tiempo.

—Regresaremos más tarde esta noche, —dijo Jean-Claude al guardia, dándose la vuelta e indicándole a Nick y Pierre que lo siguieran de regreso al auto.

En la residencia del embajador francés, Nick le agradeció a Monsieur Bouchet por haber pedido la ayuda al capitán del barco y elogió a Jean-Claude y Pierre por la valentía que demostraron. Los hombres acordaron que sería demasiado arriesgado para Nick hacer otro intento de subir a ese barco. Tal vez se les presentaría otra oportunidad en el futuro.

El joven nunca tuvo un segundo chance para escaparse de Cuba a bordo de un buque mercante. La misión del embajador Bouchet en Cuba llegó a su término ese mismo mes y la familia comenzó los preparativos para regresar a París. Una tarde gris en la terraza ventosa del aeropuerto José Martí, Nick observó a Camille dándose la vuelta en la escalerilla del avión de Iberia para soplarle un beso de despedida.

¡Au revoir, Camille!

Nick le escribió varias cartas a Camille, pero solamente recibió una respuesta después de varios meses. En la carta, fechada en Paris tres meses antes, Camille le preguntaba por qué no le había contestado sus previas misivas. Esto le confirmó lo que ya sospechaba; la policía secreta había estado leyendo y destruyendo su correspondencia.

Con frecuencia, Nick recordaba aquella noche cuando dio el primer paso sobre la pasarela del buque francés. Trataba de imaginarse cuál hubiese sido su destino de haber logrado burlar la vigilancia en el muelle y hacer la travesía a Francia como polizón. *Aún no era su momento, se decía a sí mismo.* Además, nada significativo en su vida le había llegado fácil. Los acontecimientos que marcarían el curso decisivo para su futuro no ocurrirían hasta muchos años después y bajo circunstancias muy diferentes.

Capítulo 6

Laguna de Ariguanabo, 1971

El paisaje de la laguna siempre se le antojaba diferente. Ya bien fuese por la tonalidad del cielo, el nivel de las aguas sobre las plantas acuáticas, o la bruma del alba colgada sobre la superficie, nada era igual que la vez anterior. Estaba convencido de que la laguna estaba hechizada.

Ese día, Nick y Michael estaban explorando la orilla septentrional del lago cuando Nick divisó varios patos silvestres, ocultos detrás un matorral de hierbas acuáticas. El joven se detuvo y tomó a su amigo sutilmente del brazo.

—Michael, prepara tu cámara, — le susurró al oído.

El inglés había comenzado a montar la cámara *Nikon* de 35 mm en un monipodio cuando escucharon unos sonidos resonantes en el cielo. Al levantar la vista, los hombres observaron cuatro paracaídas multicolores flotando entre varias nubes dispersas.

Mientras tanto, los patos de la Florida, espantados por el ruido repentino, tomaron vuelo a ras de agua y desaparecieron velozmente en la distancia.

—Bueno, allá se van nuestros patos. Parece que esos paracaidistas van en dirección a Cayo la Rosa. —dijo Michael. Tal vez logremos llegar a tiempo para verlos aterrizar.

Los hombres se apresuraron a abordar el Triumph convertible de Michael. El inglés dio media vuelta sobre el camino pavimentado y se dirigió a toda velocidad hacia el pequeño cayo. Con la capota baja, ambos hombres siguieron con la vista a los paracaidistas, los cuales se trasladaban impulsados por una fuerte brisa. Nick había observado lanzamientos de paracaídas sobre el lago en otras ocasiones, pero nunca tan de cerca. Al llegar a Cayo la Rosa, observaron un biplano amarillo AN-2 en aproximación final para aterrizar en una pista de césped mientras los paracaidistas desaparecían tras un bosque de altas palmeras.

Nick le sugirió a su amigo que dejara el coche estacionado en las afueras de un campo de béisbol y continuar a pie hasta el aeropuerto. Un Triumph TR6 con matrícula diplomática, estacionado próximo a un centro de entrenamiento de paracaidistas, hubiese despertado sospechas. También acordaron que solamente Nick haría el uso de la palabra.

Un joven vestido con un overol de piloto color verde oliva y botas de vuelo desabrochadas se percató de la presencia de los dos hombres en la entrada del aeropuerto y avanzó en su dirección para saludarles.

— ¿En qué puedo ayudarles, compañeros?

—Nos encontrábamos al otro lado de la laguna cuando vimos varios paracaídas dirigiéndose en esta dirección. ¿Sería posible ver los saltos de cerca? —pregunto Nick.

—Desafortunadamente, ya hicimos el último lanzamiento del día—respondió el hombre. Las operaciones de salto han concluido hasta mañana a primera hora.

—Supongo que no tuvimos suerte esta vez. ¿Estamos en una instalación militar?

—No, — Somos un club de paracaidismo deportivo.

—Eso es fantástico. ¿Dónde puedo apuntarme para empezar a

saltar?

—El proceso para entrar en el club no es tan fácil. Pero si realmente quieres saltar, el esfuerzo te valdrá la pena. Primero tienes que ser aceptado por el jefe de paracaidismo, pasar un examen médico y finalmente aprobar un curso intensivo para saltos en paracaídas.

—Si logro inscribirme y me aprueban, ¿cuánto tiempo pasará antes de que pueda saltar de un avión?

—De principio a fin, el curso puede tomarse entre seis y ocho semanas.

El hombre extrajo un papel del bolsillo de su overol, hizo unas anotaciones con un lápiz y se lo entregó a Nick.

—Esta es la dirección de la oficina del club en la Habana. Dile a la secretaria que hablaste con Collazo en Cayo la Rosa. Yo soy un instructor de salto.

De regreso a la ciudad, Nick no pudo pensar en otra cosa que los paracaidistas que había visto flotando en las alturas sobre el lago. Desde una pequeña edad le habían fascinado los libros sobre los asaltos aéreos en la segunda guerra mundial, así como las películas y documentales que mostraban los desembarcos de paracaídas en masa. Cuando apenas tenía nueve años, casi se quiebra las piernas haciendo un salto de fe desde el techo de su casa aferrado a las esquinas de una sábana de cama. Se sentía poseído por un deseo innato e inexplicable de desafiar la ley de la gravedad.

Algo más en Cayo la Rosa había cautivado su atención. El AN-2 que observó en aproximación final al aeródromo llevaba la puerta abierta, indicando que fue el avión usado para lanzar a los paracaidistas. Nick sabía que los aviones AN-2 soviéticos tenían un rango de alcance extendido y podrían cubrir la distancia entre Cuba y los Estados Unidos. Si llegase a ser aceptado en el club, tal vez hallaría una vía para tomar el control de un AN-2 y escaparse de la isla.

Sin embargo, no albergaba muchas esperanzas que le permitiesen participar en ese deporte. El paracaidismo deportivo tenía que ser una actividad selectiva y reservada para los militantes del partido comunista, o de la juventud comunista. Ya que el deporte implicaba el uso de aviones, la seguridad del estado decidiría quién podía o no practicarlo. A pesar de los obstáculos perentorios en el horizonte, Nick decidió hacer el intento. Con un poco de buena suerte, podría pasar por los filtros del régimen sin ser detectado.

— ¿Hablaste en serio cuando dijiste que querías hacer un salto en paracaídas? —le preguntó Michael.

—Debo confesarte que me quedé muy inspirado. Pero tengo serias dudas que el régimen me acepte en el club. Actividades como ésta suelen estar reservadas para personas con una lealtad probada al régimen.

—No tienes nada que perder —le dijo Michael-. —Si de veras quieres saltar de aviones, no dudes en hacer lo que creas necesario para lograrlo. Miénteles en sus propias caras si es necesario. Considera que, si no lo haces, entonces nada cambiará en tu vida.

Nick le agradeció a Michael sus palabras de aliento. Ese mismo día, decidió que había llegado la hora de alterar su pasado e infiltrarse en el mundo de fanáticos que mantenían a Castro en el poder. Entendió que sería mejor vivir corriendo riesgos y en forma proactiva que permanecer como un simple espectador en espera de que ocurriese algún milagro.

Al llegar a su casa en esa tarde profética, Nick ya había decidido crearse a sí mismo una oportunidad real, una oportunidad que podría cambiar su vida para siempre. El primer paso sería hacerse paracaidista.

Capítulo 7

A finales de la primavera llegan nuevos comienzos.

—Gaius Plinius Secundus

Víctor Daniels Nickolich puso sus pies en la isla de Cuba por primera vez en el año 1925. Había realizado la travesía desde la ciudad de Tampa a la bahía de la Habana a bordo de un vapor de carga anticuado convertido en transbordador de pasajeros. En una conversación casual con el capitán, se enteró de que había un número similar de turistas e inmigrantes registrados en el manifiesto del barco. La isla más importante de las Antillas Mayores era visitada cada año por centenares de personas provenientes de todos los rincones del mundo, muchos de ellos optando en quedarse a residir allí de forma permanente.

El ingeniero no tardó en comprender la razón por la cual Cuba atraía a tantas personas de orígenes muy disimiles. A raíz de su llegada, pudo apreciar de primera mano las delicias del clima tropical, los paisajes cambiantes según la hora del día y la tonalidad del sol, la cortesía genuina de sus habitantes y la fecunda cultura cosmopolita. La Habana era una ciudad colmada de tranvías, automóviles, restaurantes, teatros, amplios bulevares, hoteles de lujo y personas respetuosas y bien vestidas. En los alrededores de la capital encontró interminables playas con la más fina arena blanca, montañas hermosas cubiertas de vegetación y valles prístinos con palmeras y árboles frondosos, todo accesible gracias a un sistema eficiente de carreteras y también a una red eléctrica formidable que llevaba la energía a las zonas más remotas del país. Estaba convencido que había encontrado el paraíso terrenal.

Seis años más tarde, Víctor Daniels y su hermano Luca decidieron probar fortuna y obtener residencia permanente en la isla. En 1931, los Estados Unidos estaban atravesando por la mayor depresión económica de su historia. Por otra parte, la economía pujante ofrecía una amplia diversidad de oportunidades para los inmigrantes. Inversionistas, empresarios, profesionales y artesanos de muchos estados de la unión echaron su suerte en Cuba anhelando rehacer sus vidas y perseguir un futuro próspero y estable.

Víctor Daniels encontró su oportunidad dorada diseñando sistemas de regadío para las plantaciones de caña de azúcar y arroz que se propagaban vertiginosamente a lo largo y ancho de la isla. Luca, por otra parte, obtuvo un empleo a tiempo parcial como *maître d'* en el Hotel Inglaterra y se matriculó en la Universidad de la Habana para terminar sus estudios de medicina. Fue entonces cuando una tragedia golpeó a su puerta. A menos de un año después de la llegada de los hermanos a Cuba, Luca falleció repentinamente a causa de una fiebre reumática. La pérdida súbita e inesperada de su hermano fue una angustia de la que Víctor Daniels nunca se recuperó.

En 1943, Víctor Daniels regresó brevemente a Tampa donde tomó lecciones de vuelo en un aeródromo local, obtuvo su licencia de piloto y adquirió un avión *Stinson* de segunda mano. Era una avioneta ligera con un motor de setenta y cinco caballos de fuerza, dos asientos y alas cubiertas de tela.

El ingeniero piloteó el avión hacia Cayo Hueso y desde ahí hizo la travesía sobre el Estrecho de la Florida hasta llegar a un aeródromo al oeste de la Habana. Una vez en Cuba, empezó a utilizar en el *Stinson* para hacer sus viajes de negocio, aterrizando y despegando en guardarrayas y campos abiertos en las plantaciones más remotas de la isla. La avioneta se convirtió en un vehículo eficaz para llevarle sus servicios y venderles maquinarias a los agricultores y colonos por toda Cuba, proporcionándole una ventaja sólida sobre la competencia.

Una noche de luna durante un baile de gala en la Habana, Víctor Daniels se enamoró de Ramona, una bella dama pinareña con ojos verdes y cabello azabache. La boda tuvo lugar un año después y el matrimonio eventualmente tuvo dos hijos, Militza y Víctor Hugo, a quien su padre llamaba *Nick*. En el año 1953, la familia se mudó permanentemente para una residencia recién construida en un reparto en las afueras de la Habana. Víctor Daniels adquirió un segundo avión monomotor, un Beechcraft Bonanza de cuatro plazas, e invirtió la mayor parte de sus ahorros en una pequeña plantación de arroz equipada con una pista de aterrizaje no lejos del pueblo de San Cristóbal en Pinar del Rio. La arrocera era conocida como la finca *Los Pinos*.

Cuando la guerrilla comandada por Fidel Castro obligó al consagrado jefe militar y presidente de la república General Fulgencio y Záldivar Batista a huir de Cuba en la víspera de Año Nuevo en 1959, Víctor Daniels se contaba entre los estadounidenses expatriados que aspiraban a que Castro llegase a ser un gobernante progresivo y justo. Era un momento verdaderamente histórico para Cuba. Fidel poseía el carisma, el potencial y el apoyo de todo un pueblo para crear el clima de democracia, armonía y prosperidad que había prometido tantas veces durante los días de la guerrilla. Sin embargo, muchos escépticos se mostraron en desacuerdo con ese sentimiento. Argumentaban que los conceptos elementales de democracia y libertad estaban ausentes por completo en los planes futuros del nuevo líder de Cuba.

Los colores verdaderos de Castro no demoraron en salir a la superficie. Durante un discurso televisado en diciembre del año 1961, Castro admitió por primera vez lo que muchas personas se habían temido desde su llegada a la Habana. A pesar de sus reiteradas negativas a ese efecto, Fidel le vociferó al mundo que era Marxista-Leninista y que permanecería como tal hasta el fin de sus días. Una vez que el velo del engaño fue levantado, ya no quedaban dudas de que los nuevos gobernantes llevarían a Cuba de cabeza al totalitarismo, a la opresión y a la miseria.

Una vez garantizado el financiamiento y apoyo militar incondicional de la Unión Soviética y de China comunista, el dictador emprendió su empuje incontenible para llevar a Cuba por el camino de la radicalización marxista siguiendo el modelo Soviético. Para entonces, la supuesta revolución *verde* por la cual muchos patriotas cubanos derramaron su sangre y dieron sus vidas había sido vilmente traicionada.

A principios de los años 60, cientos de los más fieles seguidores de Fidel ya habían prosperado tanto el aspecto social como el económico gracias a una redistribución selectiva de los bienes malversados en el país. Muchos fueron recompensados por su lealtad al régimen con puestos de trabajo importantes, las llaves de los automóviles y hogares dejados atrás por los cubanos en el exilio, junto con los muebles, ropas, vajillas y obras de arte. Sin embargo, otros que apoyaban a Castro lo habían hecho por razones puramente altruistas sin esperar recibir recompensas materiales.

Esas personas eran los trabajadores y campesinos honestos que amaban a su país y aspiraban a una Cuba próspera y con paz tras una revolución que había causado mucho luto e inmenso dolor a muchas familias. Desafortunadamente, a la larga todos fueron embaucados por Castro quien les hizo creer que el comunismo era la única filosofía factible para alcanzar la prosperidad económica y la igualdad social en la isla. No pasó mucho tiempo antes de que las esperanzas de estos hombres y mujeres sinceros se derrumbaran como un castillo de naipes.

Como dijera en una ocasión Adlai Stevenson, un ex embajador de EE. UU. ante las Naciones Unidas, *«El comunismo es la corrupción de un sueño de justicia»*.

Por decreto ministerial, Castro nacionalizó todas las empresas extranjeras y domésticas en Cuba. Miles de hectáreas de tierras productivas y de bienes raíces, así como industrias, centrales azucareros, refinerías, maquinarias, negocios, teatros, hoteles, restaurantes y pequeños establecimientos comerciales de propiedad familiar fueron confiscados a sus dueños sin compensación alguna. Los diarios y revistas, así como las estaciones de radio y televisión también se vieron obligados a cesar sus operaciones, dándole al régimen el control absoluto sobre los medios de comunicación.

Las dependencias médicas y dentales, así como los dispensarios y farmacias sufrieron el mismo destino, al igual que los colegios, universidades y centros de recreación. En el año 1962, todo en la isla había pasado a las manos del gobierno de Castro. En aquel entonces, las únicas credenciales requeridas para administrar un centro industrial, agrícola, o de servicio público era ser un miembro fiel del partido comunista. Con una administración inepta, falta de materia prima y una carencia de incentivos para los trabajadores, la mayoría de las empresas en Cuba dejaron de producir con calidad, o tuvieron que cerrar sus puertas. Con los medios de producción, educación y atención medica bajo el control absoluto del gobierno, la cacareada «explotación del hombre por el hombre» se convirtió en la esclavitud del pueblo por parte del estado comunista. En nombre de la igualdad, todas las personas en Cuba fueron llevadas a un nivel similar de pobreza. Todos, salvo los miembros de la nueva clase élite en el poder.

El éxodo masivo provocado por la radicalización comunista le proporciono un golpe contundente a la intelectualidad y a la cultura en la nación. En el año 1963, Cuba ya había perdido gran parte de sus más ilustres ciudadanos, incluyendo médicos, arquitectos, ingenieros, colonos, contadores, gerentes y otros profesionales, así como destacadas personalidades en el campo de los negocios, la ciencia y las artes. No inmune al avance feroz de la revolución, Víctor Daniels vio esfumarse ante sus ojos el fruto de varias décadas de trabajo y sacrificios. De la noche a la mañana, el régimen le confiscó la finca arrocera *Los Pinos*, sus inversiones en las minas de Charco Redondo, varias maquinarias de movimiento de tierra que arrendaba a los agricultores y constructores y sus dos avionetas. A la edad de sesenta y cinco años y no en muy buen estado de salud, el empresario estadounidense fue forzado a integrar las vastas filas de los desposeídos. Mientras que la mayoría de sus viejos amigos y asociados aceptaron las pérdidas y salieron rápidamente de Cuba, el ingeniero optó por quedarse con su familia en su residencia en la Habana como un último refugio. Admitió en aquel entonces que se sentía demasiado viejo para empezar de nuevo en otra parte. A partir de ese momento, Víctor Daniels y muchos otros en la isla sobrevivirían aferrándose a las falsas esperanzas de que los días de Castro estuvieran contados.

***

—Eisenhower nunca permitirá que Cuba se convierta en un satélite de la Unión Soviética, — declaró Víctor Daniels. Definitivamente no a noventa millas de los Estados Unidos.

El comentarista de la televisión acababa de anunciar que Castro estaba presto a dar un discurso, lo que instó al ingeniero a levantarse de su butaca y apagar el aparato. Estaba hastiado de las mentiras constantes y la charada repetida. Ramona, quien llamaba a Castro *la bestia*, ponía las manos sobre su cabeza y salía deprisa de la habitación familiar cada vez que el rostro de Fidel aparecía en la pantalla del televisor. El ogro barbudo, vestido perpetuamente en un uniforme verde oliva, se había convertido en su peor pesadilla.

El dictador cubano no tardó mucho en tornarse predecible. Durante sus discursos televisados desde un estudio, o parado detrás de una alta tribuna en la plaza cívica José Martí, Castro comenzaba sus disertaciones empleando un tono de voz patriarcal. Esa modulación benévola motivaba a la audiencia a plantar los pies y prestarle atención. Todos esperaban que el dictador quizás diera buenas noticias en esa ocasión y ofreciera un respiro al reinante estado de escasez y austeridad. Eso era todo lo que la gente de la calle quería escuchar y la única razón por la cual permanecían atentos a las palabras de Fidel.

Pero como de costumbre, las expectativas de las masas resultarían en vano. El modo de vida Marxista-Leninista era el único futuro que Castro le tenía reservado al pueblo de Cuba, algo que habría de permanecer como una constante dentro su macabra ecuación política a través de los años.

Fidel se deleitaba con la lectura de estadísticas infladas y de hacer falsos alardes del estado de la economía en el país, una píldora la cual solo unos pocos incautos se tragaban. Ese segmento de su tedioso monólogo con frecuencia se tomaba varias horas. Posteriormente en su discurso, su tono de voz se tornaba agresivo a medida que enfocaba su atención hacia los temas políticos. Por la millonésima vez en su vida, Castro culparía a Estados Unidos, al embargo económico y a los enemigos de la revolución por todas las desaventuras y sufrimientos que padecía el pueblo de Cuba.

Invariablemente, el dictador cubano le pediría nuevamente a la masa de esclavos que hicieran más sacrificios personales para contrarrestar las agresiones extranjeras contra Cuba. Cerca del final de su disertación kilométrica, Fidel Castro podía verse agitando su dedo índice en el aire y vociferando desde lo más alto de sus pulmones como si estuviera bajo el efecto de drogas alucinantes.

La cacareada presencia de enemigos externos e internos que conspiraban contra él personalmente y contra su revolución, junto al embargo económico de los Estados Unidos, se convirtieron en la excusa perenne del tirano para negarle prosperidad y libertad al pueblo cubano. El «bloqueo» se había convertido en un pretexto conveniente para suprimir las libertades individuales y mantener vigente el racionamiento de los bienes de consumo. También justificaba la continuación del estado de ascetismo perpetuo y dependencia en el gobierno impuesta al pueblo. Todo eso y mucho más mantenía a Castro apuntalado en su trono, algo que ni Fidel ni sus seguidores más cercanos veía razón alguna porque cambiar.

El reloj que marcaba el progreso en Cuba había detenido sus manecillas para siempre, al mediodía y bajo un sol tropical abrasador.

—Castro hará lo inimaginable para mantener el bloqueo económico en su lugar, —profetizó Víctor Daniels. —A él le urge que los Estados Unidos continúe siendo su enemigo mortal. Esa es su mejor escusa.

A pesar de la propaganda constante sembrada por el régimen y difundida por los medios de comunicación del estado, muchos cubanos en la isla entendían que el embargo estadounidense era sólo una ilusión hábilmente manipulada. El llamado «bloqueo económico» no le impedía al gobierno cubano el acceso a los mercados del mundo, con la exclusión de los Estados Unidos.

A mediados de los años sesenta, la economía cubana dependía casi en su totalidad de los fuertes subsidios recibidos de la Unión Soviética, China y Europa del Este. Los soviéticos y los chinos le habían prácticamente regalado al régimen vastos arsenales de armamentos y un sinnúmero de equipos y maquinarias industriales y agrícolas. Parte de esos subsidios le fueron ofrecidos a Cuba como parte de un programa de cooperación y ayuda «solidaria», lo que en realidad estaba condicionado por estrictos compromisos políticos. El resto se pagaba con azúcar, café, pescado, carne y otros productos de producción nacional exportados con cuotas fijas y a precios muy por debajo al de los mercados internacionales.

Antes y después de la caída del bloque Soviético, varios bancos de Canadá, México, Francia, España, Argentina, Italia, Holanda y Japón le extendieron amplias líneas de crédito al régimen para la compra de materias primas, alimentos, autobuses, maquinarias pesadas, textiles, fertilizantes, equipos industriales y partes de repuesto. A Castro nunca le faltaron recursos para llevar a Cuba lo que el pueblo realmente necesitaba. Pero en vez de alimentar y vestir al pueblo, o invertir en el mantenimiento de las infraestructuras que ya estaban en proceso de desintegración, la mayor parte de los empréstitos fueron malgastados propagando la doctrina comunista en el extranjero y armando y financiando a grupos terroristas por todo el mundo. Poco a poco, esos fondos también empezaron a engrosar las cuentas secretas de Castro y sus compinches más cercanos en varios bancos privados por todo el mundo.

Cuando Cuba se volvió fiscalmente insolvente e incapaz de pagar su creciente deuda externa, Castro suspendió todos los pagos e incumplió indecorosamente con sus obligaciones de préstamos internacionales, las cuales para aquel entonces sumaban miles de millones de dólares. La evasión sistemática de deuda por parte del Banco Nacional convirtió a Cuba en una de las economías más riesgosas del mundo.

Los bancos de préstamos extranjeros se vieron forzados a cancelar la deuda cubana. Fue entonces cuando los gobiernos liberales, quienes originalmente habían garantizado la deuda, estimularon a los bancos a invertir nuevo dinero sobre la mala inversión. Ese círculo vicioso, pero altamente lucrativo para Cuba le permitió al régimen de Castro disfrutar de una prosperidad económica «artificial» durante varias décadas. Irónicamente, gran parte de los fondos que sustentaban al régimen comunista de Cuba provenía indirectamente de los bolsillos de contribuyentes de impuestos incautos, así como de los inversionistas en muchos países industrializados. Desafortunadamente, el pueblo de Cuba recibió muy poco, o ningún beneficio por esas vastas infusiones de divisas.

Capítulo 8

La abogada Luisa Esquiroz era una mujer emprendedora que residía con sus dos hijas, Luisa y Margarita, en una casa de dos pisos en la calle frente a la casa de Nick. Las familias gozaban de una buena amistad y durante años la hermana de Nick había tomado clases en un estudio de ballet improvisado que Luisa manejaba desde su casa.

El recuerdo más vívido que tenía Nick de la residencia de Luisa era su *Doberman pinscher* negro, un perro inquieto de porte amenazante con la cola cortada y orejas puntiagudas. El feroz Doberman tenía la costumbre pérfida de sorprender a los transeúntes que caminaban frente a la casa apareciéndose inesperadamente en el balcón del segundo piso ladrando con gran furia y soltando espuma por sus fauces. El balcón, el cual carecía de barandilla protectora, daba la ilusión de que la bestia podría saltar al césped en el momento más inesperado.

Cuando Nick tenía ocho o nueve años se divertía con sus amigos haciendo círculos con sus bicicletas frente a la casa de Luisa para burlarse del perro y ponerlo aún más rabioso. Pero en secreto, los chicos rezaban que el animal no se volviera totalmente loco y diera el temido salto suicida a la calle para desquitarse a puras dentelladas.

En la primavera de 1960, Luisa le pidió a Víctor Daniels que permitiera a un grupo de estudiantes de la Universidad de la Habana reunirse en secreto en su casa. Los estudiantes pertenecían a la diócesis católica de la universidad la cual criticaba abiertamente las relaciones inminentes de Castro con la Unión Soviética. Ya que las nuevas leyes en Cuba habían hecho ilegal la reunión de tres o más personas sin previa autorización del gobierno, el grupo comenzó a reunirse secretamente en las casas de sus simpatizantes. La regla de oro para evadir ser descubiertos por el DSE era de nunca reunirse dos veces en la misma casa.

Víctor Daniels aceptó darles la acogida a los estudiantes por una noche y se fijó una fecha para el cónclave. Luisa les advirtió a los miembros del grupo que siguieran su camino si observaban vehículos sospechosos estacionados en la calle, o si la luz afuera del garaje de la casa estaba apagada, la señal de que la reunión se había suspendido.

En la fecha convenida, cinco jóvenes llegaron por separado a la residencia en intervalos de diez a quince minutos. El primero en llegar fue Alberto Muller, el líder carismático del movimiento estudiantil católico. Los hombres se reunieron a puertas cerradas en el estudio de Víctor Daniels durante casi dos horas y luego se marcharon furtivamente de la misma forma en que llegaron.

Unas semanas más tarde, la ciudad de la Habana fue testigo de una de las primeras manifestaciones populares para denunciar los planes de Castro de convertir a Cuba en un satélite de la Unión Soviética. Liderados por Alberto Muller, cerca de cien estudiantes universitarios organizaron una marcha de protesta por la visita a Cuba de Anastas Mikoyan, el viceministro de Relaciones Exteriores de la Unión Soviética. La intención de los manifestantes era remover una ofrenda floral con la hoz y el martillo que Mikoyan había colocado al pie del monumento a José Martí, el apóstol de la independencia cubana.

Los estudiantes vieron la corona con la bandera soviética como un ultraje a la memoria de Martí, apóstol de la independencia de Cuba y un amante ferviente de la libertad y la justicia. El grupo estaba decidido reemplazar la corona colocada por el ruso por una ofrenda floral con la bandera cubana que llevaban consigo en la primera fila. Ya próximos al monumento, los hombres comenzaron a cantar al unísono *«revolución sí, comunismo no»*.

Esa actitud desafiante resultó ser demasiado para los fanáticos del régimen. Con una brutalidad no vista en Cuba desde hacía años, las fuerzas represivas de Castro golpearon a los manifestantes con palos y las culatas de sus rifles, detuvieron a decenas de ellos y destruyeron las cámaras fotográficas de varios de los reporteros que habían acudido a observar la demostración en el Parque Central. Los milicianos de Castro procedieron a pisotear la ofrenda floral con la bandera cubana y le prendieron fuego. Mientras tanto, Alberto Muller y varios de los activistas lograron huir de la zona de los hechos y buscaron refugio saltando la cerca de la embajada de Brasil en la Habana. El embajador brasileño les concedió asilo político y eventualmente les fue otorgado un salvoconducto para que pudieran salir del país.

Meses después, Muller decidió regresar secretamente a Cuba y unirse a la lucha de los guerrilleros anticastristas que se encontraban combatiendo en las montañas del Escambray, pero fue capturado pocos días antes de la invasión de Bahía de Cochinos. Un tribunal militar sentenció al valiente patriota a veinte años de prisión.

En el año 1962, Luisa comprendió que la vida en Cuba se había vuelto demasiado peligrosa para una pensadora libre como ella. Una tarde, hizo una breve visita a la casa de Nick para despedirse de la familia. Nick nunca llegó a saber la suerte corrida por su perro Dóberman.

***

En el verano de 1962 Castro ordenó a sus fuerzas de seguridad internas a efectuar requisas de casa en casa y confiscar todas las armas de fuego en manos de la población civil. La medida siguió a otro discurso retórico de Fidel en el que el dictador, vestido con su uniforme de campaña verde oliva y portando una pistola de fabricación soviética a la cintura, le planteó una pregunta cínica a su audiencia:

— ¿Armas para qué? ¿Para luchar contra quién? ¿Contra el gobierno revolucionario que tiene el apoyo de todo el pueblo?

Víctor Daniels guardaba en su casa una pistola semiautomática calibre .32 y un revólver Colt .38 para su protección personal. Cuando escuchó que el gobierno había comenzado los registros en las viviendas, el ingeniero decidió que no le entregaba sus armas a nadie. Envolvió la pistola y el revolver en un paño empapado con aceite de motor y las enterró en el patio trasero a un pie de profundidad en un sembrado de zanahorias. Los milicianos de Castro eventualmente se presentaron en su hogar y rebuscaron en cada centímetro del lugar, pero no encontraron las armas.

Ese mismo verano, la familia recibió una inquietante visita del G2, la policía represiva cubana. Un hombre de aspecto agresivo vestido de civil se apareció inesperadamente en la puerta, donde le mostró a Víctor Daniels su identificación como miembro de la policía secreta.

—Soy el capitán Varona del G2, —dijo. Varona subió las escaleras sin ser invitado y procedió a sentarse a la mesa de comedor.

—Estoy confundido, amigo Nickolich. ¿No es inusual que un expatriado estadounidense siga viviendo en Cuba? ¿No has hecho planes para irte a los Estados Unidos? —le preguntó Varona.

—Somos felices aquí—mintió el ingeniero. Cuba ha sido mi hogar durante treinta y tantos años y es el país natal de mi esposa y de mis dos hijos.

Víctor Daniels dedujo que Varona estaba buscando una excusa para incriminarlo y desalojarlo de su casa. Ya había escuchado rumores de que ciertos individuos dentro del régimen de Castro estaban interesados en su casa. Después de revisar cada habitación del hogar con visible curiosidad, Varona se marchó.

La semana siguiente, el gamberro del G2 estaba de regreso tocando con insistencia el timbre de la puerta. Para entonces, el padre de Nick sospechaba que la razón por visitas de Varona era más seria de lo que él se había temido. Una pregunta que le hizo Varona ese día le dio la clave del porqué la policía secreta estaba tan interesada en su persona.

—Compañero, te creemos cuando nos dices que eres amigo de la revolución. Sin embargo, tenemos muchos enemigos tanto fuera como dentro de nuestro país. ¿Queremos saber si conoces a alguien que esté conspirando para derrocar a nuestro gobierno?

Nick miró a su padre y notó que su rostro había palidecido.

—Se lo diría sin la menor vacilación, compañero Varona. Pero no conozco a nadie dedicado a ese tipo de actividad.

Víctor Daniels ahora temía que alguien hubiese alertado al G2 de la reunión secreta que Alberto Muller y sus colaboradores habían tenido en su casa.

Sus temores no eran infundados. Un día después de la segunda visita de Varona, dos hombres vestidos de civil llegaron a su casa en un Chevrolet sedán de 1959 sin marcas y le ordenaron a Víctor

Daniels que los acompañara.

—Sólo es para hacerle unas preguntas de rutina, —le dijeron los genízaros.

Los agentes condujeron al ingeniero a un lugar conocido como *Quinta y Catorce*, el temido centro de detención política del G2 ubicado en la esquina de la 5ta Avenida y la Calle 14 en Miramar. Se rumoreaba que la mayoría de los hombres y mujeres llevados a ese lugar habían desaparecido sin dejar rastros.

Preocupada por el destino de su marido, Ramona hizo una llamada telefónica a Osvaldo Barrios. Barrios era un amigo de la familia y el cuñado de Faustino Pérez, uno de los comandantes del ejército rebelde durante la insurrección. Barrios le prometió a Ramona que pondría a Faustino al tanto de la situación. Tal vez Faustino podría interceder con Castro y conseguir la liberación de Víctor Daniels antes de que fuese demasiado tarde.

En Quinta y Catorce, el ingeniero fue conducido a una pequeña celda poco iluminada y con las paredes llenas de escritos que habían sido cubiertos más de una vez con pintura de cal. «Una mazmorra de interrogación»— pensó Víctor Daniels.

La celda alojaba una pequeña mesa de madera y cuatro sillas. Momentos después, el capitán Varona entró a la celda acompañado por otros dos agentes vestidos de civil. La actitud de los policías era beligerante y todos portaban pistolas calibre .45 a la cintura.

—Dejémonos de farsas de una vez y por todas. Sabemos que algunos elementos contrarrevolucionarios se reunieron secretamente en tu casa no hace mucho tiempo. Queremos saber sus nombres.

—Nunca ha ocurrido algo semejante y jamás he hecho

contrarrevolución. Me tienen confundido con otra persona.

— ¿Conoces a un hombre llamado Alberto Muller?

—Jamás he escuchado ese nombre. No sé si ustedes estan enterados de lo que les voy a decir, pero yo colaboré con la guerrilla en la Sierra Maestra a riesgo de mi propia vida. Hice mucho más que otros que hoy en día andan por ahí jactándose de ser más revolucionarios que los demás.

Esa noche, el ingeniero les hizo un relato a los agentes del G2 sobre los días cuando supervisaba una operación minera en el poblado de Charco Redondo en Oriente. Las minas de manganeso y mineral de cobre estaban ubicadas en las faldas de la Sierra Maestra y no muy lejos de la base de operaciones de Fidel Castro en los tiempos de la insurrección armada.

—En aquellos días atribulados, arriesgué mi vida facilitándole acceso a alimentos, medicinas y otros suministros a los rebeldes que bajaban al poblado desde las lomas por las noches. Debido a que almacenábamos una gran cantidad de dinamita en las minas, las instalaciones estaban custodiadas por un pequeño destacamento de soldados enviados por Batista.

—El coronel Alberto del Río Chaviano, quien fungía como comandante del ejército en la provincia de Oriente, había puesto ese destacamento bajo mi mando—continuó el ingeniero. Actuando en contra de los intereses de Chaviano, les di órdenes a los soldados que permanecieran recluidos en la guarnición todas las noches desde la puesta del sol hasta el amanecer. Hice eso para facilitarles a los rebeldes la entrada incontestada al poblado, visitaran a sus familiares y se llevaran consigo comida, medicinas y otras provisiones.

Lo que Víctor Daniels no le dijo a Varona fue que la verdadera razón para dar esa orden fue para evitar un derramamiento de sangre innecesario que un encuentro entre las fuerzas rebeldes y los soldados hubiese ocasionado.

—Si Chaviano se hubiese enterado de que yo estaba ayudando a los rebeldes, habría enviado a sus matones a las minas a ponerme una bala entre ceja y ceja. Ese tipo odiaba a muerte a todos los que colaboraban con las fuerzas de Castro—dijo Víctor Daniels.

Los secuaces del G2 continuaron su interrogatorio hasta muy tarde esa noche, pero el ingeniero permaneció aferrado a su negativa. Para entonces, los genízaros de la seguridad del estado habían empezado a perder los estribos. Uno de ellos sacó su pistola y le puso el cañón frio contra la sien del ingeniero, justo cuando otro agente entró a buscar a Varona para que contestara una llamada telefónica.

—Eres un hombre con mucha suerte, Víctor Daniels. Estas libre para regresar a tu casa—le dijo Varona al volver a la celda.

Privado del sueño y físicamente agotado, el ingeniero fue conducido de regreso a su residencia por los mismos hombres que lo habían detenido horas antes.

Para el alivio de la familia, esa fue la última vez que la supieron del ominoso capitán Varona o del G2 por muchos años. El padre de Nick estaba convencido que la intervención oportuna del comandante Faustino Pérez le había salvado la vida.

En sus alocuciones por *Radio Rebelde* desde la Sierra Maestra durante los años de la insurrección y en los meses posteriores al triunfo, Castro prometió que sería un gobernante justo y benevolente. Sin embargo, las tácticas de intimidación, las torturas psicológicas y físicas y las ejecuciones sumarias perpetradas por su régimen hicieron palidecer a muchos de los secuaces de Batista y otros gobernantes en comparación. Excepto de una prensa libre que vigilase la conducta del gobierno marxista, Castro tenía *carta blanca* para retener y abusar de su poder utilizando cualquier método y excusa a su antojo. Muy pocos dentro o fuera de la isla conocían las atrocidades que se cometían dentro de las mazmorras de Villa Maristas y otros centros de detención de la seguridad del estado cubana.

La única esperanza que quedaba para Cuba era un derrocamiento violento del régimen por las fuerzas del exilio apoyadas por los Estados Unidos. Aquel sueño de un gobierno democrático que Castro había prometido para Cuba estaba muy lejos de la realización, en principio porque el dictador comunista nunca tuvo la menor intención de serle fiel a sus propios pronunciamientos.

Castro repetiría su lema insigne miles de veces, «*Patria o Muerte*». Esa retorcida consigna significaba que Cuba seguiría siendo comunista bajo su gobierno incontestado, o de lo contrario la isla «*se convertiría en una tierra ardiente cubierta de cenizas*». En otras palabras, si el barco de Castro se hundía, todos se hundirían con él.

Capítulo 9

Lo mejor de este mundo es saber cómo pertenecerse a sí mismo.

—Michel de Montaigne

La eliminación de la economía de mercado en Cuba obligó a decenas de miles de ciudadanos a emprender una contienda diaria por la supervivencia y también a llevar una vida muy diferente a la que acostumbraban. Mientras miles abandonaban el país con sólo la vestimenta que llevaban encima, otros, sin tener a donde marcharse, quedaron sometidos a los caprichos de los comunistas en el poder. De la noche a la mañana, los habitantes de la isla no tuvieron otra alternativa que trabajar para el régimen por un magro salario y con apenas nada que comprar en los almacenes de víveres, ropa y accesorios para el hogar.

El padre de Nick tenía un plan singular en su mente. Invocando su antigua habilidad empresarial y perspicacia, Víctor Daniels despolvoreó una carpeta con una fórmula química de su invención la cual llevaba años engavetada en su armario personal. A los pocos meses, comenzó a fabricar en el garaje de su casa un producto que el gobierno cubano no pudo negarse a comprar.

El ingeniero nombró al producto *Ataflus-On*, que escrito hacia atrás leía *no-sulfata*. Aseguraba que el producto reducía la acumulación perjudicial de sulfato de plomo en las células de los electrolitos, la razón principal de la falla de las baterías de ácido-plomo. No tardó mucho para que el ingeniero convenciera al régimen que su invención le ahorraría al país millones de dólares en divisas.

En aquellos días, el *Ataflus On* era el único producto fabricado en casa y adquirido con regularidad por empresas del gobierno en Cuba comunista y el cual se convertiría en una fuente de ingresos lucrativa para la familia Nickolich. Mientras que nunca se comprobó a ciencia cierta que el compuesto actuaba tal y como lo prometía Víctor Daniels, el negocio floreció por muchos años.

En un momento dado, todos los camiones, autobuses y tractores en la isla tenían sus baterías tratadas con el polvo milagroso fabricado y envasado en una casa privada en el antiguo reparto Biltmore. Todos en la familia eventualmente se involucraron con el *Ataflus-On,* ya bien en el proceso de fabricación, o en el envase de los sorprendentes cristales en cartuchos de papel para su distribución. La empresa había contratado a dos empleados a plazo fijo, dos padres de familia que se habían quedado desempleados en espera de sus permisos para la salida del país.

Nick atribuyó gran parte del éxito de su padre a un puñado de administradores de empresas del gobierno que compraban y usaban su producto. Al final de cada mes, los mismos rostros aparecían religiosamente en la puerta de su casa para recoger sus sobres conteniendo las comisiones prometidas. Incluso después de la abolición del capitalismo, el dinero en efectivo seguía moviendo montañas en Cuba.

A la par de la producción de Ataflus On, Víctor Daniels se las ingenió para superar los problemas de la escasez de alimentos. La absurda ley de la reforma agraria y la erradicación de los mercados libres habían llevado a la economía doméstica en un caos total. Tras decenas de años disfrutando de un mercado doméstico diverso y superabundante, los cubanos se enfrentaron con una realidad insólita—los estantes de las tiendas se encontraban casi vacíos y se requería una tarjeta de racionamiento de tiempo de guerra para adquirir víveres, ropa, calzados y artículos de primera necesidad. De la noche a la mañana, el régimen se vio obligado a importar casi todos los artículos básicos y productos agrícolas los cuales habían sido previamente producidos por la ya desaparecida industria doméstica.

La creciente escasez de alimentos y bienes de consumo motivó al padre de Nick a convertir el patio trasero de su casa en una granja productiva. Se dio a la tarea de a sembrar árboles frutales adicionales a los que ya existían en el perímetro de la residencia, y a cultivar todo tipo de vegetales tropicales. En su despensa nunca faltó zanahorias, lechuga, apio, tomates, habichuelas, aguacates, toronjas, naranjas, limas limones, mangos, anón, chirimoya, papaya, todo cultivado en la casa.

Muy pronto, una variedad de criaturas disimilares comenzó a aparecer en los otrora suntuosos jardines de Siboney. Conejos, gallinas, pollos y patos comenzaron a deambular libremente por todas partes. Un amigo de la familia construyó un establo para una vaca lechera Holstein llamada *Rosita* y también habilitó un chiquero detrás de la caseta de herramientas con capacidad para cebar a dos cerdos adultos a la vez.

Mientras tanto, *Rabo Largo*, el gato de la casa, había sido perseguido demasiadas veces por un gallo criollo que padecía de mal humor. Temiendo por su vida, Rabo Largo nunca más volvió a salir al patio trasero. El felino se pasaba las horas sentado en el alféizar de la ventana de la cocina, mirando con curiosidad a las criaturas hostiles que habían invadido sus antiguos dominios.

Nick tenía doce o trece años cuando comenzó a trabajar en la *granja* al regreso de la escuela. Preparaba la tierra con el azadón, hacia las siembras, recogía los frutos y los vegetales, aseaba los polleros y los establos y sacrificaba las aves, conejos y cerdos. Antes de sacrificar a los cerdos, Nick se veía obligado a amordazarlos para evitar que los chillidos llegaran a los oídos de los policías o soplones quienes deambulaban por su vecindario con frecuencia. En virtud de las nuevas leyes impuestas, el sacrificio de animales o el transporte de carne por la población era un delito grave y punible con fuertes multas y prisión.

A pesar de los peligros latentes, la crianza ilícita de animales en la residencia de Siboney perduró por muchos años. La familia nunca careció de verduras, carne, leche, manteca casera, yogurt y queso, huevos frescos e incluso barras de jabón de lavandería hechas en casa, artículos que estaban racionados, o que habían desaparecido por completo de los almacenes ahora bajo el control del estado.

Todo el sobrante era intercambiado sin demoras con los vecinos y amigos por pasta dental, papel higiénico, café y azúcar, cigarrillos, o usado para pagar por las visitas a domicilio del médico de cabecera. Víctor Daniels hizo todo lo que fuera necesario para garantizar que su familia nunca se fuera a la cama con hambre. Pero lo que era más importante, les enseñó a sus hijos una lección muy valiosa en la vida — el nunca darse por vencidos.

Capítulo 10

La derrota no es lo peor de los fracasos. No haber intentado es el verdadero fracaso.
—*George Edward Woodberry*

Bahía de Cochinos, 1961

Las explosiones consecutivas resonaron con una violencia de tal magnitud que Nick pensó que la casa de sus vecinos había volado en mil fragmentos. La intensidad de las descargas hizo que su casa se estremeciera hasta los cimientos e hizo vibrar los ventanales de cristal. Sin pensarlo dos veces, el chico se levantó de la mesa del desayuno y salió deprisa hacia el patio trasero para averiguar dónde habían ocurrido las detonaciones.

Construida sobre una colina inclinada, la residencia ofrecía una vista panorámica de la calle del frente, la avenida 17-A y mucho más allá. Desde el techo, la vista se extendía casi hasta el océano. El chico notó una gran nube de humo negro elevándose rápidamente en el horizonte en dirección este. Cuando se encontraba presto a subirse al tejado, dos explosiones aún más violentas sacudieron la tierra bajo sus pies. Atónito, observó otras dos columnas de humo negro elevándose a aproximadamente una milla de distancia. Así y todo, colocó la escalera y se subió al techo sin pestañear.

De repente, dos aviones bimotores aparecieron a su vista antes de que se pudiera escuchar el sonido de sus motores. Los aviones volaban a muy baja altura y aparentaban dirigirse directamente hacia su casa. Mas o menos a un cuarto de milla de distancia, los bimotores de color plateado hicieron un viraje súbito hacia el océano y desaparecieron con un ruido atronador. Más tarde ese mismo día, el chico escuchó que los aviones que vio volando hacia su casa eran bombarderos B-26 realizando un ataque sorpresivo a la Base Aérea de Columbia, para aquel entonces conocida por Base Aérea Libertad.

Escuchó a su padre gritar que bajaran corriendo al piso inferior y se refugiaran en el garaje subterráneo. En vez de obedecer, el chico decidió esconderse en el techo detrás de la chimenea. No quería perderse un solo segundo el panorama inverosímil que se desarrollaba delante de sus ojos. Desde su escondite, observó las múltiples balas trazadoras antiaéreas cruzando el cielo, seguidas por explosiones secundarias encima de las nubes. Los aviones no regresaron, pero el fuego de la artillería antiaérea continuó durante media hora más o menos. Para el joven Nick, el espectáculo resultó ser fascinante.

Mas tarde en esa mañana, Víctor Daniels sintonizó su radio Blaupunkt en la frecuencia de *Radio Swan*, una estación de radio pirata operada por la CIA que transmitía a Cuba desde una isla cercana a la costa de Honduras. Radio Swan informó que se estaban llevando a cabo ataques aéreos contra las principales bases aéreas de Cuba por parte de pilotos desafectos de la fuerza aérea cubana.

La radio cubana, sin embargo, ofreció un recuento totalmente diferente de las incursiones aéreas. Aunque confirmó que un número no determinado de bombarderos B-26 tomó parte en los ataques, negó categóricamente que los aviones pertenecieran a la fuerza aérea cubana.

En realidad, las transmisiones de Radio Swan habían sido parte de un complot de la CIA para hacer creer que un grupo de pilotos cubanos opuestos al régimen habían desertado y conducido un ataque a las bases cubanas con el objetivo de derrocar a Fidel Castro.

Los bombarderos B-26 llevaban pintadas insignias falsas de la FAR y de hecho fueron pilotados por pilotos cubanos en el exilio y también por aviadores norteamericanos.

Las incursiones, las cuales que se originaron en pistas de aviación operadas por la CIA en Centroamérica, tenían como objetivo destruir la aviación de combate de las FAR desplazada en las bases de Libertad, San Antonio y Santiago de Cuba. Los ataques fueron el preludio de una invasión secreta militar a gran escala por cubanos exiliados con el fin de sacar a Castro del poder. Sin embargo, una vez concluidos los bombardeos, varios de los T-33, B-26 y Sea Furys de la aviación cubana quedaron intactos y prestos para volar.

Al día siguiente, el 16 de abril de 1961, un convoy marino cruzó secretamente las aguas desde Puerto Limón en Nicaragua hasta las playas cenagosas de la península de Zapata en la costa sur de Cuba. Cuatro buques con los nombres de *Houston, Río Escondido, Caribe y Atlántico* echaron ancla en las orillas de Playa Larga y Playa Girón a las 02:00 horas, EST. Los buques cargueros ahora convertidos en transportes militares llevaban a bordo casi mil cuatrocientos exilados cubanos miembros de la Brigada Expedicionaria 2506, sus armas y los equipos de apoyo.

Alrededor de las 07:30 horas en esa mañana, varios aviones de transporte C-46 y C-54 realizaron el lanzamiento de ciento setenta y siete paracaidistas del batallón de aerotransportado de la Brigada 2506 sobre varios puntos estratégicos cercanos a Playa Larga. La misión de las tropas paracaidistas era tomar todos los caminos que conducían a la zona del desembarco naval en Playa Girón.

Concebida por Dwight Eisenhower en Marzo de 1960 y ejecutada por John F. Kennedy un año más tarde, la invasión de

Bahía de Cochinos resultó ser un desastre desde sus principios. Mientras miles de cubanos, tanto en Estados Unidos como en la isla, pensaban que la liberación de la patria estaba al alcance de la mano, la operación fue un fracaso total que dejó abiertas las puertas para la continuidad del régimen marxista con consecuencias inimaginables en las próximas décadas.

Como casi siempre sucede, la política jugó un papel crítico desde los inicios de la operación militar. En la campaña electoral para la presidencia de los Estados Unidos, John F. Kennedy criticó con frecuencia lo que él llamó la política débil de Eisenhower y Nixon hacia la dictadura de Castro. El 19 de octubre de 1960, la campaña de Kennedy publicó la siguiente declaración:

«Debemos intentar fortalecer las fuerzas anticastristas democráticas en el exilio y dentro de Cuba, que ofrecen una esperanza para derrocar a Castro. Estos luchadores por la libertad no han recibido casi ningún apoyo de nuestro gobierno. Debemos actuar inmediatamente para evitar que el comunismo tome el control de otros países de América Latina y al mismo tiempo eliminar las condiciones bajo las cuales el comunismo prospera. Esta semana, he trazado un programa de doce puntos para lograr este objetivo, pero hasta ahora el señor Nixon ha mantenido un silencio absoluto». Con esa declaración, Kennedy insinuó que actuaría de decididamente contra Castro si ganaba las elecciones presidenciales.

Antes de cumplir su término en la presidencia de los Estados Unidos, el general Dwight Eisenhower dio instrucciones a Allen Dulles, el entonces jefe de la CIA, de entrenar y darle apoyo total a varios miles de exiliados cubanos con vistas conducir una invasión armada secreta a Cuba y sacar a los hermanos Castro del poder. Dulles, por su parte, convocó a un equipo de estrategas militares experimentados para que le presentaran un plan de acción y ponerlo en marcha de inmediato. Sin embargo, el mismo día en que el presidente Kennedy tomó posesión de la Casa Blanca, sus asesores le presentaron un plan muy diferente al plan de Dulles. Sin más consideraciones, Kennedy dio el visto bueno para hacer a los cambios propuestos.

Entre las desviaciones de la estrategia propuesta por Dwight Eisenhower y Allen Dulles, la más perjudicial fue cambiar la zona del desembarco desde Trinidad a Playa Girón, un área remota en la región pantanosa e inhospitalaria de la península de Zapata al sur de la isla. Los asesores de Kennedy argumentaron que el desembarco de una fuerza cubana del exilio cerca de Trinidad, una ciudad habitada por casi dieciocho mil personas podría provocar una reacción internacional adversa contra los Estados Unidos.

Sin embargo, los estrategas responsables del plan de invasión en Trinidad mostraron en total desacuerdo con ese cambio. Tanto el coronel Jack Hawkins y el director del proyecto de la CIA, Jacob Esterline, ambos veteranos de la segunda guerra mundial habían recibido información secreta de que una gran parte de los habitantes de Trinidad estaban opuestos al régimen de Castro. El consenso general era que un desembarco en las proximidades de esa ciudad encendería la chispa necesaria para un levantamiento popular masivo que podría extenderse por toda la isla. Luego de desembarcar y crear una cabeza de playa, las fuerzas exiliadas cubanas necesitaban un lugar adecuado para establecer un gobierno provisional y pedir el reconocimiento de los Estados Unidos. Sólo Trinidad ofrecía todas esas condiciones.

Otra consideración táctica para la elección de Trinidad era su proximidad al Escambray, una cordillera montañosa donde cientos de guerrilleros se encontraban combatiendo agresivamente contra las fuerzas de Castro. Si el desembarco fracasara, los miembros de la Brigada 2506 podían movilizarse hacia el Escambray y unirse a las guerrillas anticastristas. Otra ventaja de Trinidad era la existencia de playas propicias para un desembarco de fuerzas marítimas, y un aeropuerto que pudiera ser utilizado como base avanzada de operaciones por los bombarderos B-26, aviones de transporte C-47 y otros efectivos de apoyo.

Richard Bissell, el jefe de operaciones de la CIA durante la invasión de Bahía de Cochinos le advirtió a Kennedy que llevar a cabo el desembarco de las tropas en otro lugar que no fuese Trinidad resultaría en un fiasco. Sin embargo, la Casa Blanca no le prestó atención a Bissell y procedió con los cambios. El ambiente en Washington, DC se tornó cada día más tenso a medida que el presidente Kennedy y sus colaboradores más cercanos rehusaban a escuchar a Bissell, Hawkins o Esterline.

El 9 de enero de 1961, tres meses antes del desembarco de la Brigada 2506, la noticia de una inminente operación militar contra Castro se filtró a la prensa. El artículo fue redactado por Tad Szulk e impreso en el New York Times bajo el título «Los EE. UU. ayudan a entrenar a fuerzas anticastristas en una base secreta en Guatemala». Ese día, la invasión de Cuba por las fuerzas cubanas exiliadas dejó de ser un secreto. Turner Catledge, el entonces editor del NYT, estaba alarmado por las graves implicaciones para la seguridad de la invasión que el artículo escrito por Szulk conllevaba. Catlidge, hablando entre un grupo de amigos, profetizó: «Puedo imaginarme el fracaso de la invasión y puedo anticipar que el New York Times será culpado por el fiasco sangriento».

Alertado por el artículo de Szulk en el New York Times, Castro comenzó a preparar sus defensas. Inmediatamente después de las incursiones aéreas del 15 de abril, la seguridad del estado cubana tomó medidas para neutralizar la resistencia interna dentro de Cuba. Los efectivos del G2 realizaron la recogida más de cien mil personas sospechosas de ser opuestas al régimen y las encarcelaron en varios estadios de béisbol, escuelas y prisiones por todo el país.

La retirada a último momento del apoyo aéreo prometido resultó ser una traición vil por parte de la administración de Kennedy. Mil cuatrocientos luchadores por la libertad de Cuba desembarcaron en la Cienaga de Zapata sin la protección aérea que Kennedy les había prometido. Para empeorar la situación aún más, la Casa Blanca ordenó abortar las incursiones adicionales de aviones B-26 que estaban programadas para llevarse a cabo sobre la isla para destruir los aviones de combate que habían quedado intactos tras las incursiones del 15 de abril.

La zona elegida para el desembarco también demostró ser errada. El avance de las tropas expedicionarias fue paralizado una vez que el ejército de Castro tomó el control de la única carretera que existía entre Playa Larga a Jagüey Grande. Sin el apoyo aéreo prometido, los miembros de la Brigada 2506 fueron asediados sin tregua por la artillería de Castro y por la aviación de las FAR. Las fuerzas de la brigada eventualmente se rindieron a menos de setenta y dos horas de su desembarco en los pantanos inhóspitos de Playa Larga y Playa Girón.

Esa misma mañana, doce aviones Skyhawks A4D-2 a reacción del escuadrón VA-34 *Blue Blasters* de la Marina de Guerra de Estados Unidos, con sus insignias cubiertas con pintura gris, fueron catapultados por el portaaviones USS Essex que se encontraba navegando próximo a la costa sur de Cuba. El objetivo de los A4D-

2, armados con cañones de 20 mm, era brindar una cubierta defensiva a las fuerzas cubanas exiliadas y también darles escolta a varios aviones B-26 que ya habían despegado de una base en Nicaragua para realizar las incursiones adicionales programadas dentro de Cuba.

Los A4D-2 comenzaron a volar en círculos sobre la flota en espera de las órdenes para entrar en el teatro de operaciones —órdenes las cuales nunca llegaron. Con gran frustración, los pilotos de la Marina de Guerra de los Estados Unidos observaron impotentes como los T-33 y Sea Furys de la Fuerza Aérea ametrallaban con impunidad a los buques de transporte y a los combatientes de la brigada 2506. Volando sin oposición, la aviación de Castro continuó su ataque inclemente contra sus enemigos del exilio hasta el final de la contienda.

Al anochecer de ese mismo día, las tripulaciones de la flota del portaaviones USS Essex fueron juradas a guardar secreto. Muchas décadas después, la controversia aún continúa sobre posibilidad de que 1,400 hombres de las fuerzas cubanas exiliadas, asistidos por las guerrillas del Escambray y con el apoyo aéreo norteamericano, hubieran logrado crear una cabeza de playa efectiva en el sur de Cuba y eventualmente derrotar a las doscientas mil tropas regulares y milicianos de Castro.

Lo que nadie duda es que las posibilidades de éxito se redujeron enormemente debido a las decisiones erradas del presidente Kennedy y sus asesores más cercanos, y también por el artículo imprudente publicado en el New York Times, el cual comprometió el secreto de la operación.

Operación MANGOSTA, 1961

Tras el fiasco de Bahía de Cochinos, John F. Kennedy ordenó a Richard Helms, entonces jefe de la CIA, a derrocar al régimen de Fidel Castro a través de operaciones clandestinas dentro de la isla. Bajo el nombre de Proyecto Cubano, u Operación *Mongoose*, la CIA puso en marcha una guerra secreta y costosa contra el régimen de Castro que duró hasta mediados de los años sesenta. Para ese fin, la agencia central de inteligencia estableció un puesto de comando y control secreto en unas instalaciones abandonadas del *South Campus* de la Universidad de Miami. Las instalaciones estaban ubicadas no lejos del actual parque zoológico en el condado de Dade.

La *Operación Mangosta* tenía un presupuesto de aproximadamente cincuenta millones de dólares al año, mucho mayor que el de cualquier otro directorado de la CIA en todo el mundo, incluyendo la Unión Soviética. Con la cubierta de una empresa privada, *Zenith Technical Enterprises*, la operación ultrasecreta fue puesta bajo del mando del general Edward Lansdale, un oficial de inteligencia altamente decorado que había servido en la Oficina de Servicios Estratégicos (OSS) durante la segunda guerra mundial.

Durante la *Operación Mangosta* un número no divulgado de comandos paramilitares armados fueron infiltrados en Cuba para realizar misiones encubiertas y actos de sabotaje contra objetivos militares, industriales y agrícolas. Decenas de agentes, la mayoría de ellos exiliados cubanos, fueron asesinados, capturados o convertidos en agentes dobles durante la vida de la operación. Paralelo a las operaciones de la CIA, otros comandos armados también realizaron operaciones de combate y sabotaje dentro de Cuba, entre ellos Alpha

66 y comandos F4.

Las acciones encubiertas de Kennedy contra Fidel Castro terminaron el 22 de noviembre de 1963, el día en que el presidente estadounidense fue asesinado mientras viajaba en una limusina abierta por las calles de Dallas. Hasta el día de hoy, aun se sigue especulando sobre la teoría de que Fidel Castro tuvo previo conocimiento del asesinato del presidente norteamericano, o desempeñó un papel secreto en la muerte de Kennedy a modo de venganza.

Pero antes del asesinato en Dallas del presidente norteamericano, una crisis global que involucraría a Cuba, la Unión Soviética y los Estados Unidos como sus principales protagonistas, mantendría al mundo en ascuas y al umbral de un cataclismo nuclear.

Capítulo 11

Crisis de los misiles cubanos, octubre de 1962

A varias millas al sur de La Palma en Pinar del Río, un desvío discreto en la carretera 371 conduce a una vereda flanqueada por árboles altos con un espeso follaje. La vereda, la cual se extiende más allá de una casa de seguridad, continúa por unas quinientas yardas hasta terminar frente a una hermosa residencia de estilo contemporáneo.

El "rancho", el cual ostenta una piscina ovalada, fue construido a apenas seiscientos pies de distancia de un promontorio rocoso con farallones verticales cubiertos por una densa vegetación—uno de los tantos *mogotes* que salpican el paisaje sin igual de la Sierra de Los Organos. Los afortunados que han tenido el privilegio de visitar el rancho, más conocido como la Finca San Andrés, atestiguan que las vistas desde la residencia son simplemente magníficas.

Hasta el año 1965, la Finca San Andrés fue el hogar de un norteamericano llamado Lawrence Lunt, su esposa y sus tres hijos. Lunt, quien había nacido y pasado su juventud en un rancho ganadero en Wyoming, fue navegante de radar en un escuadrón de aviones de caza nocturnos en la segunda guerra mundial, y también participó en varias misiones sobre el mar del Japón durante el conflicto coreano.

En el año 1955, luego de recibir un retiro honorable de la fuerza aérea de los Estados Unidos, Lunt fue reclutado por la CIA. La agencia necesitaba ubicar a un analista operativo político con en el área del Caribe e instruyó a Lunt a que hallara un lugar donde establecer una residencia permanente y una base de operaciones.

En 1956, Lunt hizo un recorrido de reconocimiento por las Bahamas y las Antillas Mayores y eventualmente adquirió varios cientos de acres en la cordillera de Los Organos en la región más occidental de Cuba. El título de la propiedad de la Finca San Andrés fue puesto a nombre de su suegro, un empresario oriundo de Bélgica, resultando en ser la primera propiedad belga registrada en la isla. Lunt no tardó en montar un rancho ganadero en los terrenos de la propiedad, donde se instaló a vivir con su esposa e hijos. Lunt era un ranchero ingénito y emprendió la ganadería en Cuba con gran pasión conjuntamente con su trabajo secreto como espía para la Agencia Central de Inteligencia de los Estados Unidos.

Lunt también arrendó un pequeño apartamento en la Habana el cual visitaba varias veces al mes. Era ahí donde el espía estadounidense guardaba sus libros de código de la CIA ocultos en una cavidad secreta bajo el alféizar de una pequeña ventana en el cuarto de baño.

Cuando las fuerzas Castristas irrumpieron en la capital cubana el 1ro de enero de 1959, Lunt se halló en una posición ideal para transmitirle información a Langley sobre todo lo que acontecía en la isla. La agencia le ordenó a su agente en Cuba a que ampliara sus contactos dentro de los círculos diplomáticos en la Habana y también creara una red de espías en Pinar del Río reclutando a sus empleados de mayor confianza.

En 1962, uno de los miembros de la red secreta de Lunt observó el transporte de unas cajas de gran tamaño por rastras desde el puerto de Mariel hasta una granja de henequén en las cercanías de San Cristóbal. Lunt le transmitió la información por radio a sus superiores en Estados Unidos, lo cual hizo que la CIA aprobase el vuelo de aviones de espionaje U2 sobre Cuba para fotografiar los transportes sospechosos.

Las imágenes capturadas por las cámaras Hycon 73B de alta definición instaladas en los aviones U2 fueron altamente reveladoras. El análisis de las fotografías en los laboratorios de Langley mostró que los cubanos habían comenzado el ensamblaje de varios silos de lanzamiento de misiles balísticos de alcance medio (MRBM) cerca de San Cristóbal y lo que aparentaban ser misiles de alcance medio soviéticos transportados sobre rastras. Hoy día, muchos opinan que los informes de inteligencia proporcionados a la CIA por Larry Lunt salvaron al mundo de una catástrofe nuclear.

Washington DC. La crisis.

Los siguientes extractos fueron tomados de transcripciones desclasificadas sobre las reuniones de los jefes del Estado Mayor Conjunto que tuvieron lugar en octubre del año 1962 y que demuestran la gravedad de la crisis que se desarrolló en la isla de Cuba.

El 16 de octubre de 1962, en una reunión de Jefes del Estado Mayor Conjunto (EMC) en la Casa Blanca, la Agencia de Inteligencia de Defensa presentó las primeras pruebas fotográficas de la existencia de misiles balísticos soviéticos SS-3 en Cuba tomadas por los aviones espías U2. Los misiles balísticos fotografiados eran de alcance medio—MCBRs—con un rango de potencial de 700 a 1,100 millas y que podrían estar operacionales en veinticuatro horas.

En la reunión se encontraban el general Maxwell Taylor, jefe del Estado Mayor Conjunto, el general Earle G. Wheeler, el jefe del Estado Mayor del Ejército, el general Curtis E. LeMay, el jefe de estado mayor de la Fuerza Aérea, el general David M. Shoup, comandante del Cuerpo de la Infantería de Marina, El Almirante W. Anderson, Jefe de Operaciones Navales y el General Seth McKee, jefe de la Fuerza Aérea.

El EMC estuvo de acuerdo que una vez que los sitios ofensivos de MRBM estuvieran en operación, Castro podría amenazar con tomar represalias contra cualquier movimiento ofensivo de los Estados Unidos. El aplazamiento de una acción hasta que los silos de misiles estuvieran instalados podría conducir a una guerra nuclear.

El general Shoup señaló que los soviéticos podrían estar tratando de crear una amenaza nuclear a los Estados Unidos sin correr el riesgo de represalias nucleares contra la Unión Soviética. Los Jefes de Estado Mayor Conjunto acordaron en que la amenaza era lo suficientemente grave como para obligar a los Estados Unidos a destruir los misiles a través de una operación militar.

El General Wheeler y el Almirante Anderson recomendaron la ejecución un ataque aéreo contra los misiles en Cuba, seguido de una invasión como la única manera de eliminar al régimen comunista de Cuba.

El general Seth McKee previó la posibilidad de evitar una invasión con la aplicación sistemática de ataques aéreos, junto con un bloqueo naval de la isla. Hizo hincapié en que la amenaza desaparecería una vez que los misiles y aviones fueran eliminados, después de lo cual una invasión no sería necesaria. El general David Shoup, por su parte, se mostró partidario a darles a los soviéticos un ultimátum para que se llevaran los misiles de regreso a la URSS, o de lo contrario los Estados Unidos los destruirían.

El EMC acordó recomendarle al presidente la siguiente secuencia de acciones; obtener inteligencia adicional, conducir ataques de sorpresa para destruir los misiles y silos de misiles, las unidades de cohetes tierra-aire—SAMs—y los tanques de guerra. Al mismo tiempo, se recomendó reforzar las defensas en la base naval de los Estados Unidos en Guantánamo y, por último, proceder a la invasión de Cuba.

Después de consultar con el general Maxwell Taylor, el jefe del EMC en la Casa Blanca, el presidente Kennedy le dio a la CIA autoridad ilimitada para conducir vuelos de aviones de reconocimiento U2 sobre la isla y recopilar la mayor cantidad de inteligencia posible.

El 18 de octubre, los oficiales de la Agencia de Inteligencia de Defensa le presentaron al EMC fotografías aéreas revelando la existencia de cuatro sitios de MRBM permanentes cerca de los pueblos de Guanajay, San Julián, San Cristóbal y Santa Cruz.

Los analistas de DIA determinaron que demorarían unos seis meses antes que los silos estuviesen completamente operacionales. El general Maxwell Taylor expresó su profunda preocupación por la construcción de silos de misiles permanentes en Cuba y declaró que la aplicación de ataques aéreos por si solo pudieran no ser suficientes. La ocupación de la isla parecía ser la única respuesta posible.

El Secretario de Estado Dean Rusk, quien inicialmente se había opuesto a tomar medidas militares en Cuba, admitió que esta nueva información lo hizo cambiar de opinión. Ahora estaba convencido de que no quedaba otra alternativa que tomar medidas y de un tipo más fuerte que las contempladas anteriormente. Sin embargo, Rusk era de la opinión que el primer ministro soviético Khrushchev debía ser informado de antemano.

Kennedy estuvo de acuerdo que Estados Unidos debería demorar una acción hasta que se notificara a la Unión Soviética, seguido de un bloqueo naval, un ataque para destruir los misiles y una invasión—en ese orden cronológico.

En una reunión de la Casa Blanca el 19 de octubre, el representante de la Agencia de Inteligencia de Defensa le informó al presidente que la fuerza aérea de Cuba contaba con treinta y cinco a treinta y nueve MIG-21, veintiún bombarderos IL-28, diecisiete de ellos todavía en sus cajas, siete MRBMs, cuatro de los cuales eran del tipo SS-4 con un rango de 1,000 millas náuticas y tres del tipo SS-5 con un rango de 200 millas náuticas. También había dieciséis silos para los SS-4 y doce para los SS-5 con dos misiles cada uno. Cuba también contaba con veintidós baterías de cohetes tierra-aire, de las cuales nueve se consideraban operacionales. En cuestión de semanas, esas baterías de SAM les proporcionarían a los cubanos un par de redes de defensa antiaérea con una capacidad real contra los ataques aéreos estadounidenses.

El sábado 20 de octubre, el presidente expresó que tal vez se decidiría en atacar los misiles en la mañana siguiente.

Kennedy le pidió al general Maxwell que enviara un memorando a todos los comandantes involucrados para lanzar una operación contra todos los sistemas ofensivos y de apoyo defensivo en Cuba el 23 o el 24 de octubre. El EMC estuvo de acuerdo con el presidente.

Ese mismo día, el general William Michael de la Agencia de Inteligencia de Defensa, le informó a Kennedy que un emplazamiento de misiles balísticos de alcance medio con un rango de 1,020 millas náuticas ya se encontraba operacional en las cercanías de San Cristóbal. Cada sitio contaba con ocho misiles y cuatro lanzadores. Otro emplazamiento de misiles, este para MRBMs de mayor alcance, había sido fotografiado cerca de Sagua la Grande y podría estar listo en un periodo de seis semanas.

Después de una larga deliberación, el Pentágono propuso un bloqueo naval a Cuba por cinco días seguido de un ataque. Mientras tanto, el general Taylor había expresado su preocupación de que si se los EE. UU. se demoraban en destruir los misiles, eso le daría tiempo a Cuba y a los soviéticos para esconderlos. La decisión final tomada fue implementar un bloqueo naval de la isla de Cuba por buques de la Armada de los Estados Unidos, a surtir efecto veinticuatro horas después de un discurso televisado del presidente

Kennedy. Los detalles de la operación serian discutidos más adelante durante esa semana.

Los Estados Unidos estarían preparados para ejecutar un ataque aéreo sorpresivo contra los misiles el 22 o el 23 de octubre, o después de dar veinticuatro horas de aviso. Kennedy declaró que no quería un Pearl Harbor en los anales de la historia estadounidense y también quería tener la oportunidad de proteger a los países aliados contra posibles represalias soviéticas. En esas conversaciones se trató el tema de negociar con los soviéticos la retirada a los misiles Júpiter emplazados en Turquía e Italia, los que podrían ser reemplazados por un desplazamiento de submarinos tipo *Polaris* en el mar Mediterráneo.

Ante la amenaza inminente que los misiles soviéticos en Cuba representaban para los Estados Unidos, el presidente John F. Kennedy ordenó la cuarentena naval de la isla de Cuba. Los Estados Unidos exigieron de la Unión Soviética la retirada inmediata de los MRBM ofensivos de Cuba y el desmantelamiento de todos los sitios de lanzamiento de misiles ofensivos. Ese alarmante enfrentamiento sería eventualmente conocido como La Crisis de Octubre.

Doce horas antes, el almirante Robert Dennison, comandante en jefe del Comando Atlántico —CINCLANT— comenzó a situar buques de la Armada estadounidense en un punto de encuentro centralizado en el Mar Caribe y dado órdenes detalladas a todos los comandantes involucrados para llevar a cabo la cuarentena de la isla de Cuba. La línea de cuarentena marítima inicial se estableció a quinientas millas del Cabo Maisí en Cuba para mantener a los buques estadounidenses fuera del alcance de los bombarderos IL-28 soviéticos. El resultado fueron dos círculos de cuarentena, cada uno con un radio de quinientas millas, dentro de los cuales los buques soviéticos y de otros países del bloque comunista serían interceptados.

El 26 de octubre, Castro perdió su ecuanimidad. Ante la inevitabilidad de una invasión por parte de los Estados Unidos, Fidel ordenó su cuerpo de seguridad personal que lo condujera de inmediato a la embajada soviética en la Habana. En presencia del embajador soviético Alexander Alekseyev, Castro dictó un cable encriptado dirigido a Nikita Khrushchev, el primer ministro de la Unión Soviética, en la cual instaba al lanzamiento de un ataque Soviético a Estados Unidos con misiles nucleares si los estadounidenses se atrevieran a invadir a Cuba.

Esa misma noche en Moscú, el primer ministro Nikita Khrushchev comprendió que se enfrentaba a una situación extremadamente grave. La isla de Cuba se encontraba bloqueada por buques de la Armada estadounidense y el presidente Kennedy estaba determinado a destruir los misiles Soviéticos ofensivos en Cuba, seguido de un desembarco de marines estadounidenses si los misiles no eran devueltos inmediatamente a la Unión Soviética.

La impulsividad de Castro era una causa de gran preocupación para los jefes en el Kremlin. El líder cubano estaba actuando de forma irresponsable y podría provocar una catástrofe nuclear si no era frenado de inmediato. Khrushchev concluyó que tenía que actuar sin demoras. Luego de haber presenciado los horrores de la segunda guerra mundial a primera mano, el premier soviético decidió que la URSS no podía permitir la posible ocurrencia de un holocausto nuclear sobre la isla de Cuba.

Castro no demoró en demostrarle a Khrushchev su carácter extremadamente impulsivo y peligroso. El 27 de octubre, el dictador cubano ordenó el lanzamiento de un misil de tierra-aire SA-2, derribando así a un avión U2 desarmado que realizaba una misión de reconocimiento sobre Cuba. El piloto del U2, el teniente de la USAF Rudolph Anderson pereció cuando la explosión de la metralla perforó su traje de vuelo y causó su descompresión a gran altura.

El 28 de octubre, después de recibir garantías del presidente Kennedy de que no invadiría a la isla, Nikita Khrushchev ordenó el desmantelamiento inmediato de los misiles ofensivos y su envió de regreso a la URSS. En un acuerdo separado, los Estados Unidos acordaron en retirar sus misiles Júpiter de Turquía e Italia, los cuales la Unión Soviética consideraban ofensivos.

Los servicios de contrainteligencia cubana tardaron más de tres años en descubrir la red de espionaje de Larry Lunt, encontrar los libros de códigos secretos en el apartamento, y arrestar al agente estadounidense. Después de varios meses de intensos interrogatorios, primero en el cuartel general del G2 en la Habana y más tarde en la prisión de La Cabaña, Lunt fue sentenciado por un tribunal militar a cumplir treinta años de prisión por espionaje. El agente de la CIA pasaría los próximos catorce años de su vida en diferentes cárceles cubanas bajo condiciones extremadamente inhumanas.

El 17 de setiembre de 1979, Lunt y otros tres norteamericanos encarcelados en Cuba fueron intercambiados por un grupo de terroristas puertorriqueños que habían llevado a cabo un asalto armado contra la Cámara de Representantes de Estados Unidos en el año 1954.

La hermosa Finca San Andrés cerca del poblado de La Palma, conocida por los habitantes del área como *La Casa del Americano*, fue confiscada a la familia de Lunt y se convirtió en una de tantas residencias reservadas para el ocio personal de Fidel Castro en la isla de Cuba. Se rumorea que el escritor surrealista colombiano Gabriel García Marquez, un amigo y colaborador cercano de Castro, escribió dos de sus novelas mientras vacacionaba en la Finca San Andrés como invitado de honor del dictador cubano.

Capítulo 12

La Guerra Fría se había convertido en un campo de batalla marcado por la duplicidad.
El disfraz, la distorsión y el engaño fueron aceptados como una realidad.

—Annie Jacobsen

Nick se tomó casi una hora en completar el formulario extenso requerido para inscribirse en el club de paracaidismo. Si bien la mayoría de las preguntas eran de naturaleza política, la primera trataba de un tema sin ninguna relación aparente.

«¿Crees en Dios?»

La pugna entre la religión y el sistema comunista era real y hasta la muerte. Los cubanos en la isla habían sido forzados a adoptar el ateísmo como la única forma aceptable de vida. Una respuesta afirmativa a esa ingenua pregunta habría condenado su solicitud al cesto de la basura. En las sociedades regidas por las dictaduras marxistas no había lugar para las personas de fe.

El club estaba interesado en conocer todos los detalles acerca de la vida pasada de los candidatos, sus trayectorias en el partido comunista o en la juventud comunista, sus participaciones en trabajos voluntarios y actividades sindicales y otros disparates a los cuales el régimen daba gran importancia.

Tambien se les pedía un listado completo de todos los familiares y amigos que residían fuera de Cuba, y la frecuencia con la que se correspondía con los mismos. Dada la fragmentación de la sociedad cubana por más de una década, casi todos los habitantes en la isla tenían algún amigo o a un miembro de la familia viviendo en el exilio, o ambos. No obstante, el régimen esperaba que todos sus súbditos rompieran los lazos fraternos con aquellos a quienes Castro llamaba «la gusanera al servicio del imperialismo yanqui». La revolución marxista, dijo Castro, estaba muy por encima de cualquier vínculo de sangre o de amistad.

Había muy poco dentro de su pasado turbulento que el joven se atreviese a compartir con el club de paracaidismo. Decidió responder a la mayoría de las preguntas con medias verdades y dejar otras intencionalmente en blanco. Nunca se había afiliado a ninguna organización social o política, ni malgastado un minuto de su vida haciendo trabajo voluntario para el régimen. En el caso de preguntas más específicas, tales como era si tenía o no familiares o amigos viviendo en los Estados Unidos, Nick simplemente mintió. Dedujo que el club no disponía de los recursos necesarios para llevar a cabo una verificación a fondo de los antecedentes de cada uno de los candidatos, ni el tiempo requerido para hacerlo con eficiencia. Con un sistema telefónico anticuado y poco confiable, tales verificaciones requerirían ir de puerta en puerta por toda la ciudad utilizando los medios de transporte público. Una verificación completa de las credenciales de cada candidato conllevaría un esfuerzo monumental y prácticamente improbable para el incipiente club deportivo.

Por otra parte, su historial en el servicio militar le causaba gran preocupación. El club de paracaidismo nunca aceptaría a un candidato el cual había sido dado de baja del ejército por problemas psiquiátricos tras participar en un supuesto tiroteo contra seres extraterrestres.

Nick decidió tantear su suerte. Respondió que había cumplido sus tres años de servicio militar como paramédico en una base en Pinar de Río. Habían pasado cuatro años desde que fue dado de baja del ejército y se atrevía a apostar, con cierto grado de certidumbre, de que su expediente militar en encontraba recogiendo polvo dentro de algún archivo olvidado en el ministerio de las fuerzas armadas, o en el Hospital Naval. Pidió perdón a Dios en silencio por renegar de él, firmó la solicitud y se la entregó a una mujer en la mesa de la recepción.

— ¿Trajiste tus cartas de referencia compañero? —le preguntó la secretaria.

—No sabía que tenía que hacerlo.

—Necesito una carta de tu centro de trabajo y de dos organizaciones políticas diferentes. La mujer estaba leyendo la solicitud cuando Nick la notó frunciendo el ceño.

—Veo que no eres miembro de la juventud comunista

—No, todavía no.

—Bueno, eso no es un factor determinante si puedes presentar las otras credenciales. Tu solicitud será considerada si me traes tres cartas de recomendación, una de tu centro de trabajo, una del sindicato y otra del CDR.

—Le traeré esas referencias sin demora, —dijo Nick, sin saber cómo se las arreglaría para hacerlo.

—Muy bien, compañero. Si cumples con ese requerimiento al debido tiempo, entonces añadiré tu nombre a la lista para el próximo examen físico en el hospital militar. De lo contrario, tendrás que esperar varios meses antes de que se presente la próxima oportunidad. Me llamo Ana María. Si no estoy aquí, puedes dejarme las cartas sobre mi escritorio.

—Gracias Ana María. Estaré de regreso en un par de días.

***

El jefe del departamento de traducciones de la universidad donde Nick trabajaba no dudó un segundo en redactarle una carta con buenas recomendaciones, pero los otros documentos que necesitaba tendrían que ser falsificados. A Nick no le sería posible obtener referencias del sindicato simplemente porque nunca había sido parte de esa organización. El CDR también era un problema ya que jamás había puesto un pie en ese lugar. Había llegado la hora de poner a prueba su talento para la creatividad.

«CDR» es la abreviatura de los llamados Comités de Defensa de la Revolución. Los CDR eran en realidad franquicias de chivatos ubicados en cada cuadra de las ciudades, pueblos, vegas de tabaco, centrales azucareros y cafetales remotos de Cuba. Los cederistas mantenían una vigilancia constante sobre cada familia dentro de su jurisdicción y reportaban toda actividad sospechosa a la policía secreta. Siguiendo el modelo de los regímenes policiales de Europa comunista, Castro instituyó los CDR para espiar a cada persona que habitaba la isla. Los «soplones» de los CDR eran sus ojos y oídos en las ciudades, pueblos rurales, valles y montañas – virtualmente en todos los rincones de Cuba. Irónicamente, ser chivato del CDR era considerado como un honor por muchos en la isla carcelaria.

Nick desconocía de la existencia de un CDR en las inmediaciones de su casa. Casi todos los residentes dentro de un radio de cinco o seis cuadras de su casa eran diplomáticos extranjeros, mayimbes, o chicas becadas en un internado pedagógico. Luego de realizar varias pesquisas por el vecindario, alguien le dio una dirección no muy lejos su residencia donde aparentemente funcionaba un CDR. Ese CDR, según le dijeron, estaba presidido por una mujer de Oriente llamada Leticia quien vivía sola con su hijo. Nick decidió hacerle una visita a Leticia esa misma tarde.

Leticia vivía en una residencia moderna en la Avenida 17 en Siboney, uno de las muchas que habían sido abandonadas por familias que fueron forzadas a huir al exilio. Su casa era una de las más elegantes en la cuadra, lo que le hizo sospechar que Leticia era tal vez la amante de algún mayimbe, o de un alto oficial militar de Castro.

Una mujer que Lince estimo tendría unos escasos treinta años le abrió la puerta. Leticia no solo era increíblemente hermosa, sino que desbordaba sensualidad por cada uno de sus poros.

—Me llamo Leticia. ¿En qué te puedo ayudar?

—Me llamo Nick y vivo a varias cuadras de aquí. Nunca he sido invitado por los CDR para hacerme miembro. Fue sólo después de hacer algunas averiguaciones que me dieron tu dirección.

—Mi hijo y yo nos mudamos de Oriente a la Habana el año pasado —dijo la mujer. —Sólo hay otras dos personas en nuestra pequeña organización y nos encantaría tenerte como miembro. Por favor pasa adelante.

Leticia le ofreció asiento en su elegante sala de estar y le sirvió un café cubano acompañado con pastelitos caseros.

—Leticia, debo confesarte que tengo un problema y voy a necesitar un gran favor tuyo. Acabo de inscribirme en el club de paracaidismo deportivo, pero me han pedido una carta de referencia del CDR. No quiero ponerte en una situación difícil, ¿pero crees que podrías escribir una carta diciendo que he sido miembro de este CDR desde que fue inaugurado?

La mujer lo miró fijo a los ojos durante unos segundos y sonrió.

— ¿Así que quieres ser paracaidista? Eres un joven valiente y me encantaría ayudarte. No fue culpa tuya que no hicimos contacto contigo en el pasado.

La agraciada presidenta del CDR hizo mucho más de lo que Nick le había pedido. Esa noche, luego de compartir unas copas, Leticia redactó una carta de recomendación certificando que Nick había participado activamente en el CDR durante muchos meses y demostrado una gran dedicación a la causa de la revolución.

«Aún quedaban personas de buen corazón en Cuba y Leticia era indudablemente una de ellas», pensó Nick. *Dos referencias rematadas y una más por completar.*

Nick se llevó a su casa varias hojas de papel con el rotulo oficial de la universidad de la Habana y puso manos a la obra. Usando una máquina de escribir Underwood anticuada propiedad de su padre, escribió una carta atestiguando que era miembro activo del sindicato de trabajadores de Cuba, la CTC. La carta añadía que Nick había completado más de cien horas de trabajo voluntario en el transcurso de ese año fiscal. Sacó la hoja de la máquina y la contempló minuciosamente a la luz de una lámpara de mesa. El resultado era un documento de aspecto oficial casi perfecto que el club de paracaidismo no dudaría en aceptar como valido. Utilizando un bolígrafo de tinta azul, Nick trazó una firma al pie de la página falsificando el nombre de la secretaria del sindicato, quien era colega suyo en el departamento de traducciones.

Un día antes de la fecha prometida, Nick se presentó en el club con las tres cartas de referencia y se las entregó a Ana María.

—Gracias compañero, —dijo la secretaria. — Te llamaré por teléfono si eres seleccionado para una entrevista. Ana María engrampó las cartas y las colocó dentro de una carpeta de manila, luego de lo cual escribió el nombre de Nick en el sobre con letras mayúsculas.

Nick se marchó de la oficina con los dedos cruzados y sintiéndose optimista de que nadie intentaría verificar la autenticidad de una de las cartas en particular.

Dos días más tarde, su madre le tenía noticias a su regreso del trabajo.

—Una tal Ana María te llamó por teléfono. Dijo que tienes una cita en el club de aviación mañana por la tarde a las cuatro y media. ¿A qué se debe eso? le preguntó su madre.

—Mamá, me presenté al club de aviación deportiva para hacerme piloto de planeadores —Nick mintió.

Decidió que sería prudente mantener a su madre ignorante de su intención de saltar de aviones y así no causarle más angustias, al menos por el momento. Si era aceptado en el club y lograba su propósito de llevarse un avión AN-2 para los Estados Unidos, correría el riesgo de que el régimen pudiera volcar su furia contra sus padres. Sin embargo, no creía que Castro se atreviera a infligirles daño físico o retenerlos en Cuba por demasiado tiempo. Sus padres eran ya de edad avanzada y residían en una suntuosa propiedad codiciada por muchos en los círculos cercanos a Castro. La bella residencia en Siboney podría convertirse algún día el boleto para la salida de sus padres de Cuba.

$$***$$

Al día siguiente, Nick acudió a la cita en casona estilo colonial de dos pisos donde funcionaba la sede del club de aviación de Cuba.

Al cruzar el umbral se encontró a Ana María sentada al escritorio y limándose las uñas.

—Hiciste bien en legar temprano—le dijo. —El jefe del club de paracaidismo ya te está esperando.

La secretaria condujo a Nick a través de un corredor a una oficina ovalada en la parte trasera de la casona. Era una habitación de techo alto y escasamente amueblada, con un escritorio de madera de tamaño mediano, dos sillas y un archivador de metal gris en una esquina sobre el piso con baldosas blancas y negras. Dos mochilas de paracaídas militares y un par de botas de salto pulidas con esmero adornaban el piso junto a una de las paredes. Ana María lo animó a que entrara en la oficina y luego cerró la puerta detrás de ella.

Momentos después, otra puerta se abrió al extremo opuesto del recinto. Nick observó la entrada casi ceremoniosa de un hombre de mediana edad, apariencia áspera y el rostro curtido por la intemperie. El espectro ante sus ojos iba vestido con un overol de piloto verde oliva demasiado apretado para su panza pronunciada, botas de aviador negras con cremallera y una pistola de calibre .45 a la cintura El *aparecido* cojeaba visiblemente de una pierna, lo que le hizo suponer a Nick que la dolencia fue el resultado de un mal aterrizaje en paracaídas.

—Soy el teniente Medín Rosabal Naranjo, jefe instructor del club de paracaidismo. Por favor toma asiento.

Medín Rosabal habló con la entonación típica de las personas nacidas y criadas en los parajes más recónditos de las montañas de Oriente. El hombre era un oriental genuino desde la cabeza hasta los pies.

El jefe de paracaidismo se sentó al lado opuesto del escritorio y sacó varios papeles de un sobre de manila. Era la solicitud que Nick había llenado unos días antes, junto con las cartas de referencia que le había entregado a Ana María. Medín empezó a leer los documentos en silencio, mirando a Nick ocasionalmente como para escrudiñar su rostro

El hombre colocó los papeles sobre el escritorio, se levantó de su silla y comenzó a pasearse lentamente por la habitación mientras departía un monólogo emotivo sobre sus modestos orígenes. Dijo haber crecido en un bohío de madera y paja en una remota plantación de café en las montañas de Oriente, un lugar que le vio trabajar de sol a sol a una edad muy temprana. Cuando Medín contaba con apenas catorce años, los rebeldes de Castro llegaron al cafetal, le entregaron una pistola y le dijeron que ya era parte de la guerrilla. A la llegada de las fuerzas rebeldes a la Habana en enero de 1959, Medín había alcanzado el grado de teniente en el ejército rebelde.

En los meses que siguieron, el joven teniente fue comisionado para crear una unidad de paracaidistas de Tropas Especiales adjunta al ministerio del interior. Años después, Medín y varios otros oficiales de Tropas Especiales fueron enviados a la República Soviética de Armenia para recibir un entrenamiento avanzado en materia de paracaidismo.

A su regreso de la URSS, Medín y sus compañeros fueron licenciados de las Tropas Especiales y comisionados para crear el primer club de paracaidistas deportivos del club de aviación de Cuba. Sin embargo, la pistola calibre 45 enfundada a la cintura sugería que sus lazos con el ministerio del interior no habían sido totalmente quebrados.

— Su apellido es Nickolich. Eso me suena ruso. ¿Eres de origen ruso?

—No compañero Medín, mi apellido es yugoslavo.

— ¿Entonces tu padre es yugoslavo?

—Sí. Mi padre es de esa parte del mundo, del gran país socialista del mariscal *Tito*.

Touché. Era preferible que Medín desconociera que su padre era ciudadano norteamericano. De por sí, eso hubiese levantado sospechas y podría costarle la admisión en el club de paracaidistas. Su apellido de origen montenegrino le había ofrecido una cobertura conveniente. Yugoslavia era en aquel entonces un país del bloque comunista que mantenía fuertes lazos de amistad con Cuba.

—Leí en tu solicitud que trabajas como traductor de inglés en la Universidad de la Habana. ¿Qué te impulsó a estudiar inglés?

—Desde pequeño me fascinaron las lenguas extranjeras. Tengo la intención de tomar clases de idiomas por las noches, esta vez para estudiar ruso y alemán.

Nick necesitaba una justificación plausible por dominio del idioma inglés. Muchos fanáticos en Cuba pensaban que las personas que estudiaban inglés lo hacían porque querían inmigrar algún día a los Estados Unidos.

El joven mantuvo sus respuestas a un mínimo absoluto. Cuando Medín le preguntó acerca de sus antecedentes escolares, Lince omitió mencionar los años cursados en la academia militar católica de St. Thomas. Eso lo hubiese señalado como un pequeño burgués ante los ojos del comisario. Tampoco le habló a Medín sobre su expulsión de una escuela pública luego de ser acusado de difundir propaganda subversiva en la clase.

Había muchos otros aspectos de su vida que Medín no necesitaba conocer. Al igual que muchos jóvenes en Cuba, a Nick le apasionaba la música pop estadounidense y británica. El jefe del club de paracaidismo hubiese palidecido de enterarse que ciertas condiciones atmosféricas determinaban cuales emisoras de radio americanas Nick y otros cientos de jóvenes en Cuba sintonizaban a diario en la privacidad de sus hogares.

Nick era un asiduo oyente de la WQAM, una estación de música pop de Miami cuyas ondas llegaban a la isla con gran claridad desde las primeras horas de la mañana hasta el anochecer. Una vez caída la noche, otra estación radial, la KAAY, llegaba a la Habana con una intensidad asombrosa desde la ciudad lejana de Little Rock en el estado de Arkansas. Sería imposible para un comisario comunista serrano, vestido con un traje de piloto ceñido y portando una pistola de calibre .45 Cal a la cintura, entender el alto grado de contaminación capitalista que permeaba a la juventud cubana.

—Compañero, podemos usar tus conocimientos de idiomas en el club. Hemos tenido problemas con los nuevos paracaídas deportivos checos. Aparentemente, se han estado empacando incorrectamente y con frecuencia se abren con enredos. Las instrucciones llegaron escritas en inglés, —le dijo Medín.

—Sera un placer traducir esos manuales, compañero Medín. Le aseguro que los libros de texto con los que trabajo a diario en la universidad resultarán aburridos en comparación.

—Dices en la solicitud que fuiste paramédico en el ejército. ¿Aprendiste algo más durante tu servicio militar?

—Aparte de desarmar, engrasar y disparar armas de infantería, pasé la mayor parte del tiempo en un hospital de campaña en las lomas dispensando aspirinas, poniendo inyecciones de penicilina y suturando heridas pequeñas. Me hubiese gustado haber visto alguna acción de combate.

—Opino que serás un buen paracaidista, compañero Nickolich. Si apruebas el examen físico, serás bienvenido a nuestro club.

—Gracias, compañero. Estaré soñando día y noche en hacer mi primer salto.

Nick abandonó la oficina de Medín en un estado de gran excitación. Pensó que tal vez su propuesta de traducir los manuales de paracaídas checos había influenciado la decisión de Medín, al menos en parte. Cualquiera que fuese la razón, el jefe del club de paracaidistas de Cuba acababa de darle a un miembro de la resistencia pasiva la luz verde para infiltrarse en su dominio enclaustrado.

***

La veintena de hombres reunidos fuera del hospital militar esa mañana no se habían inscrito para convertirse en pilotos de aviones MIG de combate. Sin embargo, los requisitos físicos para convertirse en un paracaidista en Cuba eran muy similares al de los pilotos. Curiosamente, el primer orden del día fue poner a prueba las inhibiciones personales de cada cual.

—Quítense toda su ropa y pónganla en este saco — les ordenó una bella enfermera mientras le entregaba a cada hombre un saco de yute.

Cuando todos se habían desnudado, la enfermera les ordenó que la siguieran por un pasillo interminable donde más de una decena de médicos, enfermeras y estudiantes de medicina estaban ocupados en sus funciones de rutina, todos pretendiendo que los hombres desnudos no estaban allí. Otra enfermera ya los esperaba al otro extremo del pasillo para entregarles sus batas de examinación.

Después de donar tres viales de sangre en el laboratorio, los candidatos fueron conducidos a través de varias oficinas de especialistas. Ahí fueron sometidos a pruebas de capacidad pulmonar; radiografías del tórax; evaluaciones ortopédicas; examen de oído, nariz y garganta; exámenes de la próstata y genitales; y un estudio minucioso de los ojos y de la visión general.

En el despacho del psiquiatra, Nick penas pudo contener la risa cuando observó una mosca negra descomunal posada en la calva del galeno. Eligió ignorarla.

Al final del día, los hombres se reunieron en el estacionamiento del hospital para compartir sus experiencias. Todos habían visto la extraña mosca posada en la cabeza del psiquiatra y coincidieron en que era falsa. Sin embargo, Nick se enteró después que aquellos que trataron de hacerse los chistosos haciendo una observación acerca de la mosca, o se echaron a reír no aprobaron el examen físico.

A la semana siguiente, Ana María lo llamó a su casa y le dejó otro mensaje con su madre. Medín necesitaba verlo de inmediato. Cuando Nick llegó a la oficina del club, el rostro sombrío del hombre le advirtió que las noticias no eran nada buenas.

—Lo siento mucho, compañero Nickolich. Ya tenemos los resultados del examen físico y desafortunadamente fuiste descalificado. El informe del ortopédico señala que sufres de una escoliosis lumbar, lo que quiere decir que tu columna vertebral no está completamente derecha. El médico considera que tu espalda no puede tolerar un aterrizaje en paracaídas.

—Compañero Medín, puedo asegurarle que no tengo ningún impedimento en mi columna dorsal —balbuceó Nick con consternación. Medín lo miro en los ojos y permaneció en silencio por unos instantes.

—Creo que tal vez haya una forma de arreglar este problema. Si otro cirujano ortopédico te certifica por escrito que estas apto para saltar en paracaídas, entonces yo no tendría inconvenientes en anular la decisión del hospital.

Ese mismo día, Nick buscó el número de teléfono de un cirujano ortopédico en la guía telefónica e hizo una cita. Tras un breve examen y un pago de cincuenta pesos, el médico firmó una carta certificando que los saltos de paracaídas no afectarían en modo alguno su leve afección lumbar.

Nick regresó ese mismo día a la oficina de Medín empuñando el documento del galeno como si fuera un trofeo. Medín leyó la carta en voz alta y le dio a Nick una palmadita en el hombro.

—Felicidades, compañero. Me agradan las personas que no se rinden. Veré que tu nombre sea puesto en la lista para el próximo curso de salto.

Capítulo 13

Siempre dicen que el tiempo cambia las cosas, pero en realidad es uno el que tiene que cambiarlas.

—Andy Warhol

—Michael, ¿recuerdas el último viaje que hicimos a la laguna de Ariguanabo cuándo vimos aquellos paracaidistas aterrizando en Cayo la Rosa? — le preguntó Nick.

Nick había invitado a Michael a tomarse una cerveza en el patio de su casa, uno de los pocos lugares donde podían hablar libremente y sin temor a ser escuchados, o grabados. El DSE, sin dudas, había plantado micrófonos a través de toda la propiedad de Michael.

—Por supuesto, ¿cómo puedo olvidarlo? Los paracaidistas espantaron a los patos y arruinaron una buena foto.

—Bueno, te cuento que ya tuve una entrevista con el hombre que está al frente de las operaciones de paracaidismo, pasé el examen físico y fui aprobado para participar en el próximo curso.

—Felicitaciones Nick. Estoy muy feliz que lo hayas logrado.

—Para serte honesto, presagio que me he metido en una guarida de lobos. Si esa gente descubre mis verdaderas intenciones, no creo que vacilarán en hacerme trizas.

—No dudo que sobrevivirás la experiencia, pero cuídate mucho de lo que dices. Lo que no hables no puede incriminarte— no olvides que nadie puede leer tu mente. Y jamás compartas tu secreto con nadie, ni siquiera con tu mejor amigo. Haz que esa sea tu regla dorada.

—Gracias, Michael. Seguiré tus consejos al pie de la letra. Como podrás entender, de ahora en adelante no me conviene ser visto en compañía de extranjeros o, permanecer en contacto con mi hermana y otros familiares en los EE. UU. No me sorprendería si la policía secreta comience a realizar chequeos periódicos sobre mi persona.

—De eso puedes estar seguro, Nick. Annabelle y yo te deseamos buena suerte.

—Ha sido un verdadero placer conocerlos a ustedes. Han sido muy buenos amigos y juntos hemos pasado momentos inolvidables. Espero leer algún día tu artículo en la revista National Geographic.

***

Después de cinco largas semanas de clases teóricas sobre paracaidismo, e incontables horas de acondicionamiento físico intensivo en un centro deportivo de la ciudad, Nick y los otros candidatos de su clase estaban listos para saltar. Como último requisito, el grupo fue llevado a la base aérea de Libertad para practicar los aterrizajes desde una torre tirolesa de treinta pies de altura.

Al amanecer del 1ro de febrero del año 1971, Nick y sus compañeros de curso llegaron a Cayo la Rosa para hacer su primer salto en paracaídas. Era un día hermoso sin nubes en la laguna de Ariguanabo, con una brisa ligera soplando desde el este. El paracaidista «infiltrado» tenía diecinueve años de edad.

Su instructor de salto era Basilio Martínez, un afrocubano de porte atlético que había hecho las veces de entrenador físico e instructor de empaque de paracaídas durante el curso. Basilio había alineados todos los equipos de paracaídas, overoles, las botas de salto y cascos encima de una lona larga y desgastada. Nick notó que las mochilas de los paracaídas habían perdido su color original y presentaban múltiples rasgaduras y orificios, probablemente a causa de ser arrastrados demasiadas veces sobre el barro y las rocas. Rezó porque que los paracaídas empacados dentro de esas mochilas estuviesen en mejores condiciones.

Una vez equipados y listos para saltar, otro instructor se les aproximó para efectuar un control visual del equipo. Nick reconoció a Collazo, el mismo hombre con quien Michael Quinn y él habían conversado unas semanas antes en la entrada del aeródromo. Collazo aparentó no haberlo reconocido.

—Ustedes son los conejillos de indias que estábamos esperando desde hacía varias semanas, —dijo Collazo soltando una carcajada. —Hoy van a probar unos viejos paracaídas que Urbano, nuestro armero, remendó la semana pasada.

Nadie se rio del chiste.

Basilio les ordenó que le siguieran hasta un helicóptero que esperaba con sus aspas en movimiento — un MI-4 soviético con las insignias de la Fuerza Aérea Cubana. El helicóptero le había sido suministrado al club por la base de la Fuerza Aérea de San Antonio para reemplazar el avión de salto AN-2 que se encontraba en mantenimiento. A medida que los paracaidistas abordaban el helicóptero, Basilio les conectó las cuerdas estáticas a un cable de acero que se extendía sobre sus cabezas en el interior de la cabina — el sistema que abriría los paracaídas automáticamente tras el salto desde el helicóptero.

Desde su asiento metálico frente a la portezuela abierta, Nick observó cómo el terreno se hacía cada vez más pequeño en una dimensión que no sabía que existía. La única vez que había volado anteriormente fue en la avioneta Beechcraft Bonanza de su padre cuando tenía siete años, algo que apenas recordaba.

El resonar hueco de las aspas del helicóptero, junto al aire fresco con olor a combustible de 100 octanos que penetraba en la cabina le absorbió los sentidos. La experiencia le recordó los lanzamientos militares que había visto en los filmes de guerra, pero esta vez era él quien estaba volando en un helicóptero militar anticuado y a solo unos minutos de hacer un salto al vacío. La adrenalina que sintió en ese momento era demasiado real para ignorarla. Sacudió de su mente una sensación momentánea de aprensión y se concentró en realizar el salto exactamente como le habían instruido.

A cuatrocientos metros de altura, Basilio increpó a los saltadores que se pusieran de pie y salieran por la portezuela a intervalos de tres segundos. Nick recordó esos primeros instantes como algo borroso en su mente. Acto seguido sintió un tirón en los hombros y observó una madeja de cuerdas y un paracaídas blanco desplegándose por encima de su cabeza.

Cuando miró hacia abajo, se sorprendió a ver una bandada de patos de la Florida que volaban en perfecta formación sobre las aguas destellantes de la laguna. Pensó en Michael Quinn, quien hubiese dado cualquier cosa por esa visión asombrosa. Minutos después, su paracaídas militar PD-47 lo dejó caer casi sin aviso sobre la pista de césped húmedo.

En ese momento, todo lo que Nick deseó fue colocarse otro paracaídas, abordar el helicóptero y saltar de nuevo. El nuevo y emocionante deporte lo había atrapado.

En las semanas y meses que siguieron, el aeródromo de Cayo la

Rosa se convirtió en su segunda casa y también en su secreto mejor guardado. Dada su postura apolítica en el pasado, consideró imprudente anunciar que se había involucrado en el paracaidismo. Alguien podría informarle a Medín, u otro instructor del club que él no era un individuo del cual el régimen comunista pudiera confiarse.

En contraste, la mayoría de los paracaidistas en Cayo la Rosa eran comunistas probados e incorregibles. Algunos de los más viejos, como el teniente Medín Rosabal, eran veteranos de la insurrección de la Sierra Maestra o de la campaña del Escambray. Otros se jactaban de haber participado en operaciones subversivas en el extranjero. En general, la mayoría de esos individuos había desempeñado algún tipo de papel activo durante o después de la guerra insurreccional de Castro.

A pesar de las diferencias abismales entre él y el resto del grupo, no pasó mucho tiempo antes que el joven principiante con un apellido yugoslavo fuese aceptado como uno más en el conjunto elite de paracaidistas. Había desarrollado una pasión por el paracaidismo deportivo y le agradaba pasar el tiempo con su nuevo y disímil grupo de amigos. Era una fraternidad como ninguna otra a la que había pertenecido.

Con frecuencia, Nick salía a correr por la pista de césped de Cayo la Rosa antes de la puesta del sol. Si tenía suerte, lograba divisar uno o dos de los bombarderos rusos TU-95 de largo alcance en aproximación a baja altura sobre las colinas al sur del cayo prestos a aterrizar en la base aérea de San Antonio. Eran los mismos aviones que había observado meses antes mientras caminaba por las orillas de la laguna con Michael Quinn. En una ocasión, escuchó por la Voz de las Américas que los vuelos de los TU-95 se originaban en una base en el centro de Rusia y seguían una ruta a lo largo de las costas de Noruega, el Reino Unido, Islandia, Groenlandia, y finalmente a lo largo de costa éste de los Estados Unidos durante el descenso hacia la base de San Antonio. Los norteamericanos sospechaban que los aviones TU-95 estaban equipados con sistemas de recopilación de inteligencia altamente sofisticados. La VOA también había identificado el papel principal de los bombarderos estratégicos TU-95 como capaces de dejar caer cargas nucleares en los rincones más remotos del planeta.

***

Como en el caso de muchos otros deportes en Cuba, el régimen había asignado recursos substanciales para promover el paracaidismo deportivo en la isla. La URSS y Checoslovaquia le habían enviado al club de Cayo la Rosa los equipos de paracaídas, equipos de apertura automática, botas, cascos, guantes de piel y altímetros modernos. Los deportistas podían hacer tantos saltos como lo desearan, limitados solamente por sus habilidades individuales, las condiciones meteorológicas, o por la rapidez con la que empacaban sus paracaídas. Los saltos eran gratuitos, al igual que los equipos, la comida, el alojamiento y el servicio de transporte desde y hacia la zona de saltos. El club contaba uno o dos AN-2 aviones prestos en todo momento para las actividades de paracaidismo, varios pilotos y un suministro ilimitado de gasolina. Los amigos de Castro en el Kremlin tenían bolsillos profundos y no ponían reparos en proveer los recursos necesarios para sacar adelante el club deportivo en Cuba.

Nick cumplió su promesa a Medín de traducir los manuales de los paracaídas PTCH-7 y PTCH-8 de fabricación checa. Tal y como había sospechado, la causa de los malfuncionamientos frecuentes era un error en la secuencia del doblado del velamen. Su ayuda con los manuales le ganó influencia con varios de los instructores del club. No pasó mucho tiempo antes que le permitieran cambiar su paracaídas de tipo militar por un paracaídas deportivo más maniobrable y recibir luz verde para hacer saltos en caída libre desde nueve mil pies de altura, un privilegio reservado en aquel entonces para un grupo selecto de deportistas. Un salto a la vez, Nick comenzó a demostrar sus habilidades en el nuevo y emocionante deporte aéreo.

Los deportistas del club de aviación también disfrutaban de una prebenda la cual Nick consideraba como altamente controvertida — el uso de una cafetería reservada exclusivamente para el uso de los paracaidistas y pilotos. El "comedor" estaba surtido con manjares que hacía años habían desaparecido de las casas privadas en Cuba. Entre otros, el menú incluía bistec de res, chuletas de cerdo, jamón, pescado, quesos, leche, yogur, arroz, sopas de frijoles, verduras, frutas y postres, todo sin costo alguno para los deportistas o los pilotos.

—Todo atleta que lleva a cabo a un entrenamiento intensivo necesita recibir una dieta adecuada. La misma regla se aplica a los pilotos, le dijo un día a Nick uno de los instructores.

Nick consideraba ese *comedor especial* como una contradicción grosera a la presunta igualdad social predicada por Castro y sus compinches. Desde su punto de vista, a nadie en la isla se le debía negar una nutrición adecuada. El racionamiento de los productos alimenticios básicos impuesto a la población en general era una paradoja en una nación que otrora se había enorgullecido por su autosuficiencia económica. Eso demostraba, una vez más, que el sistema socioeconómico marxista impuesto por Castro era un fracaso total.

Evidentemente, el régimen gustaba de mantener a sus deportistas bien alimentados para al final obtener crédito por el papel desempeñado por esos hombres y mujeres en eventos internacionales. Castro poseía una necesidad visceral de demostrarle al mundo que su régimen era capaz de producir atletas de primera categoría en casi todos los deportes, sin importarle que el resto de la población se fuese a la cama con hambre. El tirano siempre estaba dispuesto a hacer lo indecible en virtud de vender su gran mentira comunista fuera de Cuba.

***

En el año 1972, Nick pasó a integrar el primer grupo de paracaidistas que recibieron una licencia deportiva del club de aviación de Cuba. Las licencias les garantizaban una ausencia de sus centros de trabajo con salario completo, alojamiento y alimentación gratis en la zona de salto. Durante tres meses, los atletas seleccionados recibieron un entrenamiento intensivo en todas las disciplinas del deporte. Se rumoraba en esos días que Cuba tenía planes de participar en competencias internacionales de paracaidismo en un futuro no muy lejano.

A principios de 1973, el club de aviación les extendió las licencias de forma indefinida a algunos de los deportistas más destacados. Fue así como Nick pasó a formar parte del grupo de paracaidistas electos para entrenar el cien por ciento del tiempo, todo el año.

Para entonces, Nick había desistido de su idea de secuestrar el avión de saltos y llevárselo a los Estados Unidos. Su retracción tenía que ver con el combustible limitado en los tanques de los aviones AN-2. Había observado que los aviones tenían que ser reabastecidos de gasolina cada segundo aterrizaje. Una ojeada a los indicadores de combustible en la cabina del piloto le confirmaron que los tanques nunca recibían más de una quinta parte de su capacidad total. Esa práctica, obviamente siguiendo órdenes de la seguridad del estado, reducía considerablemente el alcance de esas aeronaves y evitaba que pudiesen ser llevadas a la fuerza a los Estados Unidos.

Pero otros factores también entrarían en juego en su decisión. Incluso con suficiente combustible a bordo para cruzar el estrecho de la Florida, resultaría complicado tratar de persuadir a un piloto de salto para que lo llevara a los Estados Unidos. Forzar a un piloto a tomar una acción de esa índole contra su voluntad no estaba en su carácter y de hecho lo dejó descartado.

Ahora reconocido como uno de los paracaidistas más experimentados en la isla, Nick vio la posibilidad de que un día podría ser seleccionado para conformar equipo nacional y salir a competir en el extranjero. Si la suerte lo acompañaba, podría verse de repente en una carrera para escaparse hacia la libertad en un país libre. A través de los años, muchos atletas cubanos habían logrado fugarse mientras participaban en competencias deportivas en otros países. Quizás algún día también él tendría la oportunidad de hacer lo mismo.

Capítulo 14

El paracaidista observó cuatro automóviles Alfa-Romeo sin identificación estacionados fuera del aeródromo de Cayo la Rosa. Los vehículos estaban equipados con largas antenas de radio, lo cual le sugirió que pertenecían a los efectivos de la seguridad del estado. La presencia de agentes del DSE en el aeródromo a primera hora en la mañana significaba que algo fuera de lo común había ocurrido. Una vez dentro del aeródromo, una docena de oficiales uniformados se encontraban conversando con varios instructores de salto y pilotos próximos al edificio de la administración del aeropuerto.

—El avión que usaban para el remolque de los planeadores ha desaparecido — le dijo uno de los instructores.

El hurto del *Piper Pawnee* fue bien planeado y ejecutado de forma brillante. Dos hombres despegaron en la avioneta justo antes del amanecer y tomaron vuelo hacia los Estados Unidos. Había sido una hazaña asombrosa, pero la cual Nick temía que pudiese provocar una purga política en el club aéreo. Sin duda alguna, el suceso obligaría al DSE a hacer una revisión las medidas de seguridad internas, e incluso a exigir la reevaluación de las credenciales políticas de todos los participantes. Para Nick, eso podría significar el fin de su carrera como paracaidista.

Alrededor de las diez de la mañana, los oficiales de inteligencia convocaron a todos los paracaidistas y pilotos a una reunión a puertas cerradas.

—Los hombres que se llevaron el Piper Pawnee son agentes pagados al servicio de la CIA— declaró uno de los oficiales. —Todos los paracaídas en el almacén tienen que ser desempacados y revisados minuciosamente para detectar un posible sabotaje con ácido. También es importante que nadie diga una sola palabra sobre este incidente fuera del aeropuerto. No podemos permitir que los enemigos de la revolución se aprovechen del suceso de esta mañana con fines propagandísticos — añadió el oficial.

Después de desempacar e inspeccionar todos los paracaídas en el almacén, los deportistas concluyeron que ninguno de los equipos había sido saboteado. La implicación de que los hombres que huyeron hacia Estados Unidos el Piper habían empleado ácido para dañar los equipos de salto era otra táctica sucia de los efectivos de seguridad para manchar el carácter de los dos valientes cuya única intención había sido lograr su libertad.

Los hombres responsables de la hazaña aérea eran Julián, el mecánico del Piper y su hermano Ricardo. Esa noche, Julián se encontraba de guardia en el aeropuerto y era el único individuo que sen encontraba presente en la instalación, lo cual le permitió darle entrada a su hermano al local sin dificultades. Era el fin de semana y todos los paracaidistas internados en el club habían salido con pase a sus hogares.

La operación fue llevada a cabo con una precisión militar. Julián y Ricardo cortaron las líneas telefónicas, desactivaron el equipo de comunicación por radio y llenaron los tanques de gasolina del Piper de dos plazas usando el camión de combustible. Justo antes del amanecer, los hombres empujaron el avión hasta la cabeza de la pista, encendieron el motor y despegaron sin novedades.

Varios residentes de Cayo la Rosa recordaron haber escuchado el sonido de un avión despegando justo antes del amanecer, pero nada más. Debido a que ninguno de los dos hombres era piloto, el DSE dedujo que Julián había aprendido los fundamentos básicos de pilotaje durante sus paseos como mecánico en el asiento trasero del Pawnee. La teoría era plausible ya que ese avión era relativamente fácil de volar.

La Voz de las Américas trajo la noticia por las frecuencias radiales días más tarde. Dos hombres habían despegado de Cuba en un pequeño avión y acuatizado próximo a un buque de la guardia costera de los Estados Unidos no lejos de Cayo Hueso. Ambos tripulantes fueron rescatados ilesos y les fue concedido asilo político en Estados Unidos.

Lince recordaba a Julián como un tipo afable que siempre estaba dispuesto a prestar una mano para ayudar a sus prójimos. Era evidente que ni Julián ni su hermano estaban al servicio de la CIA u otros servicios de inteligencia extranjeros, sino que eran dos hombres valientes que aprovecharon la oportunidad que se les presentó y reclamaron su derecho de ser libres. Sintió una gran admiración por esos dos hermanos y anheló algún día tener la oportunidad de hacer lo mismo.

Afortunadamente, el DSE no tomó represalias contra los paracaidistas que no eran miembros del partido comunista, como Nick se había temido que podría suceder. El incidente, sin embargo, le recordó que su cubierta era muy frágil y podía verse comprometida en el momento menos pensado.

$$***$$

Cayo la Rosa era un pequeño poblado rodeado de agua y con una historia fascinante. En el año 1931, un empresario de Long Island llamado Dayton Hedges firmó un contrato de arrendamiento a largo plazo con el gobierno cubano y desarrolló lo que un día se convertiría en uno de los complejos textiles más modernos del hemisferio occidental.

Los empleados de la textilera Ariguanabo conocían a Dayton como un hombre justo quien demostraba un gran respeto por sus empleados. Además de la fábrica de hilado de algodón, Dayton construyó un reparto residencial moderno, una estación de bomberos, un campo de béisbol, una enfermería, una guardería, una pequeña imprenta y una pista de césped moderna equipada con luces de aterrizaje automáticas.

Construida al borde de la laguna de Ariguanabo, la pista tenía un sistema de drenaje sofisticado que prevenía su inundación por los niveles variables del agua. Cuando el régimen de Castro se apoderó del complejo textil, el pequeño aeródromo fue convertido en una base aérea para avionetas de fumigación AN-2 de fabricación soviética. El aeródromo era utilizado con frecuencia para el entrenamiento de vuelo de un grupo selecto de altos jerarcas del régimen.

—El Ché Guevara tomó sus primeras lecciones de vuelo en este aeropuerto en un Piper PA-18y luego en un Cessna 182 llamado *Lobito*. Su instructor de vuelo era un capitán de las FAR llamado Eliseo De la Campa— le comentó a Nick un residente de Cayo la Rosa.

El Capitán De la Campa era un visitante frecuente en el aeródromo, donde guardaba su Piper PA-18 rojo en un pequeño hangar. El piloto veterano iba casi todos los fines de semana al cayo para trajinar con el motor del pequeño Piper Cub, o irse de paseo en la avioneta sobre la isla.

En varias ocasiones, Lince observó una avioneta Piper Cherokee practicando aterrizajes y despegues en la pista de Cayo la Rosa. Mientras la avioneta se detenía para reabastecerse de combustible. El paracaidista logró identificar a algunos de los individuos recibiendo lecciones de vuelo como militares de alta graduación en los círculos íntimos de Fidel Castro.

También supo que el instructor de vuelo del Piper Cherokee era Richard Harwood Pearce, un ex comandante de la Fuerza Aérea de los EE. UU. y veterano de Vietnam que había desertado a Cuba en 1967. Pierce, quien acababa de perder la custodia de su hijo después de un divorcio amargo, secuestró al niño y se lo llevó a Cuba a bordo de un Cessna 150.

Debido a que las instalaciones de radar en el sur de la Florida solo rastreaban los vuelos entrantes a los Estados Unidos, Pearce logró pilotear la avioneta monomotor hacia Cuba sin ningún inconveniente.

Capítulo 15

A cincuenta kilómetros al sur del Puerto de Batabanó se encuentra la *Isla de Pinos*, la otrora inspiración para obras clásicas como *La Isla del Tesoro* y *Peter Pan*. Al triunfo de la revolución, Castro le cambió el nombre por *Isla de la Juventud*. Sin embargo, muchos cubanos aún se refieren a la isla por su nombre original.

A principios del siglo veinte, la Isla de Pinos ganó notoriedad tras la construcción de una prisión de máxima seguridad cercana de la capital de Nueva Gerona. El complejo de edificios circulares fue terminado en el año 1925 usando el mismo diseño que el de las instalaciones penales de *Joliet* en Illinois. Antes de 1959, el Presidio Modelo había acogido a una gran diversidad de criminales tras sus gruesos muros de hormigón, entre ellos Fidel y Raúl Castro Ruz, dos hermanos físicamente disímiles nacidos en el pequeño poblado de Birán en la provincia de Oriente.

La historia de cómo los hermanos Castro y un grupo de seguidores terminaron en esa remota prisión se remonta a uno de los episodios más sangrientos de la historia de la república. En 1956, el ejército de Batista había acorralado a Fidel Castro en Santiago de Cuba tras el malogrado ataque al cuartel Moncada. Después del intento fallido de apoderarse de la guarnición militar, Fidel y varios de sus seguidores huyeron del área del cuartel y trataron de evadir la justicia. Con la inteligencia militar cubana pisándole los talones, Fidel Castro decidió pedirle ayuda al Monseñor Enrique Pérez Serrantes, el arzobispo de Santiago de Cuba. Fidel le imploró a Serrantes que le exigiera a Batista que le perdonara la vida si se rendía. A la sazón, Fidel estaba casado con Mirta Diaz-Balart, la hija de Rafael Diaz-Balart, el líder mayoritario de la cámara de representantes en el gobierno de Batista.

Pérez Serrantes accedió y procedió a gestionar la entrega de Fidel Castro a las autoridades en Santiago tras recibir garantías por parte de Batista que Castro y sus seguidores recibirían un juicio con todas las de la ley. El juicio fue señalado para celebrarse el día 21 de septiembre de 1953 en la audiencia pública de Santiago de Cuba.

Los cargos que se les imputaban a los asaltantes eran sumamente graves. Quince soldados y tres policías habían sido baleados a muerte durante el asalto sorpresivo, mientras que otros veintitrés resultaron heridos de gravedad. Nueve de los asaltantes perecieron durante el tiroteo y otros once resultaron heridos, cuatro de ellos presuntamente por fuego cruzado.

Varios días tras la rendición de Fidel Castro, una patrulla del ejército encontró a un joven deambulando por una vía de ferrocarril cerca del pequeño poblado de San Luis. El hombre alzó los brazos y mintió sobre su verdadera identidad. Cuando lo condujeron a la estación de la policía local, el sujeto confesó que su nombre era Raul Castro, el hermano menor de Fidel. Raúl admitió el haber participado en el ataque a la guarnición del cuartel Moncada. Sin embargo, culpó a su hermano por haber planeado y dirigido el asalto.

Fidel, quien había estudiado leyes en la universidad de la Habana, asumió su propia defensa en el juicio civil que tuvo lugar en Santiago de Cuba. Durante el proceso, Castro pronunció un largo discurso el cual concluyó con las palabras «*la historia me absolverá*».

En aquel entonces, no muchos se percataron de que esas fueron exactamente las mismas palabras usadas por Adolfo Hitler durante su defensa en el juicio *Rathaus Putsh* en Munich en marzo del año 1924. Algunos compañeros de clase de Castro en la universidad de la Habana recordaron que *Mein Kampf*, el manifiesto autobiográfico de Adolfo Hitler fue uno de los libros favoritos de Castro cuando cursaba estudios en la escuela de derecho.

La evidencia presentada por la fiscalía contra los encartados era abrumadora. Al final del juicio, el juez sentenció a Fidel y sus colaboradores a quince años de cárcel en el Presidio Modelo, una penitenciaria de máxima seguridad ubicada en la Isla de Pinos.

El 15 de mayo de 1955, después de haber cumplido menos de dos años de sus condenas, Castro y sus seguidores fueron liberados como parte de una amnistía general concedida por el presidente Batista y negociada por su suegro, el representante Rafael Diaz-Balart. Desafortunadamente para decenas de miles de cubanos, tanto Fidel como Raúl Castro se olvidaron por completo del significado de las palabras *amnistía o perdón* en el momento en que pusieron sus pies fuera de la prisión.

Siete años después, Fidel Castro le devolvería el favor prestado a Monseñor Pérez Serrantes y la Iglesia Católica de una manera infame. En setiembre de 1961, la policía secreta detuvo a más de cien sacerdotes en ciudades y pueblos de toda la isla y los deportó a España a bordo del vapor Covadonga. Se les dijo que jamás podían regresar a Cuba.

En los meses que siguieron, católicos, protestantes y judíos observaron con gran desconcierto el cierre de sus templos de devoción y recogimiento. La iglesia de Santo Tomas de Villanueva, ubicada a pocas cuadras de la residencia de Nick en el Biltmore, fue convertida en un almacén para obras de arte robadas de las casas de los cubanos que se marcharon al exilio. Otras iglesias en el país también fueron saqueadas y puestas para usos nefarios.

Entre los años 1962 y 1963, el gobierno cubano contrató a varios expertos en artículos de arte para catalogar el botín. Decenas de jarrones finos y otros artefactos de porcelana china, pinturas al óleo, alfombras persas, esculturas de mármol italiano e innumerables obras de arte diversas valoradas en millones de dólares fueron embalados y sacados secretamente fuera del país. El botín fue eventualmente liquidado de forma anónima en Sotheby's y otras casas de subasta a través de todo el mundo.

$$***$$

Ese año, Nick ganó su primera medalla en el deporte del paracaidismo durante una competencia nacional en el aeropuerto de Nueva Gerona en la Isla de Pinos. Fue durante ese evento que un compañero de equipo lo bautizó con el apodo de *Lince*. Los cubanos les llamaban Linces a las personas rápidas y sagaces y Nick ejecutaba las maniobras de caída libre con mayor velocidad que los otros atletas del club de paracaidistas.

El juez seleccionado para la competencia de Isla de Pinos fue Viacheslav «*Slava*» Jarikov, un instructor soviético experimentado con una dentadura de oro que destellaba una brillantez cegadora. Slava recién había llegado a Cuba contratado por el club de aviación para entrenar a una preselección de paracaidistas y seleccionar al primer equipo nacional de paracaidismo deportivo cubano. Meses atrás, Cuba se había afiliado a la FAI, la Federación Internacional de Aeronáutica y comprometido a enviar un equipo al XII Campeonato Mundial de Paracaidismo en Szolnok, Hungría. El equipo nacional estaría compuesto por cinco deportistas. Al final del periodo de evaluación, Slava eligió a Nick, ahora conocido como "el Lince", como parte del equipo que representaría a Cuba en el evento mundial.

Lince, por su parte, no albergaba muchas esperanzas de que el régimen le permitiese ser parte el equipo nacional. Por regla general, la dictadura les negaba los permisos para viajar al extranjero a los atletas que no eran miembros de las organizaciones comunistas.

La última palabra sobre si Lince pudiese o no formar parte del equipo era ahora responsabilidad de la seguridad del estado. Sabía que sus únicas calificaciones eran su habilidad indiscutible como competidor y el aval por parte del instructor ruso. Aun con esos elementos a su favor, no creía que le dejaran viajar a Hungría.

El oficial asignado para aprobar o negar los permisos de viaje para los paracaidistas era Tony Angulo, un teniente de los servicios de contrainteligencia cubanos a cargo club de aviación. A través de los años, Lince había observado las visitas frecuentes del teniente Angulo a Cayo la Rosa. El taciturno oficial por lo regular llegaba a la zona de saltos al volante de un VW Beetle de último modelo, vestido con un uniforme verde oliva bien almidonado, botas negras pulidas a la perfección y una pistola Makarov de 9 mm enfundada a la cintura. Las visitas de Angulo a aeródromo le causaban sobresalto a la mayoría de los pilotos, mecánicos y paracaidistas allí presentes. Nadie recordaba jamás haber visto al oficial del DSE sonreírse.

Ese sentimiento generalizado de paranoia no estaba infundado. El trabajo del teniente Angulo era mantener un expediente actualizado de todos participantes en las operaciones de paracaidismo y de vuelo de planeadores. Angulo, de hecho, tenía conocimiento de todos los detalles de sus vidas, tanto en el pasado como en el presente y la potestad para decidir quién podía quedarse en el club y quién debía ser eliminado.

Había llegado el momento en que Angulo examinaría los antecedentes de los paracaidistas seleccionados por Slava y tomara la decisión de quiénes o no estaban políticamente calificados para viajar al campeonato mundial en Hungría. Lince temía que, si Angulo indagaba mucho sobre su pasado, se tropezaría con los documentos de baja del servicio militar, o con la carta de expulsión del colegio preuniversitario.

A los pocos días, Lince fue convocado a una reunión conjunta con el teniente Angulo y Bienvenido García, el director del club de aviación de Cuba. Durante el encuentro a puertas cerradas, el oficial de inteligencia lo interrogó de forma exhaustiva sobre sus relaciones con su hermana quien vivía en Estados Unidos desde los años 60. Mientras Angulo había concluido la verificación de sus antecedentes, Lince no tenía forma de saber lo que el hombre había desempolvado acerca de su pasado.

Para su sorpresa, el oficial de la contrainteligencia no mencionó su expulsión del colegio, ni tampoco del tiroteo contra supuestos seres extraterrestres en el hospital de campaña de Pinar del Río. Pensó que tal vez su indiferencia política y otros «problemas» le habían sido perdonados en consideración de su potencial como medallista en el campeonato mundial de paracaidismo.

—Serás notificado de nuestra decisión final en los próximos días— le dijo el oficial del DSE.

Una semana después, Bienvenido lo llamó por teléfono para darle la buena noticia.

—Felicitaciones, Nick. Has sido aprobado para conformar el equipo nacional. El internado para el entrenamiento comenzará dentro de dos semanas.

Dos años después de inscribirse en el club de paracaidismo deportivo, Lince había alcanzado el más improbable de todos sus sueños—recibir permiso para viajar fuera de Cuba. Le agradeció a Bienvenido por su voto de confianza, quien supuso que había intercedido a su favor. Sin embargo, no tenía dudas que la decisión estuvo influenciada, al menos en parte, por consideraciones geopolíticas. Hungría era entonces un país del bloque comunista y al igual que Cuba tenía sus fronteras cerradas al mundo libre.

Aun así, con un poco de suerte se le podía presentar una oportunidad para huir durante el viaje hacia Hungría. Su vuelo a Europa incluía dos escalas técnicas—una en Gander, Canadá y la segunda en el aeropuerto de Barajas en Madrid. Lince hizo una nota mental para mantener los ojos abiertos y las piernas listas para correr durante esas dos escalas.

Capítulo 16

La luz crepuscular filtrándose a través de las ventanillas inundó la cabina del avión Il-62 de CZA con matices de oro y marrón, brindándole una apariencia surrealista. Lince contempló la inminente puesta del sol por unos segundos y procedió a acomodarse en el asiento que le asignaron detrás del mamparo en la cabina delantera. Su compañero de vuelo sería Bienvenido García, quien viajaba con ellos como jefe de la delegación de paracaidismo a Hungría.

De unos treinta y tantos años de edad, el director del club de aviación era un hombre calmado, inteligente y con habla pausada. Bienvenido había ascendido en las filas del partido comunista desde muy joven, cuando fue enviado a combatir contra las fuerzas anticastristas que se habían atrincherado en las montañas del Escambray. Mientras Lince estaba opuesto en secreto a la posición ideológica de Bienvenido, lo respetaba por su imparcialidad y su disposición positiva hacia la vida. Pero, ante todo, Lince sabía la importancia de tener de su lado a alguien con la influencia política de Bienvenido García para llevar a cabo sus planes.

Muchos años después, al umbral de su muerte a causa de un cáncer y siendo reprendido abiertamente por su propio hijo por no haberle permitido salir de Cuba, Bienvenido se preguntó si había hecho lo correcto en seguir la doctrina de Castro a ciegas. Entre sus múltiples nombramientos en el extranjero, Bienvenido había desempeñado el cargo de embajador de Cuba en Canadá y, por último, de embajador en Yemen antes de caer gravemente enfermo y verse obligado a regresar a la isla.

Días antes de fallecer, Bienvenido le susurraría una revelación sorprendente a un viejo amigo quien le visitaba desde la Argentina.

—No sé si hice lo correcto después de todo— le confesó a su amigo con un tono de voz cargado de pesar.

La carrera singular de Bienvenido en los servicios de inteligencia cubanos se remontaba a los años sesenta, cuando uno de los hombres más poderosos del régimen lo tomó bajo su tutelaje. El "padrino" de Bienvenido no fue otro que el general Manuel *Barbaroja* Piñeiro, uno de los comandantes rebeldes que gozaba de la mayor confianza de Fidel Castro. Piñeiro, quien había estudiado en la Universidad de Columbia en Nueva York, contrajo matrimonio con una bailarina profesional oriunda de los Estados Unidos y luego regresó a Cuba para organizar un movimiento guerrillero urbano. Fue arrestado brevemente en la Habana por el servicio de inteligencia militar de Batista, el temido SIM, luego de lo cual Piñeiro decidió huir a las montañas de Oriente y unirse a la guerrilla de Castro.

A raíz de la victoria de los insurgentes, Piñeiro fundó la Dirección General de Inteligencia o DGI, la contrapartida cubana de la CIA, la Agencia Central de Inteligencia norteamericana. Sus principales mentores en aquel entonces fueron Markus Wolf, el jefe de la *Stasi* de Alemania y Vladimir Semichastny, el temido cabecilla de la KGB soviética.

Sin embargo, la creación estelar de Piñeiro fue el Departamento de Liberación Nacional, más tarde renombrado Departamento América, o DA. Con un presupuesto ilimitado y vastos recursos humanos a su disposición, el DA no tardó en convertirse en la organización más tortuosa y secreta del régimen de Castro. Los largos tentáculos del Departamento América llegaban hasta los rincones más recónditos del continente.

En colaboración estrecha con la jefatura en el Kremlin y la KGB, el DA emprendió un esfuerzo encubierto a largo plazo para desestabilizar y derrocar a gobiernos democráticos en África y América Latina. Sin embargo, el objetivo postrero del DA era penetrar y destruir el *grupo de poder* de los Estados Unidos en su mismísimo núcleo.

A través de los años, los agentes del DA lograron infiltrarse en todos los niveles de los gobiernos locales y federales, financiar campañas políticas y candidatos socialistas, sobornar e influir a líderes sindicales y reclutar a profesores en las universidades de los Estados Unidos y de otros países.

La mayoría de las operaciones encubiertas del Departamento Américas fueron llevadas a cabo por diplomáticos que operaban desde las embajadas y oficinas consulares de Cuba por todo el mundo, y por agentes que actuaban como ilegales en países donde Cuba no tenía presencia diplomática, como en los Estados Unidos.

Lince siempre sospechó que Bienvenido García era un oficial de alto rango dentro del DA. Sin embargo, su amigo nunca le habló de su trabajo secreto, o de política. Bienvenido conocía de la apatía de Lince por la política en Cuba, pero en ningún momento cuestionó los motivos del paracaidista. Tal vez pensaba que estaba destinado a hacerle cambiar las ideas al joven deportista.

El Ilyushin IL-62 sobrepasó la velocidad de despegue V1 y levantó el vuelo hacia el atlántico norte. Después de una travesía de cinco horas sobre la costa éste de los Estados Unidos, el avión aterrizó en Terranova. Cuando la aeronave se detuvo frente al edificio de la terminal aérea, Bienvenido se paró en el pasillo para dirigirles la palabra a los miembros de su delegación.

—Necesitamos mantenernos todos juntos en la sala de espera. Si alguien necesita usar el baño, por favor use el lavabo del avión antes de bajarse.

Los pasajeros desembarcaron a la pista del aeropuerto de Gander bajo una llovizna ligera y fueron escoltados hasta la terminal aérea por dos briosas azafatas checas. Lince fue el primero de su grupo en entrar en la sala de espera, echó una ojeada a su alrededor y decidió tomar asiento próximo a una puerta doble de cristal que conectaba al recinto con la terminal aérea. Observó que al otro lado de la puerta se encontraba un oficial de la Policía Montada de Canadá.

Su primer impulso fue tratar de abrir la puerta y pedirle asilo político al policía canadiense. Si la puerta estaba cerrada, podría golpear sobre el cristal para llamar la atención del oficial. Sin embargo, no estaba el cien por ciento seguro de que su solicitud de asilo sería bien recibida en ese país. Días antes en la zona de salto, había escuchado un comentario acerca de un artista cubano a quien Canadá le había negado el asilo político y que fue forzado a regresar a la isla. Lince no tenía forma de saber si esa historia era cierta, o si el individuo había tratado de plantar la semilla de la duda entre los que viajarían con el equipo. Decidió que no valía la pena correr el riesgo en Gander.

Al amanecer del día siguiente, el IL-62 aterrizó en Madrid para la última escala de reabastecimiento de combustible antes de tomar rumbo a Praga. El avión se detuvo frente a uno de los edificios de la terminal, donde una auxiliar de vuelo anunció que la escala sería breve y los pasajeros no necesitaban desembarcar. Aun así, abrieron la puerta del avión y colocaron una escalerilla para que los pilotos pudieran bajar a la pista.

—Tengo los músculos acalambrados. Quisiera salir a estirar las piernas— le dijo Lince a Bienvenido.

Bienvenido miro a Lince con desconcierto, pero accedió a que saliera. Sin embargo, ordenó a otro miembro de equipo que lo acompañara.

—No es seguro que salgas solo—le dijo Bienvenido.

El paracaidista elegido por Bienvenido para acompañar a Lince era Francisco Quintino, más conocido por *el Tucán*. Tucán era un paramédico corpulento de la Cruz Roja Cubana quien ostentaba una cinta negra en judo. En 1973, Tucán formó parte de un destacamento de mil quinientos soldados cubanos enviados por Castro para combatir junto a Siria y otros países árabes en la guerra del Medio Oriente. El ataque sorpresivo de los árabes contra Israel tuvo lugar durante el *Yom Kipur*, el día más sagrado en el judaísmo. Lince no dudaba que Tucán había adquirido una destreza combativa durante su despliegue con las tropas cubanas en el Levante, lo que podría complicarle la vida no solo a él, sino también a cualquier otro miembro del equipo.

Lince se encontró con un amanecer de verano soleado en Madrid y refrescado por una ligera brisa. Bajó deprisa las escalerillas con su compañero de equipo siguiéndole en los talones. Al entrar al edificio del aeropuerto de Barajas, el paracaidista notó que sala de espera estaba vacía excepto por dos camareros con aspecto desinteresado detrás de un pequeño bar. Lince y Tucán se acercaron al mostrador y pidieron un vaso de agua.

El deportista esperaba encontrarse ahí con un oficial de aduanas español a quien pudiese pedirle ayuda. En cuanto a los camareros, decidió que los hombres jamás intervendrían a su favor si se implicaba en un altercado físico con el Tucán tratando de huir.

La sala de espera estaba conectada a la terminal principal por un pasillo largo y oscuro. Pensó en echarse a correr por el pasillo para buscar ayuda en la terminal, pero no estaba convencido de que podría dejar atrás al Tucán, o que encontraría a un agente de la autoridad antes de verse forzado a regresar al avión. Para complicar las cosas, era de conocimiento general que el dictador español Francisco Franco disfrutaba de una buena relación con Fidel Castro. Sería altamente improbable que Franco se involucrara en una disputa con sus amigos en el gobierno de Cuba sobre un atleta dado a la fuga.

—Creo que es hora de que regresemos al avión— le dijo Tucán.

Lince bebió su vaso de agua, les dio las gracias a los camareros y salió de la terminal aérea seguido del Tucán. Mientras subía las escaleras de regreso al IL-62, se preguntó a sí mismo si se había vuelto demasiado complaciente, pero entendió que ese no era su momento. Aún no.

Capítulo 17

La libertad nunca está a más de una generación de extinguirse. No se la transmitimos a nuestros hijos a través de la sangre. Debemos luchar, protegerla y entregársela a ellos para que hagan lo mismo. —Ronald Reagan

XII Campeonato Mundial de Paracaidismo, Szolnok, Hungría.

En el año 1974, un abismo profundo dividía el mundo en dos filosofías irreconciliables. Mientras la mayoría de las naciones occidentales enarbolaban la libertad como el más preciado de los valores humanos, la Unión Soviética y sus regímenes satélites reprimían brutalmente a todos quienes se atrevían a disentir de la ideología marxista-leninista. La guerra fría entre el mundo libre y el bloque comunista estaba en su apogeo, agravada por un escalamiento vertiginoso de arsenales de armas convencionales y nucleares. A pesar de la demencia reinante en las esferas políticas, la atmósfera en el campeonato mundial de paracaidismo era de convivencia pacífica y solidaridad deportiva.

Durante nueve días consecutivos, las barreras virtuales que mantenían el mundo dividido se derrumbaron bajo los cielos de Hungría. Deportistas de la Unión Soviética, los Estados Unidos, los Países Bajos, Polonia, Cuba, Alemania del Este y muchos otros países compartieron los aviones de salto AN-2 y los helicópteros MI-8, cenaron juntos en el mismo comedor y durmieron bajo el mismo techo. Los mejores paracaidistas del mundo habían convenido en Szolnok para demostrar sus habilidades en acrobacia en caída libre y en aterrizajes de precisión. Eran los juegos olímpicos del paracaidismo.

Uno de los acontecimientos más notables en Szolnok fue el debut del *Parafoil*, uno de los primeros paracaídas en forma de ala que se saltó en una competencia a nivel mundial. El piloto, un competidor del equipo de EE. UU., anotó casi seis dianas perfectas en el evento de precisión individual bajo condiciones de vientos variables.

Mientras que los paracaídas convencionales aterrizaban con el viento a la espalda del deportista y con velocidad, el ala Parafoil se acercaba a la diana en contra del viento hasta lograr una parada virtual en el aire antes tocar tierra. Lince estaba convencido que los rusos tratarían de copiar el diseño de Parafoil, pero la Unión Soviética estaba aún atrasada en comparación con los EE. UU. en el desarrollo de tejidos sintéticos ligeros de baja porosidad necesarios para la construcción del ala-paracaídas. Sin embargo, era evidente que la vigencia de los paracaídas deportivos de cúpula circular había llegado a su fin.

En aquel entonces, los dos eventos dominantes en el mundo del paracaidismo competitivo eran conocidos como estilo (o acrobacia en caída libre) y precisión. La modalidad era saltar de un avión a siete mil pies sobre el terreno y ejecutar una serie de giros opuestos de 360 grados en caída libre, con un salto mortal incluido entre cada dos giros antes de abrir el paracaídas. El salto era observado desde el principio al final desde tierra por un equipo de jueces utilizando binoculares de alta potencia. El salto de precisión era el arte de aterrizar en o lo más cerca posible un disco de diez centímetros de diámetro ubicado en el centro de un pozo de arena.

Al mismo tiempo, otra disciplina de paracaidismo se desarrollaba a una velocidad vertiginosa en los países occidentales. Esa modalidad era conocida como "trabajo relativo", o paracaidismo de formación. Mientras el campeonato mundial de estilo y precisión se celebraba en Szolnok, la segunda competencia mundial de trabajo relativo acababa de culminar en África del Sur. El equipo de trabajo relativo de los Estados Unidos había conquistado el oro en la competencia celebrada en la ciudad de Pretoria tras unir diez hombres en caída libre en un tiempo récord de 12,7 segundos saltando por separado desde un avión Douglas DC-3.

De regreso de la competencia en África del Sur, el equipo campeón de trabajo relativo *Wings of Orange* realizó una aparición sorpresiva en Szolnok, donde los organizadores del campeonato les permitieron realizar un salto de exhibición. Ese día, la destreza asombrosa en caída libre demostrada por los norteamericanos causó una impresión indeleble en el mundo del estilo y la precisión.

Una vez que los miembros del equipo estadounidense aterrizaron, Lince le pidió autorización a Bienvenido para charlar con el capitán del *Wings of Orange* para indagar sobre la nueva disciplina. Le explicó a su jefe de delegación que quería aprender acerca del trabajo relativo, las técnicas para la salida del avión y otras peculiaridades de esa modalidad. Lince le explicó que esos conocimientos les brindarían a los cubanos los elementos necesarios para armar un equipo de formación en caída libre a su regreso a Cuba. Bienvenido no puso ninguna objeción a la petición de Lince.

El capitán del equipo de USA resultó ser un hombre cordial quien se mostró dispuesto a enseñarle a Lince los pormenores de la nueva disciplina. Lince memorizó la valiosa lección y le dio las gracias al estadounidense por su amabilidad. El paracaidista era Jerry Bird, un pionero en el arte del trabajo relativo de caída libre y una leyenda viviente en los Estados Unidos.

Bienvenido recibió con beneplácito la iniciativa de Lince, pero dos de sus compañeros de equipo le expresaron su disgusto por la conversación con Jerry Bird. Eran Guerra y Urbano, dos comunistas ultra radicales y antagonistas jurados a todo lo que fuese norteamericano. El argumento era que, si los deportistas cubanos habrían de aprender algo nuevo en el paracaidismo, tenían que aprenderlo de los soviéticos. Los hombres sugirieron que los rusos se ofenderían si Cuba adoptase la nueva disciplina antes que ellos, o sin su tutelaje.

Cuando los ánimos empezaron a caldearse, Lince decidió callar. Guerra y Urbanos eran fanáticos radicalizados con poder político suficiente para hacerle la vida imposible a su regreso a Cuba, e incluso podrían buscar una excusa para expulsarlo del deporte.

Bienvenido coincidió con Lince que el trabajo relativo sería algún día la modalidad dominante en competencias internacionales de paracaidismo. Le pidió al deportista que escribiera todo lo que había aprendido de Jerry Bird para que en un futuro pudiera ayudar en el entrenamiento del equipo cubano en esa disciplina. También estuvo de acuerdo con Lince en que Guerra y Urbano podrían crearle serios problemas y sugirió que esperara hasta que las condiciones fuesen propicias antes de volver a abordar el tema.

En Szolnok, Lince hizo amistad con un sagaz y afable fotógrafo australiano quien acababa de publicar un libro gráfico asombroso sobre el deporte del paracaidismo. El fotógrafo era Andy Keech y su libro se titulaba «*Skies Call*» o «*El Cielo Llama*». Andy anotó en su agenda la dirección postal de Lince en Cuba y prometió enviarle una copia de su libro por el correo.

Al fin del campeonato, Lince recibió la grata noticia de que había terminado el evento con una puntuación elevada en las modalidades de estilo y precisión. El puntaje lo situaba dentro del primer tercio de todos los paracaidistas del mundo, y también muy por delante de sus compañeros de equipo. Pensó que ese logro lo ayudaría a mantener su puesto en el equipo nacional de Cuba en futuras competencias internacionales. El próximo campeonato mundial se celebraría en la ciudad de Guidonia en Italia, donde no dudaba que se le presentaría más de una oportunidad para ejecutar su fuga.

Al día siguiente, la delegación de Cuba partió en rumbo a la ciudad de Praga para un día de turismo antes de abordar el vuelo de regreso a la isla. Mientras admiraba el *Orloj*, un reloj astronómico medieval ubicado en la plaza antigua de Praga, Lince se halló de repente solo entre una multitud de turistas extranjeros. Por accidente, se había separado de sus compañeros de equipo. Mientras que esas circunstancias le hubiesen facilitado su fuga en un país libre, no le servían de nada en Checoslovaquia. Al igual que en Cuba, los checos vivían bajo un régimen comunista con las fronteras de su país cerradas al mundo libre.

Luego de buscar en vano por las calles adoquinadas de Praga, Lince decidió tomar un taxi para reunirse con sus compañeros de equipo en el aeropuerto. Apenas alcanzó a llegar a la puerta de embarque con tiempo suficiente para abordar el vuelo de regreso a Cuba.

Lince se quedó dormido poco después del despegue de Praga y no se despertó hasta una hora antes de que el avión aterrizara en la Habana. Antes de cruzar el Atlántico, el IL-62 de Cubana de

Aviación hizo una escala técnica en la isla de Santa María de Azores para reabastecerse de combustible, algo que Lince no pudo recordar. Siempre había tenido un sueño ligero, por lo que sospechó que alguien había colocado un sedante en su soda antes de que el avión despegara de Praga.

***

Ese año, Lince obtuvo una vez más el título de campeón de nacional paracaidismo en todas las modalidades combinadas. Durante un discurso en la ceremonia de clausura del evento, Bienvenido anunció que Cuba enviaría un equipo a los juegos panamericanos en Perú en la primavera de 1975. El jefe del club de aviación tenía aún más noticias. La modalidad de trabajo relativo en caída libre de cuatro hombres había sido incluida en el calendario del evento panamericano. Bienvenido le instruyó a Lince que iniciara el entrenamiento de los paracaidistas más experimentados en la modalidad de trabajo relativo utilizando las técnicas aprendidas de Jerry Bird en Hungría.

Semanas después, el cartero dejó un paquete en la puerta de su casa. Era la copia del libro *Skies Call* que Andy Keech le había prometido en Szolnok y el cual Lince nunca esperó recibir dada la censura impuesta en el sistema de correos en Cuba. El libro tenía imágenes asombrosas de formaciones de caída libre que ahora podría utilizar para aprender el arte de trabajo relativo y enseñarles la técnica a sus compañeros de equipo. Increíblemente, esa contribución excepcional de Andy Keech al deporte del paracaidismo había llegado a uno de los rincones más recónditos del planeta — la isla carcelaria de Cuba.

Lince no perdió mucho tiempo. La semana siguiente, Kymbe y Lince se convirtieron en los dos primeros paracaidistas en la isla en tomarse las manos en caída libre mientras cruzaban los cielos a 120 millas por hora sobre la laguna de Ariguanabo.

Capítulo 18

Las apariencias son una vislumbre de lo invisible.

—Anaxágoras

III Campeonato Panamericano de Paracaidismo, Perú, 1975.

El equipo de nacional de paracaidismo de Cuba llegó a Lima restringido por las férreas reglas de comportamiento impuestas a los atletas cubanos que salían a competir al extranjero. Antes de viajar al Perú, los deportistas recibieron una charla extensa por parte de un oficial del DSE quien les detalló todo lo que no debían hacer ni decir durante su permanencia en ese país.

Como de costumbre, las ordenes la policía secreta sobrepasaban los límites del extremismo. Los deportistas estaban obligados a permanecer en todo momento en grupos de dos o más personas, no podían hacer llamadas telefónicas, abordar un taxi u otra forma de transporte público, o aceptar regalos de extraños. El régimen también esperaba que respondieran con fuerza física, si lo considerasen necesario, a cualquier insulto personal contra Fidel Castro o contra la revolución. El teniente Tony Angulo les explicó que esas medidas eran para protegerlos de una provocación por parte de grupos cubanos exiliados, o por agentes subversivos pagados por la CIA. Sin embargo, los deportistas conocían la verdadera razón de esas condiciones. Al limitar los contactos entre los cubanos y personas del mundo libre a un mínimo, la seguridad del estado disminuía el riesgo de que un atleta pudiese pedir ayuda para darse a la fuga.

En esta ocasión, el régimen acentuó la vigilancia sobre los integrantes del equipo Cuba infiltrando dos agentes de la seguridad del estado dentro de la delegación. El que actuaba como el jefe de célula era Benítez, un individuo de baja estatura y personalidad reticente quien se registró en el evento como observador del Instituto de Aeronáutica Civil de Cuba. El otro agente encubierto era Yolanda, una mujer hermética con la cabellera negra recortada y quien llevaba una cámara Nikon de 35mm colgándole del cuello día y noche. Yolanda estaba en Perú supuestamente dándole cobertura al evento como reportera de la revista Deportes. Bienvenido, por su parte, viajó una vez más en función de jefe de delegación de los paracaidistas.

Lince hizo una nota mental para no perder de vista a Benítez ni a Yolanda. Podía asegurar, con alto grado de certidumbre, que los agentes secretos habían recibido un entrenamiento intensivo en la vigilancia de personas, y que tendrían a los paracaidistas bajo observación las 24 horas del día. También supuso que la pareja había llevado a Perú sus pistolas Makarov de 9 mm en el equipaje, las cuales no dudarían en utilizar para detener a un atleta dado a la fuga si las circunstancias lo demandasen.

Los juegos panamericanos de paracaidismo coincidieron con el inicio de la temporada invernal en el hemisferio sur. Cada día antes del amanecer, una densa neblina penetraba tierra adentro desde el océano pacífico inundando los pasos de montañas y los valles del Rimac y de Collique. El manto lechoso quedaba suspendido a baja altura sobre el nivel del terreno obscureciendo el cielo hasta la hora del mediodía, cuando los rayos cálidos del sol finalmente lo disipaban. Ese patrón climático, conocido como *la garúa*, se replicaría día tras día durante la duración del evento y obligaba al aplazamiento de los saltos hasta las primeras horas de la tarde.

El equipo cubano llegó tarde en la mañana al hotel Colón, un hotel de cinco estrellas ubicado en la localidad de Miraflores y que había sido reservado para los deportistas por los organizadores del evento. Mientras esperaba por su habitación, Lince se acercó al bar y pidió una Inca Cola. Quería probar la bebida carbonatada que había visto anunciada en una valla de publicidad durante el trayecto hacia el hotel.

—¿Es tu primera visita al hotel Colón? — le preguntó el camarero.

—Sí, actualmente es mi primera vez en Lima. Es una ciudad muy hermosa.

—Bienvenido amigo. Sí, Lima es una bella ciudad, pero debes tener cuidado. Hemos tenido algunos disturbios callejeros en las últimas semanas.

—¿Qué está ocurriendo?

—Lo de siempre. La vida no ha sido fácil en Perú desde hace algún tiempo. En realidad, nuestros problemas comenzaron en el año 1968 cuando una junta de generales tomó el poder. Nuestro presidente electo fue forzado al exilio y el congreso fue cerrado—dijo el hombre en voz baja.

— ¿Un golpe de estado?

—Precisamente. Siete años después, todavía tenemos al mismo general Juan Velasco Alvarado y a sus amigos al frente del país. Velasco se ha convertido en un aliado inseparable de la Unión Soviética y Cuba. Sin embargo, hoy día se enfrenta un gran descontento popular que se extiende dentro de sus propias fuerzas armadas y los efectivos de la policía—susurró el camarero. La junta militar ha desplegado cientos de soldados por toda la ciudad en los últimos días para mantener el orden.

Lince no supo cómo responderle al camarero. Obviamente, el hombre no tenía la menor idea de que estaba hablando con un miembro de un equipo deportivo cubano. Lince tenía puesta en una camiseta del campeonato mundial de Hungría, pero nada en su vestimenta que revelase su nacionalidad. Por un golpe de azar, había recibido una exposición esclarecedora de la situación política del país. De repente se dio cuenta que podía meterse en serios problemas si alguien de su delegación le escuchaba hablando de política con un peruano disidente. Le dio las gracias al hombre, pagó por el refresco y se alejó deprisa.

La información que le brindó el camarero del hotel Colón era de vital importancia. Lince había llegado al Perú con la intención de escaparse de los agentes del DSE y pedir asilo político al gobierno peruano. Sin embargo, nada ni nadie en Cuba le había advertido sobre los estrechos lazos de amistad que existían entre la Habana y el gobierno de Velasco Alvarado. Tal vez era porque se había desconectado de la realidad y dedicado exclusivamente a su entrenamiento, o porque nunca se molestaba en leer la prensa insípida de Cuba. Cayó en cuenta que, de haber dado un paso en falso en Perú, el régimen de Velasco Alvarado lo hubiese entregado de inmediato a los agentes de la DGI en embajada cubana.

Aún con ese nuevo e inesperado obstáculo en su camino, el deportista decidió mantenerse alerta y listo para actuar en caso de que se le presentara una oportunidad para escaparse, esta vez de la junta golpista del Perú.

***

Según Bienvenido, el nombramiento de Antonio Nuñez Jiménez como embajador de Cuba en Lima no había sido accidental. Nuñez Jimenez, un ex capitán del ejército insurgente de Castro y fundador del partido comunista de Cuba era uno de los asesores intelectuales de Fidel y uno de los «muy contados» hombres que gozaban de la confianza total del dictador cubano. Castro había puesto a su hombre clave en el Perú en un intento desesperado de salvar al régimen de Velasco Alvarado del colapso.

Durante casi una década, Cuba y la Unión Soviética habían realizado importantes inversiones en recursos materiales y humanos para convertir al Perú en satélite de la URSS. La junta militar del general Velasco había recibido millones de rublos de los soviéticos en armas ligeras y pesadas, piezas de artillería, cohetes tierra-aire, tanques, vehículos blindados, helicópteros y cazas-interceptores Sukhoi a reacción.

Mientras el Kremlin le suministraba fondos y equipos bélicos de todo tipo a la nación andina, Cuba le proporcionaba ayuda a través de asesores militares y políticos. Sin embargo, la creciente crisis política interna de Velasco tenía tanto a Moscú como a la Habana en un estado de ansiedad. Ambos regímenes sabían que sus inversiones en el Perú se podrían estrellar en el momento menos pensado.

A raíz de la llegada del equipo deportivo a Lima, Nuñez citó a Bienvenido a una reunión urgente en la embajada cubana. El embajador le urgió a Bienvenido que recolectara los pasaportes de los miembros de la delegación y los llevara a la embajada para guardarlos allí bajo su custodia. Nuñez también quería discutir con

Bienvenido los planes de contingencia en caso de un posible estado de emergencia. En el aspecto político, Perú era una olla de presión a punto de estallar.

Nuñez también le indicó a Bienvenido que la delegación de paracaidismo tendría que abandonar el hotel Colón al día siguiente. El nuevo albergue escogido por la embajada cubana sería el Hotel Alcázar, un parador más pequeño ubicado cerca del centro de Lima y donde se alojaban regularmente las delegaciones cubanas que visitaban esa ciudad.

* * *

Lima despertó a la mañana siguiente con *la garúa* en su plena expresión. La neblina había penetrado profundamente en el valle del río Rimac y reducido la visibilidad por menos de cien pies en todas direcciones.

El camarero no le había exagerado cuando le habló de la extensa presencia militar en calles de Lima. En medio de la bruma, Lince logró divisar numerosos soldados armados con fusiles apostados en las intersecciones importantes, así como un tráfico considerable de tanquetas BTR de fabricación soviética rodando por las vías de la ciudad.

En camino a la zona de saltos de Collique, la furgoneta del equipo Cuba pasó cercana a una intersección donde se encontraba una mansión de estilo renacimiento ostentando una bandera tricolor en el balcón del segundo piso. En el escudo de armas empotrado en el muro exterior del recinto se podía leer la inscripción *Embajada de Chile*. Los dos portones de hierro para el acceso a la embajada habían sido bloqueados por tanquetas BTRs blindadas, y media docena de soldados con vestimenta de antidisturbios se paseaban casualmente por la acera.

Ese descubrimiento resultó ser significativo para Lince. Tendría que olvidarse de la idea de saltar sobre el muro de una embajada y pedir asilo político. Tal y como había sucedido en Cuba, el régimen de Velasco Alvarado no había dejado ninguna puerta abierta para que los disidentes o desertores pudiesen abandonar el país.

La última alternativa posible sería cruzar la frontera con Chile en un lugar conocido como *Línea de la Concordia*. Sin embargo, esa idea también estaba plagada de complicaciones. El puesto fronterizo estaba ubicado a casi ochocientas millas de distancia de la Ciudad de Lima, lo cual le tomaría al Lince más de veinte horas de viaje en autobús por una larga y escabrosa carretera costera. Primero, el fugitivo tendría que romper la red de vigilancia tejida por el DSE alrededor del equipo y luego encontrar un medio de transporte para llegar al punto fronterizo antes de que las autoridades diesen con él.

Aún si lograra alcanzar a la frontera, Lince necesitaría una identificación falsa para mostrar en el puesto de control del lado peruano. Por la parte chilena, no había motivo para preocupación alguna. El gobierno de Augusto Pinochet era un enemigo jurado de los comunistas y acogería a un desertor cubano con los brazos abiertos.

Pensó que tal vez alguien en Perú podría ayudarle, pero ¿cómo podía saber quién era o no era un simpatizante del régimen de Velasco Alvarado? Si cometía el error de confiar en la persona equivocada podría terminar en las garras de la policía peruana. Quizás no sería mala idea probar su suerte con el camarero del hotel Colón.

***

El aeropuerto de Collique había servido como base de entrenamiento para pilotos de la fuerza aérea peruana hasta en año 1974, cuando un terremoto de magnitud 8,1 destruyó la mayoría de sus instalaciones. Una de las estructuras que sufrió daños menores fue la torre de secado de paracaídas en el aeródromo, la cual fue habilitada como almacén de paracaídas para los deportistas participantes.

Cada delegación deportiva fue habilitada con una pequeña carpa para brindarles protección del sol sofocante durante el día. Las carpas habían sido situadas aledañas a la pista y en orden alfabético de acuerdo con el país competidor. Nueve equipos de paracaidistas se habían registrado para el evento: Argentina, Brasil, México, Chile, Cuba, Estados Unidos, Uruguay, Costa Rica y el país anfitrión de Perú. Por una mera coincidencia del alfabeto, la carpa del equipo de Estados Unidos se hallaba ubicada contigua a la de los cubanos.

Al finalizar del primer día de la competencia, los integrantes del equipo cubano fueron conducidos en una furgoneta directamente al Alcázar, el nuevo hotel donde habrían de hospedarse por la duración del evento. Para sorpresa de todos, el personal de la embajada de Cuba ya había trasladado sus equipajes desde el hotel Colón a sus nuevas habitaciones. Aunque estaba ajeno a ese detalle, la perspicacia del embajador Nuñez Jiménez había echado por tierra los planes del deportista para reanudar contacto con el bartender amistoso del Colón.

Lince contempló todas sus opciones para fugarse del Alcázar durante la noche, pero concluyó que la operación no sería factible. Su compañero de habitación era el Tucán, el mismo individuo que le hizo sombra un año antes en el aeropuerto de Madrid y a quien sin dudas le habían encomendado el vigilar sus movimientos en el hotel. Por otra parte, Benítez y Yolanda, los dos agentes de la DGI infiltrados en la delegación, habían tomado habitaciones opuestas en el mismo piso y próximas al ascensor. Ambos dejaban sus puertas entreabiertas durante la noche, desde donde podían monitorear las idas y venidas de todos los atletas cubanos alojados en ese piso.

Para complicar aún más su situación, el hotel no ofrecía acceso a una puerta de salida trasera. Para poder entrar o salir del recinto después de las once de la noche, los huéspedes se veían obligados a timbrar al conserje para que le abriese la puerta, la cual mantenían cerrada con llave. Resultaría imposible salir o entrar del edificio en medio de la noche sin que alguien se diese por enterado. Lince pensó en tratar de huir a través de la ventana del baño de su habitación, pero el orificio era angosto y daba a un precipicio insalvable de cuatro pisos de altura.

El hecho de que el embajador Nuñez Jiménez fue el que ordenó el cambio de hoteles, Lince sospechó que más de un empleado del Alcázar podría estar en la nómina de la embajada de Cuba, y particularmente los que trabajaban en el turno nocturno. El Alcázar se había convertido en una cárcel virtual para los paracaidistas cubanos en el centro de Lima.

***

Los alaridos aterradores de una mujer hicieron que Lince se levantara de su mesa y saliera deprisa de la carpa donde servían el almuerzo a los deportistas. De reojo, observó a Jake Brake, uno de los miembros del equipo del Ejército de los EE. UU., reaccionando de igual forma y siguiéndole en los talones.

Una vez afuera, Lince notó una conmoción en el lugar donde las avionetas Cessna normalmente esperaban para el abordaje de los competidores. Observó que la hélice de una de las avionetas estaba en proceso de detenerse, y al piloto abrir la puerta y lanzarse hacia una joven que yacía postrada de rodillas debajo del ala. El piloto intentó sostener a la mujer por las axilas y levantarla, pero las piernas de la joven le flaquearon. Lince apuró el paso para ofrecer su ayuda, pero alguien lo tomó del brazo y lo instó a quedarse donde estaba.

—Los paramédicos ya estan en camino, le dijo el individuo.

Una segunda mirada a la avioneta le reveló a Lince una realidad espantosa. Justo debajo de la hélice yacía el brazo de la joven, amputado justamente debajo del hombro. Jake y Lince intercambiaron miradas incredulidad. Los deportistas permanecieron inmóviles en el lugar, observando a los paramédicos atar a la joven a una camilla y conducirla deprisa a un helicóptero Bell 47 que les esperaba con el motor en marcha. Uno de los paramédicos empacó el brazo amputado dentro de una bolsa con hielo seco y lo llevo corriendo al helicóptero, mientras los otros dos aseguraban la camilla al patín de aterrizaje. El médico de la competencia abordó la nave y tomó el asiento del pasajero mientras le brindaba atención a la mujer accidentada.

Los paramédicos retrocedieron y le dieron al piloto la señal que podía despegar. El Bell 47 procedió a elevarse lentamente del asfalto, inclinó su nariz y e inició su vuelo a alta velocidad en dirección a las montañas lejanas del norte de Lima.

Desde su punto de observación, Lince pudo ver al galeno inclinado precariamente con la mitad de su cuerpo fuera del helicóptero. Tenía garapada la arteria subclavia de la joven con sus dedos para detener el sangramiento y evitar que se retractara. Lince mantuvo los ojos clavados en el helicóptero hasta que la nave no fue más que un pequeño punto en el horizonte. Hizo una oración en silencio pidiéndole a Dios que la mujer llegara con vida al hospital.

—La chica es la novia del piloto de Cessna—les dijo un hombre con overol de mecánico que observaba la evacuación junto a ellos. —Al parecer, no vio el halo de la hélice del avión y se precipitó contra ella. Lo mismo le ocurrió a otra joven el año pasado, también en un viernes santo. Coincidentemente, esa chica estaba en el aeropuerto en la mañana de hoy.

—Qué terrible desgracia —dijo Jake.

A su llegada al aeródromo esa madrugada, Lince observó en efecto a una joven hermosa en el área de los espectadores y a la cual le faltaba un brazo. La coincidencia de que un accidente similar le había ocurrió a otra joven en un lapso de un año y en un viernes santo le hizo trepidar. Mas tarde en el día, Lince supo que la joven accidentada había sobrevivido, pero desafortunadamente los cirujanos no lograron reconectarle el brazo.

Lince se percató de que estaba a solas con Jake y comprobó que nadie de su delegación se encontraba en las cercanías. Había conocido a Jake en el campeonato mundial de Hungría el año anterior y decidió que era el momento oportuno para entablar una charla con el americano.

—¿Cómo van los saltos, Jake?

—Todo bien hasta el momento, gracias.

—Jake, ¿puedo pedirte un gran favor?

—Nick, por supuesto. ¿Qué se te ofrece?

—Tengo una hermana en Estados Unidos con quien no he hablado en varios años. El gobierno cubano nos ha prohibido comunicarnos con familiares y amigos que residen fuera de Cuba.

—Eso es lamentable. Lo siento de veras.

—Lo es. Si el régimen descubre que he hablado con ella por teléfono, o que le he enviado una misiva en secreto, me expulsarán del equipo de paracaidismo. La policía secreta lee toda la correspondencia que entra y sale de Cuba. — ¿Te sería molestia escribirle una breve nota cuando regreses a casa? No quiero que mi hermana viva pensando que no la quiero.

—Ninguna molestia. Estaré feliz de hacer eso por ti, Nick. — ¿Qué quieres que le diga exactamente?

—Algo breve, que la amo y también la razón por la que ya no puedo hablar con ella por teléfono cuando llama a nuestra casa en la Habana.

—Lo haré con mucho gusto. ¿Me puedes dar su dirección?

—Trataré de entregártela discretamente en los próximos días. Me puedo meter en un problema serio si me ven conversando contigo, o entregándote una nota.

—Entiendo. Te prometo que actuaré con cuidado.

—Algo más, Jake. ¿Te gustaría poseer un altímetro ruso? Traje conmigo uno de repuesto y quisiera intercambiarlo por un par de anteojos de salto.

Jake sonrió. —Nick, un altímetro cuesta demasiado. Te voy a regalar las gafas.

—Ni hablar. Los rusos nos enviaron un cajón lleno de altímetros y no nos cuestan nada. Me gustaría que lo aceptes como un suvenir.

—Gracias Nick. Pensaré en la mejor forma de entregarte las gafas sin meterte en problemas—rio Jake entre dientes.

Nick pensó en regresar a la carpa y terminar su almuerzo, pero el suceso infortunado que acababa de presenciar le hizo perder el apetito. De repente, observó algo con el rabillo del ojo que le propinó un golpe en el estómago. No lejos de la carpa y próxima a una de las avionetas se encontraba Yolanda, la agente del DSE infiltrada en su delegación. La mujer tenía el lente telescópico de su cámara Nikon de 35 mm enfocado directamente hacia él.

$$\ast\ast\ast$$

Al día siguiente, Lince estaba empacando su paracaídas cuando notó que uno de los Golden Knights se dirigía hacia él. Era el capitán Chuck Whittle, el líder del equipo del Ejército de los EE. UU. Chuck llevaba en su mano lo que parecía ser una pequeña funda de lona negra.

—Nick, me gustaría que probaras un nuevo sistema de despliegue que debe funcionar a pedir de boca con tu paracaídas UT-15 —le dijo el americano. Le llamamos el «D-Bag» y es una innovación que supera a la funda de despliegue convencional. La bolsa reduce el volumen de empaque y también permite una secuencia de apertura del paracaídas más gradual y suave que la original de fábrica. Yo la uso en mi paracaídas *Papillon* francés y te propongo instalarla en tu UT-15 para una prueba si no tienes inconvenientes.

—Claro que sí, me parece una idea genial. Pero primero necesito obtener permiso de mi jefe de delegación.

Lince no tuvo que esperar mucho tiempo. Bienvenido y Benítez habían observado a Chuck y Lince charlando en el área de empaque y ya marchaban a su encuentro. Dos paracaidistas del equipo nacional de Brasil también se habían detenido a observar lo que estaba ocurriendo, aparentemente intrigados por la conversación que sostenían un norteamericano y un cubano.

—Bienvenido, el capitán Whittle quiere que pruebe un nuevo dispositivo de despliegue en mi UT-15. Es el sistema moderno que ahora usan en sus paracaídas *Papillon*—le dijo Lince.

—Si crees que no hay riesgo en hacerlo, no me opongo —concedió Bienvenido.

—Creo que vale la pena probarlo.

Bajo diferentes circunstancias, el jefe de la delegación cubana nunca hubiese permitido a uno de sus deportistas saltar con un paracaídas modificado por un oficial del ejército de los EE. UU. Pero Bienvenido era un hombre con mucha clase y también un diplomático innato. El haber rechazado el gesto de buena voluntad del capitán Whittle hubiese sido una descortesía ante los ojos de los presentes en el evento, incluyendo a los brasileros Agildo Vieira y Caribe Monte Santos. Los brasileños continuaban observando el encuentro con un interés marcado.

—Chuck, mi jefe de equipo dice que está de acuerdo en que lo probemos—le dijo Lince.

—Estupendo. Esto solo me llevara unos minutos. En caso de que tengas dudas, soy un armero de paracaídas certificado por el ejército de los Estados Unidos.

El capitán de los Golden Knights desconectó rápidamente la funda de despliegue del paracaídas de Lince y lo reemplazó con la funda «D-Bag». Luego dobló el paracaídas dentro de la bolsa en forma de acordeón, insertó las cuerdas en los elásticos y cerró la mochila.

—Tu equipo ya está listo. Notaras a apertura más suave y gradual de la cúpula. Estoy ansioso en escuchar tu opinión despúes del salto.

Para entonces, Jake Brake también se había unido al grupo. Traía consigo un par de gafas de paracaidismo colgando de su mano derecha.

—Nick, veo que no usas gafas para los saltos en caída libre. Acepta este par como un regalo mío. Te garantizo que extenderá la visión al largo plazo.

—Gracias, Jake, pero realmente no era necesario. Lince miró a Bienvenido y se encogió de hombros. Jake no pudo haber jugado su papel de una forma más habilidosa.

Antes de dirigirse a la zona de abordaje, Lince entró momentáneamente a la carpa de su equipo. Rebuscó en su bolsa y rasgó una página de su cuaderno de salto. Puso el papel en el bolsillo y también un bolígrafo y su altímetro de repuesto. Aprovecharía ese vuelo para escribir la dirección de su hermana en USA y dársela a Jake más tarde. Su siguiente salto era de aterrizaje de precisión individual y ninguno de sus compañeros de equipo le acompañaría en el avión.

Lince abordó la avioneta Cessna con una mochila a la espalda que se asemejaba más a una funda de almohada con un abultamiento en el centro que a un paracaídas. El «D-Bag» de Chuck estaba diseñado para una mochila tres veces más pequeña que el de su UT-15 soviético. Sin embargo, el deportista confiaba plenamente en que la innovación funcionaría tal y como se lo había asegurado el norteamericano.

El capitán Whittle estuvo acertado sobre las propiedades del «D-Bag». El paracaídas de Lince se desplegó más gradualmente y con un golpe dinámico menor que con la funda de despliegue original. En ese salto, Lince anotó un aterrizaje perfecto en el centro de la diana. Si bien ese resultado no tenía nada que ver con el «D-Bag», la puntuación evitaría que los comunistas de línea dura dentro de delegación lo acusaran de haber fallado en un salto de competencia a causa de una modificación injustificada de su equipo de paracaídas.

Lince salió del pozo de aterrizaje y comprobó que nadie le observaba. Inclinado sobre el pasto, se dio a la tarea de desmontar la pequeña bolsa de despliegue de Chuck Whittle y colocó en su interior el papel con la dirección de su hermana y el altímetro que le había prometido a Jake.

Lince tenía sospechas que el capitán Whittle había fabricado el episodio del «D-Bag» como un pretexto para establecer contacto con él. Jake probablemente le había mencionado la conversación que tuvo con Lince y su petición de que hiciera contacto con su hermana en Estados Unidos.

Por un instante, Lince pensó en escribirle una nota al capitán Whittle y decirle que estaba buscando la forma de huir del Perú, pero decidió no hacerlo. Sería prácticamente imposible que el capitán de los Golden Knights pudiese ayudarlo a salir del Perú. En realidad, ese mensaje podría empeorar las cosas si alguien cometía una indiscreción. Luego del encuentro altamente visible con los norteamericanos, no tenía dudas que los agentes de DSE redoblarían la vigilancia sobre su persona. Irónicamente, el episodio del «D-Bag» había reducido sus posibilidades de escaparse en Perú a cero.

Lince dejó su equipo de paracaídas en el área de empaque y se dirigió directamente a la carpa de los EE. UU. para devolverle el «D-Bag» al capitán Whittle. Llevaba la bolsa doblada en dos para evitar que la nota con la dirección de su hermana y el altímetro cayesen al césped por accidente.

—Gracias, Chuck. Esta bolsa es indudablemente un gran adelanto técnico sobre la funda original. Ahora necesitamos convencer a los rusos de que nos construyan una mochila de paracaídas más pequeña.

—Es un placer para mí, Nick. —Esperemos que el *camarada Boris* así lo entienda y modifique el diseño anticuado de la mochila del UT-15.

Cuando los Panamericanos llegaron a su fin, el equipo cubano subió al podio para recibir la medalla de plata en el evento de precisión por equipo. La batalla había sido reñida y Cuba terminó con un insignificante margen de puntos detrás de los Golden Knights. Era la primera medalla ganada por Cuba en un evento internacional de paracaidismo.

Sin embargo, la victoria en Perú pronto se vería estigmatizada por un sinnúmero intrigas políticas y acusaciones personales que condujeron a la primera purga masiva el club de paracaidismo deportivo cubano.

***

Incluso los seguidores más devotos de Castro podían convertirse, de la noche a la mañana, en víctimas de la ira explosiva del déspota. Solo era necesario cometer un pequeño error, o desviarse un ápice de las reglas establecidas por el partido comunista para caer en desgracia total con el régimen. Castro era oportunista consumado quien jamás desperdiciaba el menor de los traspiés para dar un ejemplo y mantener vivo el estado del terror. La perpetuación del miedo a las represalias se había convertido en un elemento vital e inescapable del macabro juego político de los hermanos de Birán – el lugar de nacimiento de los Castro.

Lince resulto ser el primer "sacrificado" en la purga selectiva que tuvo lugar al regreso de los deportistas del Perú. El DSE demoró cuatro semanas en recopilar y procesar toda la información entregada por Yolanda, Benítez y también Israel, otro espía que había sido "añadido" a la delegación y cuya pasión por chivatear a sus compatriotas era conocida por todos. Tucán, mientras tanto, bautizó el embrollo del Perú con el nombre de «*Perugate*», una sátira refiriéndose al escándalo del presidente Richard Nixon en *Watergate* y al cual la prensa comunista en Cuba le había dado una gran publicidad.

Mientras que las represalias a tomar por el «*Perugate*» eran deliberadas a puertas cerradas, el régimen hizo todo lo posible en sacarle partido a las medallas de plata ganadas por los cubanos con fines propagandísticos. La actuación del equipo en Perú fue celebrada en varios artículos de periódicos y revistas, comparecencias televisadas y finalmente en el desfile en celebración del primero de mayo, donde los paracaidistas marcharon con sus medallas de plata frente a la tribuna donde se encontraba Fidel Castro.

Una vez consumada la charada, el régimen ordenó a los deportistas que entregaran sus medallas para exhibirlas de forma permanente en la sede del club de aviación. Al igual que los logros alcanzados por atletas cubanos en otros eventos internacionales, Fidel Castro había manipulado la victoria del equipo de paracaidismo en Perú para sus fines políticos y aún más, secuestrado las medallas ganadas por los atletas en esa competencia.

Capítulo 19

Mantén tu cara siempre hacia el sol y las sombras caerán detrás de ti.

—*Walt Whitman*

El 20 de mayo de 1975, Lince fue llamado a una reunión en la oficina del comisario político de turno en Cayo la Rosa. Nadie en la zona de salto tenía la menor idea de donde había salido ese comisario, solo que el individuo no conocía absolutamente nada sobre el deporte del paracaidismo. El tipejo traía arrastrando el apodo de Maracas, quizás porque tenía el cuerpo excesivamente abultado en la región abdominal lo cual le daba la apariencia de un trompo.

Como de costumbre, el cargo de comisario le había sido otorgado a Maracas exclusivamente por su devoción al partido comunista. Era típico del régimen mover a sus seguidores más aspaventosos de un lugar a otro para garantizar los controles más estrictos y evitar que se creasen relaciones interpersonales que atentaran contra la integridad del régimen. Armado con una personalidad mezquina y arrogante, aparte de tener la tez grasienta y un físico menguado, Maracas no cultivó ninguna amistad durante su breve permanencia en Cayo la Rosa. Solo en virtud de su posición dentro del partido comunista fue que el régimen lo envió al evento en Perú, evidentemente como un par de ojos más para reforzar la vigilancia sobre los paracaidistas.

Lo primero que notó Lince encima del escritorio de la oficina del comisario fue una ampliación de una foto suya junto a Jake Brake. A juzgar por el ángulo de la foto, tuvo que ser la instantánea que Yolanda tomó en Collique junto a la carpa usando el lente telescópico de la cámara Nikon.

— ¿De qué estabas hablando con el americano? —le preguntó Maracas.

—Estábamos hablando del accidente en el que la joven perdió el brazo, nada más.

— ¿Sólo sobre el accidente?

— Sí, eso fue todo.

— Queremos saber la razón por la cual el capitán del equipo de los Estados Unidos se te acercó al día siguiente para pedirte que probaras una funda de paracaídas experimental. — ¿Fue eso también una coincidencia?

—No le pedí nada a los americanos. Ellos se me acercaron a mí por su propia iniciativa.

—Y al permitir esa modificación corriste el riesgo de tener una emergencia durante la competencia y así quedar descalificado por ese salto.

—Usted estaba en Collique aquel día. Bienvenido aprobó el salto con el «D-Bag» y todos los presentes coincidieron en que no corríamos riesgo alguno. Los norteamericanos han estado usando esas mismas fundas en sus paracaídas durante mucho tiempo y sin ningún problema.

—También existía la posibilidad de que te descalificaran del evento y al final el perjudicado hubiera sido el equipo de Cuba.

—No es cierto. —¿Alguna vez se tomó el tiempo para leer las reglas de la competencia? El malfuncionamiento de un paracaídas nunca descalifica a un paracaidista en estos eventos. En el caso que eso hubiera sucedido, los jueces me habrían permitido repetir el salto. Además, tengo suficiente conocimiento de los equipos de paracaidismo para saber que la modificación iba a funcionar tal y como se demostró. Sería mejor para todos aquí que usted se tome el tiempo en aprender algunos fundamentos del paracaidismo.

—Si le hubieras dicho que no al yanqui desde el principio, Bienvenido jamás hubiese sido puesto en una posición incómoda.

—Maracas, no sé porque ustedes hablan todo el tiempo de «convivencia pacífica» cuando nunca practican lo que predican. El norteamericano sólo quiso mostrarnos un nuevo sistema que podría resultarnos de gran utilidad algún día.

—Desafortunadamente para ti, tanto la seguridad del estado como el partido comunista lo ve de un modo diferente. Chuck Whittle es un oficial en el ejército de los Estados Unidos y por lo tanto un enemigo de la revolución cubana. Además, nadie te autorizó para asociarte con los norteamericanos en forma alguna.

Con un sarcasmo plasmado en su rostro apático, Maracas procedió a leer en voz alta una carta del partido comunista en la cual condenaban el comportamiento de Lince en el Perú. El Partido lo acusaba de "debilidad ideológica" y de haber actuado en contra de los principios de la revolución en un país extranjero. El documento añadía que, al aceptar una interacción con los norteamericanos, el paracaidista se había entrometido en asuntos de política sin la aprobación del gobierno cubano.

De no ser por lo delicada de su situación, Lince se hubiese echado a reír ante lo insólita de tal acusación. Pero el problema era muy serio. Comprendido en ese instante que el régimen estaba tratando de justificar su expulsión permanente del paracaidismo.

El tipejo puso sus pies encima del escritorio e hizo una pausa larga y deliberada antes de propinarle la estocada final.

—El partido te ha suspendido de todas las actividades deportivas en Cuba de forma indefinida. El gobierno revolucionario te considera inepto para representar a Cuba en eventos internacionales. Tu carrera en el paracaidismo ha terminado para siempre. Recoge tus pertenecías, devuelve todos los equipos que te fueron asignados y abandona de inmediato la zona de saltos.

—Maracas, y tú te puedes ir al carajo—le flageló Lince mientras abandonaba de la oficina.

Cinco años después de infiltrarse con éxito uno de los deportes más elitistas en Cuba, Lince había caído en desgracia con el régimen. Ahora, ni siquiera su amigo Bienvenido se atrevería a ayudarle. A los pocos días de su expulsión, el régimen también impuso sanciones disciplinarias a otros cuatro miembros de la delegación cubana al Perú, incluyendo al propio Maracas. Las acusaciones contra los hombres fluctuaban desde tener relaciones sexuales con mujeres peruanas durante el evento hasta haber aceptado dinero y regalos de las citadas mujeres.

Poco tiempo después, tres de los compañeros de equipo de Lince, todos ellos miembros del partido comunista, fueron llamados al servicio de reserva activo para participar en la invasión mercenaria en Angola. Esa misma semana, Maracas fue destituido de su cargo y privado de sus privilegios en el partido comunista. Se rumoró que fue enviado a trabajar estibando sacos de pesticidas en una base remota de la aviación agrícola en la isla de Pinos.

***

—Nick, ayer recibí un memorando de la administración de la universidad. Dice que tu posición fue eliminada debido a reducciones presupuestarias — le dijo Roberto, su jefe en el departamento de traducciones. —Pero entre tú y yo, dudo que hubo tales reducciones.

—Roberto, eso no me sorprende en lo absoluto. Tuve problemas en el club de paracaidismo.

—El memorando dice que debes presentarte en las oficinas del departamento del trabajo el lunes próximo. Si no lo haces, correrás el riesgo de ser acusado de vago habitual y puedes terminar en la cárcel. Como sabes, las nuevas leyes laborales establecen que todas las personas hábiles deben estar matriculadas en una escuela, o mantener un empleo remunerado. Lo siento, Nick. Tú le prestaste una valiosa ayuda a nuestro departamento y te echaremos de menos.

Un día después de ser eliminado del deporte, la policía secreta también había ordenado su expulsión de la universidad. El régimen había decidido hacer un ejemplo del miembro deshonrado del equipo nacional de paracaidismo e intentaría cualquier estrategia para tratar de quebrantar su espíritu. Si no se presentaba en las oficinas laborales de inmediato, sería penalizado por la "ley contra la vagancia".

Después de una larga espera en una oficina del ministerio del trabajo, Lince fue llamado a una ventanilla donde una mujer con aspecto anímico le dio la mala noticia.

—Tenemos muy pocas plazas vacantes, compañero. En realidad, sólo tengo dos trabajos para ofrecerle hoy. El primero es como cazador de cocodrilos en la ciénaga de Zapata. El otro es como obrero agrícola en una plantación de arroz cerca de San Antonio.

El deportista no tardó una fracción de segundo para tomar su decisión. Había escuchado relatos innumerables acerca de cazadores de cocodrilos que deambulaban sin manos, brazos o piernas por los pantanos infestados de mosquitos en la ciénaga de Zapata.

—Apúnteme como obrero agrícola—fue su respuesta tajante.

La mujer le tomo los datos personales y le entregó una nota para presentarla en su nuevo centro de trabajo.

—Debes presentarte en la granja de arroz de Niña Bonita mañana a las siete de la mañana. El sueldo es setenta pesos por mes.

Nick llegó a la estación experimental del arroz de Niña Bonita al día siguiente poco después del amanecer. Las instalaciones estaban ubicadas en el extremo suroeste de un tramo recto de ocho kilómetros en la carretera entre La Habana y San Antonio de los Baños. Ese tramo de la carretera tenía ocho carriles y se encontraba próximo a la base secreta soviética de Lourdes. Muy pocos en la isla habían oído hablar de la base de inteligencia de señales y aquellos que tenían conocimiento de su existencia no se atrevían a hablar de ella.

Por otra parte, la autopista de ocho vías hacia la vez de pista de aviación militar varias veces al año, cuando era utilizada por aviones de combate MIG durante maniobras aéreas. En una ocasión, un comentarista de la Voz de las Américas señaló que esa pista estaba vinculada directamente a las operaciones de la base secreta soviética en la localidad de Lourdes.

Esa noticia no le sorprendió a Lince. La zona de Lourdes y Torrens era el lugar donde los soviéticos habían desplegado una brigada blindada «*Spetznaz*» a raíz de la crisis de octubre en los años sesenta. Se rumoreaba que la brigada blindada aún se mantenía en la isla para ayudar a Castro a repeler una invasión extranjera, o para sofocar un levantamiento interno. La pista también podría ser utilizada por los soviéticos para el aterrizaje y despegue de aviones de transporte con largo alcance y evacuar la base ante un posible colapso del régimen castrista.

Coincidentemente, esa era la misma carretera que Michael Quinn y él se habían tropezado por accidente cuatro años antes mientras buscaban otra vía de acceso al río Ariguanabo.

Durante su primer día como obrero en los arrozales, Lince escuchó el sonido de un avión en la distancia. Dejó caer el azadón y se protegió sus ojos del sol con la palma de sus manos tratando de explorar el cielo carente de nubes. No tardó en divisar un avión biplano AN-2 volando en círculos a varias millas al oeste de donde se encontraba. Segundos después, observó varios paracaídas como puntos diminutos abriéndose a varios cientos de metros debajo de donde volaba el avión. Fue entonces que cayó en la cuenta de que la estación agrícola estaba situada a apenas varios kilómetros de la zona de paracaidismo de Cayo la Rosa.

—Los paracaidistas son una gran diversión para nosotros—le dijo un hombre que se encontraba cerca de él haciendo anotaciones en una libreta. —A propósito, me llamo Álvaro. Soy uno de los ingenieros que trabaja aquí.

—Es un placer conocerte, Álvaro. Me llamo Nick, pero mis amigos me conocen por el apodo de Lince.

—No tienes aspecto de obrero agrícola, Lince.

—En realidad, esta es la primera vez que hago este tipo de trabajo. Hasta la semana pasada yo era uno de esos que les causan diversión bajo sus paracaídas. Pero algunos «inteligentes» decidieron que mis talentos deben ser mejor utilizados anegando y desyerbando los arrozales en Niña Bonita.

Álvaro río entre dientes.

—Lo siento, Lince. No quise burlarme de ti, pero tu observación me resultó cómica. No eres el único atleta enviado a trabajar como obrero en este centro. Pronto te tropezaras con un tipo alto y delgado llamado Gainza—un ex miembro del equipo nacional del baloncesto. — ¿Qué trabajo hacías aparte del paracaidismo?

—Era traductor de textos académicos en ingles en la universidad de la Habana.

—Muy interesante. Aquí nos llegan innumerables de libros y compendios sobre la genética del arroz en inglés que son vitales para nuestras investigaciones. Pero la mayoría de los ingenieros y técnicos no leemos inglés y tampoco tenemos un traductor. Si estás de acuerdo, hablaré hoy mismo con el administrador de la estación y le pediré que te ofrezca un empleo como traductor.

—Te agradezco la ayuda, Álvaro.

Tres días después de su conversación con Álvaro, Lince se encontró con un nuevo trabajo esperándole en la estación experimental del arroz. El administrador del centro le había habilitado una oficina con aire acondicionado, un escritorio con dos sillas, un archivo, una máquina de escribir eléctrica y un diccionario de términos técnicos. Halló sobre el escritorio dos pilas de abstractos y compendios científicos relacionados con la genética del arroz para ser traducidos con prioridad. Lince leyó en los títulos que los documentos habían sido publicados por el IRRI, instituto internacional para las investigaciones del arroz de la fundación Rockefeller en Filipinas. También le habían dado un aumento. Su nuevo salario seria de doscientos pesos al mes.

Álvaro le presento a varios de los ingenieros y técnicos que trabajaban en la estación y quienes le ofrecieron ayuda para familiarizarse con la terminología de la genética del arroz. Lince le agradeció a la providencia por haber puesto a Álvaro en su camino y salvarlo de haberse achicharrado bajo el sol inclemente de los arrozales tropicales.

***

Cuando la Unión Soviética envió a un científico a Cuba para llevar a cabo estudios de genética del arroz, Lince fue comisionado para hacer función de su intérprete y asistente personal. El doctor en ciencias Sergei Samarov hablaba un inglés perfecto, pero no entendía ni una sola palabra del idioma castellano.

Parte de sus nuevas responsabilidades era asistir al ruso durante sus viajes frecuentes a las regiones remotas de la isla. Durante esos viajes, Sergei se daba a la tarea de identificar y recolectar semillas de plantas de arroz silvestre que crecían en los valles, prados y las riberas. De regreso al laboratorio, Samarov sometía las muestras a experimentos genéticos con el fin de desarrollar variedades de arroz de alto rendimiento, alto contenido proteico y resistentes a insectos y enfermedades locales.

Durante esos viajes, Lince y Sergei se alojaron con frecuencia en hoteles lujosos y albergues exóticos reservados exclusivamente para turistas y técnicos extranjeros que trabajaban en Cuba. La opulencia y la superabundancia que el régimen ocultaba de la vista del pueblo eran evidencia de la segregación sistemática a la que estaban sometidos los cubanos en su propia patria.

—La vida es maravillosa en Cuba—le decía Samarov a Lince con frecuencia. En la Unión Soviética no gozamos de estos lujos.

Lince le dedicó una gran parte de su tiempo libre a la lectura, a escuchar música, y a hacer ejercicios para mantenerse en forma. Había desarrollado una rutina que le ayudaría a sobrellevar los meses alejados del paracaidismo y también mantener su sanidad mental. Un amigo del club deportivo le llevó un arnés de paracaídas el cual Lince colgó de una rama de árbol en el patio trasero. Luego de correr las dos millas de rutina por el vecindario, el deportista se ataba al arnés para practicar las maniobras acrobáticas en caída libre. Quería mantener la técnica en previsión de que algún día le permitieran saltar de nuevo, para lo cual el arnés se había convertido en su mejor instrumento de entrenamiento. Su sueño de usar el paracaidismo para escaparse de Cuba aún continuaba ardiente en su alma. Durante todos esos meses se mantuvo optimista y vio su castigo simplemente como un revés temporal. Confiaba en que sus anhelos de ser libre se harían realidad al fin de esa larga y penosa separación del deporte.

Capítulo 20

De las dificultades nacen los milagros.

—Jean de la Bruyere

Fidel y Raúl Castro habían prohibido la circulación en Cuba de todo material impreso publicado en el mundo libre que no fuera de carácter académico, o que no tuviera un contenido político identificado con la doctrina comunista. Sin embargo, un gran número de títulos ilícitos aparecieron regularmente dentro de la isla prisión a través de los años Los libros eran envueltos en papel común para ocultar la portada y pasaban de un lector a otro entre un grupo muy selecto de amigos. Con una escasez creciente de entretenimiento en Cuba, la lectura se había convertido en uno de los pasatiempos favoritos para muchos en la isla.

Lince tenía un antiguo compañero de escuela que viajaba frecuentemente al extranjero en función de correo diplomático para el ministerio de relaciones exteriores. Cuando Abel del Valle regresaba de sus largos viajes, el hombre traía consigo varias maletas repletas de blue jeans, cigarrillos americanos, goma de mascar, whisky escocés y los últimos álbumes de música rock, todo lo cual era altamente codiciado en la isla. Abel, quien era además un lector inveterado, había contrabandeado decenas de libros a la isla los que pasaban de un lector a otro dentro de la red de sus amigos más cercanos

Abel le regaló a Lince un libro titulado *Papillon*, la historia de un hombre inocente condenado a prisión perpetua en la colonia penal de la Isla del Diablo en la Guyana Francesa. Después de muchos años de sufrimientos y varios intentos de huir de su encarcelamiento, Papillon finalmente logró recuperar su libertad.

Papillon se convirtió en una inspiración permanente para Lince, la cual lo motivó a consolidar su determinación de regresar al equipo nacional de paracaidismo y eventualmente escaparse de la isla. Si Papillon había logrado huir de su cautiverio a pesar de los enormes obstáculos que encontró en su camino, también lo haría él.

Once meses desde el día que hizo su último salto en Perú, Lince pensó que era hora de poner una llamada telefónica a su viejo amigo Bienvenido y pedirle una amnistía. Bienvenido aceptó reunirse con él la noche siguiente.

La casa de estilo colonial se encontraba en penumbras menos por una bombilla incandescente que ardía en una lámpara sobre el escritorio en la oficina de Bienvenido. Lince encontró a su amigo sentado tras el buró, algo más viejo y cansado que la última vez que lo vio. Notó la presencia de otro individuo en la oficina cuyo rostro se encontraba oscurecido por las sombras. Le tomó a Lince varios segundos para reconocer a Tony Angulo, el enigmático oficial de la policía secreta. Lince estrechó las manos de ambos hombres.

—Ha pasado algún tiempo desde la última vez que nos vimos, Nick — ¿Cómo estás? —le preguntó Bienvenido.

Lince se encogió de hombros. —*Comme ci, comme ca.* No me causó gracia la desaceleración súbita de ciento veinte millas por hora a cero.

Bienvenido se sonrió y le instó al paracaidista a que tomara asiento junto al oficial del DSE.

—Entiendo que te gustaría volver a saltar.

—Así es. Creo que ya he pagado bastante por mis errores.

—Hoy día tuve una larga conversación con el administrador de la arrocera donde trabajas. El compañero habló muy bien de la labor que has realizado allí.

—Me ha ido bien como traductor y aprendí mucho de genética con el científico ruso. Ha sido una experiencia muy interesante.

—Tengo buenas noticias para ti. El partido ha decidido levantar tu sanción para que puedas regresar al deporte. Pero primero debes disculparte públicamente frente a tus compañeros de equipo por tu mal comportamiento en el Perú.

Lince asintió. —No puedo negarme a eso.

—Tengo que dejar algo bien claro—intervino Angulo. —Aunque volverás a saltar en paracaídas, no podrás participar en selección nacional ni tampoco viajar al extranjero. Esas son nuestras condiciones para tu reintegración.

—Estoy de acuerdo, teniente. Será un privilegio para mí poder reintegrarme al paracaidismo. Quiero usar mi experiencia para ayudar a otros a superarse en el deporte.

La declaración de Angulo no le causó sorpresa. Sabía que el DSE no le permitiría borrar sus «errores» tan fácilmente.

El deportista regresó al club de aviación al día siguiente para disculparse públicamente ante sus compañeros. En sus palabras de introducción, Bienvenido señaló que Lince podría volver a saltar en paracaídas gracias a su buen comportamiento durante el periodo de suspensión. También elogió los talentos del deportista y añadió que tenerlo de vuelta sería de gran beneficio para todos.

Cuando llegó su turno para hablar, Lince se disculpó ante sus compañeros fingiendo un sentimiento de arrepentimiento profundo. Sus amigos le dieron las gracias por la brevedad de su disertación y acto seguido lo convidaron a celebrar con cervezas en el bar del Hotel Colina.

$$***$$

En el verano de 1976, Bienvenido presentó su renuncia como director del club de aviación para asumir su nuevo cargo en el ministerio de relaciones exteriores. Los largos meses recibiendo cursos nocturnos en recopilación de inteligencia, formación de núcleos clandestinos, reclutamiento de espías, tácticas de insurgencia urbana y preparación en el arte de la diplomacia internacional habían rendido sus frutos. Su viejo mentor, el comandante Manuel «Barbaroja» Piñeiro, finalmente lo había promovido al piso superior del Departamento Américas. Semanas después, Bienvenido García Negrín comenzaría a llevar a cabo misiones de inteligencia fuera de Cuba actuando como un diplomático de carrera fidedigno.

Bienvenido fue reemplazado en la dirección del club de aviación por un hombre llamado Luciano quién fungía como jefe del partido comunista en Cayo la Rosa. Luciano era un individuo lánguido y escurridizo quien otora había sido piloto de la aviación agrícola. Con su viejo amigo y mentor fuera del escenario del club de aviación, Lince dudaba que le permitieran formar de nuevo parte de la selección nacional. A finales del año 1976, Luciano anunció que Cuba enviaría un equipo de paracaidistas a un encuentro amistoso en Checoslovaquia. Tal y como Lince lo había presentido, su nombre no apareció en la lista de los que conformarían el equipo, evidencia de que el DSE se mantenía aferrado a no dejarlo salir del país. Tres de sus antiguos compañeros del equipo nacional tampoco conformaron la selección ese año, pero por una razón muy diferente.

Kymbe, Guerra y Urbano aún se encontraban destacados con las tropas mercenarias cubanas en la guerra civil en Angola y Mozambique.

Pocos días después de la partida del equipo hacia la competencia en Checoslovaquia, Lince recibió una llamada telefónica de Néstor Aponte, el nuevo jefe instructor del club de paracaidistas.

—Lince, acaban de llegar aquí dos canadienses, pero no sabemos lo que quieren. Aquí nadie entiende una palabra de inglés— ¿Podrías hablar con ellos?

Aponte le pasó el auricular a uno de los visitantes. El canadiense se presentó a Lince como Gabriel, un paracaidista de la Columbia Británica. El canadiense había llegado a la Habana en compañía de un amigo en un vuelo desde Toronto. Ambos hombres habían traído con ellos sus equipos de paracaídas y ansiaban a que se les permitiese hacer saltos en la isla. Aponte regresó a la línea.

—Quieren saltar con nosotros —le dijo Lince.

—Diles que regresen aquí mañana a las ocho en punto y que no se olviden sus licencias y sus cuadernos de saltos. Te espero a ti también.

Los dos jóvenes que Lince encontró sentados en los escalones del club de aviación parecían haberse escapado de una foto que él había visto años atrás en las páginas de Life Magazine— una multitud de jóvenes *hippies* durante el famoso concierto de rock en *Woodstock,* New York. Ambos lucían una cabellera larga que les llegaba a los hombros y vestían camisetas ajustadas alegóricas al paracaidismo, blue jeans de campana descoloridos y sandalias de playa. Gabriel y Derek le dijeron de haberse enterado de la existencia del club de paracaidismo en Cuba a través de Oreste Chemello, otro canadiense quien había competido contra los cubanos en el año 1974.

—Recuerdo muy bien a Oreste en el mundial de Hungría. Era un tipo simpático que saltaba con un paracaídas Para-Plane rojo y blanco.

—Ese mismo —dijo Derek.

Aponte se apareció de repente a la puerta del club con una sonrisa en su rostro.

—Salimos para San Nicolás en breve. Diles a los canadienses que sus saltos serán gratuitos por cortesía del club de aviación.

Antes de salir para San Nicolas, Aponte le pidió a Lince que lo acompañara a su oficina. En privado, Aponte le asignó una misión inesperada.

—El teniente Angulo quiere que pases la mayor cantidad de tiempo posible con los canadienses. El DSE quiere conocer la mayor cantidad de detalles sobre esos hombres.

—Desde luego. Te lo haré saber de inmediato si detecto algo fuera de lo común.

Irónicamente, la misma agencia policíaca que le tenía prohibido viajar fuera del país ahora le pedía que espiara a los turistas canadienses. Lince se sonrió. Sin saberlo, Angulo acababa de ofrecerle una oportunidad para enviarle un mensaje secreto a su hermana en Estados Unidos.

En esa mañana, las condiciones meteorológicas en San Nicolás no fueron las más favorables para los saltos en paracaídas. Desde tempano, una capa de nubes bajas había comenzado a avanzar sobre el campo de aviación con rachas de viento entre quince y dieciocho nudos. Aún así, Gabriel, Derek y Lince decidieron abordar el avión AN-2 para realizar un salto desde diez mil pies de altura. Las condiciones del tiempo empeoraron después del primer salto, forzando a los paracaidistas a cancelar la actividad durante ese día.

De regreso a la Habana, Lince invitó a Gabriel y Derek a una cena en su casa. Su madre, quien se mostró fascinada de tener invitados de Canadá, les preparó un menú típico de Cuba que incluyó pollo asado al horno, frijoles negros y arroz blanco. Después de la cena, Lince les pidió a sus invitados que le acompañaran a beber unos tragos en el patio trasero de la residencia. Era el único lugar donde Lince confiaba en poder hablar libremente y sin temor a ser escuchado.

—Gracias por el salto de hoy y por la cena tan deliciosa. Tu madre es una cocinera excelente —dijo Gabriel.

—Fue un placer. Lástima que las condiciones del tiempo no cooperaron con nosotros.

—Tu padre mencionó durante la cena que tienes una hermana viviendo en Estados Unidos— ¿Cuándo salió de Cuba? —preguntó Derek.

— En 1967. Ya han pasado casi diez años desde aquel día. Una vez que me inscribí en el club de paracaidismo, se me hizo imposible escribirle o hablar con ella por teléfono. De hacerlo, me hubieran expulsado del deporte para siempre. El régimen nos tiene prohibido todo tipo de contacto con familiares y amigos que viven fuera de la isla.

— ¿Quieres decir que no has podido comunicarte con tu hermana todos estos años?

—Sólo esporádicamente. La última vez que lo hice fue durante los juegos panamericanos en Perú el año pasado. Me las arreglé para enviarle un mensaje secreto a través de Jake Brake, un miembro de los Golden Knights. Pero mi breve conversación con Jake no pasó desapercibida. Uno de los agentes de la inteligencia cubana que acompañaba el equipo me descubrió hablando con Jake y nos tomó una foto desde lejos. Esa evidencia me ocasionó un montón de problemas a mi regreso a la isla.

—He escuchado hablar de Jake. ¿No les permitían hablar con paracaidistas de otros países durante las competencias?, preguntó Gabriel.

—No, a no ser que estuviéramos acompañados por otro miembro de nuestro equipo. Pero mis problemas no cesaron ahí. Al día siguiente de mi conversación con Jake, el capitán de los Golden Knights se me acercó con una propuesta inusitada. Quería que probara una nueva bolsa de despliegue en mi paracaídas UT-15.

—¿Y tú lo hiciste?

—Por supuesto, quién se hubiera negado. Pero esa fue la gota que colmó el vaso. A nuestro regreso del Perú, el régimen me suspendió del deporte por todo un año. Sólo fue hace poco que logré que me permitieran saltar de nuevo. Sin embargo, aún me tienen prohibido viajar fuera del país.

—Nick, si quieres puedo enviarle una carta a tu hermana desde el Canadá. Puedo esconderla dentro de mi paracaídas. Nadie la encontrará allí— le dijo Derek.

—Gracias, Derek. Le escribiré una nota esta noche antes de que ustedes se marchen. A propósito, ¿están interesados en saber lo que realmente está sucediendo en este país?

—Absolutamente.

—A Castro no le conviene que los visitantes extranjeros conozcan la realidad de lo que sucede en Cuba. Mientras que la gente en la calle nunca lo admitirá por el gran temor que tienen, a todos aquí nos han convertido en esclavos del régimen. Hoy estoy convencido que muchos cubanos han estado padeciendo de un caso masivo del síndrome de Estocolmo, o algo muy similar. Existe un fanatismo ciego que hace que la gente caiga en un trance hipnótico y actúen como si fuesen robots.

—Esa es una observación muy interesante—dijo Gabriel. —La mayoría de lo que escuchamos en Canadá sobre Cuba es positivo. Nuestros medios de comunicación se la pasan elogiando los grandes avances sociales en la isla, la medicina gratuita y el sistema de educación.

—Gabriel, Castro es un artífice para hacerle creer al mundo que Cuba es un paraíso social. La realidad aquí es muy diferente. Nada es gratis. Los cubanos pagan por todo eso trabajando muchas horas extra y recibiendo magros salarios por su labor. Todos estamos obligados a trabajar para el estado por un salario fijo. Los incentivos no existen, al menos no oficialmente.

—A los que viven fuera de Cuba le han hecho creer que la educación aquí es gratuita y que es accesible para todos—continuó Nick. Los estudios son gratuitos solo en el sentido de que no se les pasa una cuenta a los estudiantes, pero el estado se lo cobra tarde o temprano de muchas otras formas. Para empezar, para ser aceptado en la universidad los candidatos deben poseer un historial de afiliación con las organizaciones comunistas. Luego de recibir un título de una universidad, los salarios promedio continuarán siendo muy bajos, incluso comparados con los devengados en los países más pobres del tercer mundo. Por ejemplo, un médico o un ingeniero aquí sólo llevan a casa alrededor de trescientos pesos al mes, lo que significa que pagarán por su educación por el resto de sus vidas. Ese préstamo «fantasma» nunca podrá será cancelado simplemente porque no está documentado.

—Ahora lo entiendo—dijo Gabriel.

—La atención de la salud, por otro lado, es un elemento vital del régimen para mantener a los obreros y campesinos saludables y al país en marcha. Pero esa es otra burbuja que la economía fallida nunca podría sostener. La atención de la salud y todo lo demás aquí, es subsidiada por la Unión Soviética como una forma de pago para mantener una base militar a noventa millas de los Estados Unidos, y una también un trampolín para la penetración marxista en América Latina.

—Gracias por tu sinceridad—hasta hoy nadie aquí se ha expresado abiertamente con nosotros.

—La mayoría de la gente en Cuba no se atreve a hablarle a los turistas extranjeros con franqueza por temor a posibles represalias. Muchos turistas que viajan a la isla simpatizan con el régimen por simple ignorancia, o porque tienen un idealismo político preconcebido. La mayoría sólo llegan a conocer el lado brillante de Cuba—los hoteles de lujo, las playas, los restaurantes elegantes y las bellas señoritas. Por esa razón nadie aquí se atreve a hablarles de política.

Lince hizo una pausa momentánea, como tratando de detectar la presencia de un espía en las sombras del patio.

—El régimen manipula cada uno de los movimientos en nuestras vidas—continuó. Controlan qué y cuánto podemos comer, qué se puede comprar y qué debemos decir y hacer— no existe libertad de expresión. No nos permiten emigrar o visitar otro país a voluntad. Incluso cuando viajamos a otra ciudad dentro de Cuba, estamos obligados a notificarlo a la policía local y hacerles saber dónde estamos alojados, así como el motivo y la duración de nuestra visita. Nuestra conversación esta noche es totalmente contra la ley. Si la policía secreta lo llegase a saber, me acusarían de traición y sería enviado a la cárcel.

—Supongo que damos nuestras libertades por sentado en el Canadá, Nick—Apreciamos tu candidez. Debe ser muy difícil vivir bajo esa opresión—dijo Derek.

—Derek, he estado tratando de escaparme de este maldito país desde que era un adolescente. Me inscribí en el paracaidismo con la esperanza de llevarme un avión a los Estados Unidos. Cuando esa idea resultó ser improbable, pensé en como fugarme durante una competencia en el extranjero. Pero esos planes no me dieron resultado en Hungría ni en Perú, y fueron hechos pedazos después de mi separación del equipo nacional.

—¿Crees que hay posibilidades de que te permitan viajar de nuevo?

—Eso no lo puedo saber con certeza, pero es mi única esperanza. Se rumora que Cuba enviará un equipo a los juegos panamericanos en México en noviembre del próximo año. Si ocurre un milagro y me permiten reintegrarme al equipo nacional, pueden apostar lo que quieran a que no regresaré a esta isla. Al menos no con vida.

—Es posible que estén muy vigilados en México.

—Siempre sucede así, y en México será mucho peor. Pienso que me seria de gran ayuda si alguien afuera del país supiera que soy hijo de un ciudadano estadounidense, y que estoy buscando una oportunidad para desertar.

Gabriel permaneció en pensativo por unos segundos.

—Nick, lo que te voy a decir quizás se té antoje como una coincidencia extraña. Hace unos meses conocí a un paracaidista de los Estados Unidos que tiene nexos en las altas esferas de Washington, DC. Se llama Jock Covey y trabaja como asistente personal de Henry Kissinger, el secretario de estado saliente. Cuando le conocí, Covey estaba ayudando a Kissinger en su transición de regreso a la vida privada.

—He escuchado hablar de ese hombre. ¿No fue Kissinger el negociador principal de los Estados Unidos durante las conversaciones de paz con Vietnam?

—El mismo. —Si estás de acuerdo, puedo llamar a Jock a mi regreso a Canadá y comentarle sobre tu dilema. Estoy seguro de que mi amigo no tendrá inconvenientes en transmitirle la información a Kissinger. Aunque Kissinger ya no forma parte del gobierno, no dudo que aún tenga acceso a personas claves y de su confianza dentro del departamento de estado.

Para Lince, la decisión era difícil de tomar. Hasta ese día, nadie aparte de su familia inmediata y su vecino Michael Quinn tenían conocimiento que intentaba usar el paracaidismo como una vía para escaparse de Cuba. Había mantenido sus planes en un secreto absoluto en su afán de engañar a los caudillos comunistas. Ahora los canadienses también conocían su secreto, pero Lince intuyó que podía confiarse en esos dos hombres implícitamente. Se consideraba a si mismo un buen juez de caracteres y concluyó que los canadienses no tenían nada en absoluto que ganar en delatarlo.

Sin embargo, temía que revelarle el secreto a una agencia tan compleja como el departamento de estado le podría causar problemas a largo plazo. En más de una ocasión, su padre le comentó que Castro tenía muchos simpatizantes dentro del departamento de estado y que algunas personas allí le habían facilitado la victoria a Castro en 1959.

De hecho, en el momento en que los canadienses le comunicaran su petición de ayuda a Henry Kissinger a través de Jock Covey, el plan se convertiría en una conspiración. Si los agentes cubanos se diesen por enterado por una razón u otra, las represalias resultantes serían inimaginables.

—Déjame pensarlo— dijo Lince.

El atleta consideró la sugerencia del canadiense durante un minuto. Actuando en contra de todo sentido común, Lince le dio su consentimiento a Gabriel para pasarle la información a su amigo en Washington D.C. Pensó que, si desperdiciaba esa oportunidad única de comunicarse con un alto oficial del gobierno norteamericano, jamás se le presentaría algo igual. Supuso que el destino había puesto a los canadienses en su camino por alguna razón.

—Si crees que puede confiar en tu amigo con esta información, por favor comunícale mis deseos.

Un día después de que Gabriel y Derek tomaran el vuelo de regreso a Canadá, Lince recibió una llamada telefónica del teniente Angulo.

—¿Qué opinas de la visita de los paracaidistas canadienses? — le preguntó el oficial del DSE.

—Gabriel y Derek son dos hombres amantes del paracaidismo

que vinieron a Cuba a saltar y pasar un buen rato. Ambos hombres tienen ideas muy progresistas y se la pasaron alabando los avances sociales de nuestra revolución.

El oficial le dio las gracias a Lince y añadió que su cooperación con el DSE no pasaría desapercibida.

Tres semanas tras la visita de los canadienses a Cuba, Lince recibió una llamada inesperada de Gabriel. Gabriel le dijo que estaba de regreso en la isla y se encontraba hospedado en el Hotel Deauville. Luego de unas cortas vacaciones en Venezuela, había decidido cambiar su itinerario de regreso a Montreal añadiendo una escala breve en Cuba para hablar de nuevo con Lince.

Los hombres acordaron reunirse en el vestíbulo del *Deauville* a las siete en punto esa misma noche. Después de colgar el teléfono, Lince telefoneó a Néstor Aponte para informarle de su eventual reunión con el paracaidista canadiense. No tenía dudas que los operativos del DSE habrían interceptado la llamada telefónica y estarían en espera de su reacción. Aponte le dijo que no se oponía a la reunión y le envió sus saludos personales a Gabriel.

***

Lince le pidió al taxista que detuviese el coche en la intersección de Galiano y San Lázaro, a apenas unos cincuenta metros de la entrada del *Deauville*. Pensó que si llegaba a pie hasta el hotel podría detectar la presencia de agentes del DSE en las inmediaciones. De hecho, en el camino notó la presencia de a dos hombres vestidos de civil conversando junto a un Buick rojo en el lado opuesto de la calle. *Los hombres de Angulo*— concluyó. Continuó caminando con un paso casual y pronto divisó a Gabriel esperándole frente a la puerta del hotel.

—Nick, que alegría me da verte de nuevo. ¿Puedo invitarte a tomar una cerveza?

—Gracias, pero la noche está muy agradable. ¿Te gustaría dar un paseo por el Malecón?

—Me parece una idea estupenda—respondió Gabriel.

Lince quería llevar a Gabriel a un lugar donde su conversación no pudiese ser escuchada por el DSE mediante el uso de micrófonos direccionales. Era la temporada de invierno en la Habana, cuando las olas del mar Caribe se estrellaban implacablemente contra el muro de contención y silenciaban cada palabra articulada sobre la acera.

El canadiense le tenía una información importante. Había logrado comunicarse con Jock Covey y expuesto los planes tentativos del Lince en caso de que le permitieran viajar a México. Jock le prometió a Gabriel que le haría llegar esa información «a la persona indicada», quien el canadiense estaba convencido era el secretario de estado Kissinger.

Lince sintió un escalofrío momentáneo. El hecho de que personas desconocidas en Estados Unidos ya tenían conocimiento de sus planes lo hizo sentirse intranquilo. Pero no había como dar marcha atrás. La suerte estaba echada.

—Espero que puedas viajar a México y todo salga a pedir de boca, Nick. Te deseo la mejor de las suertes.

—Gracias de nuevo por todo, mi amigo. Si todo va bien, te haré una visita al Canadá en el futuro no muy lejano.

***

El teléfono timbró en la casa de Lince en la mañana siguiente. Era el teniente Angulo.

—Aponte me dijo que volviste a encontrarte con uno de los paracaidistas canadienses. ¿Por qué regresó Gabriel a Cuba? — le preguntó Angulo.

—Al parecer, Gabriel tuvo la oportunidad de cambiar su itinerario desde Venezuela al Canadá y hacer una escala en la Habana sin costo adicional. Solo me dijo que quería saludarnos y visitar a Cuba de nuevo, aunque fuese brevemente. Es evidente que el hombre se ha enamorado de nuestro país.

—¿Dónde se encontraron?

—En las inmediaciones del Hotel Deauville donde estaba hospedado. Gabriel quiso tomar el aire fresco después de su vuelo y fuimos a dar un paseo por el Malecón. Lince estaba convencido que Angulo ya conocía la respuesta a esa pregunta.

Angulo le agradeció la información y colgó el teléfono. Sin embargo, el tono de voz le sugirió que el oficial del DSE no estaba muy contento en esa ocasión. Indudablemente, Angulo estaba frustrado de que Lince se había reunido con Gabriel fuera del hotel, lo que imposibilitó que sus agentes escucharan la conversación. Lince, por su parte, estaba preocupado. Lo último que deseaba en ese momento era levantar nuevas sospechas sobre su persona.

Para mantener su sanidad mental en los meses venideros, el paracaidista tendría que olvidarse del episodio de Gabriel-Covey-Kissinger y enfocarse totalmente en su entrenamiento de paracaidismo, lo único en sus manos para abrirse una puerta hacia la libertad. Antes de que nadie pudiera ayudarle, Lince tendría que reestablecer su posición insuperable como paracaidista competitivo.

En realidad, esa sería la parte más simple de su dilema. A esas alturas del juego, solo un milagro podría hacer que el DSE accediera a levantar la sanción que le imposibilitaba viajar fuera del país.

Capítulo 21

Viviendo entre leones te das cuenta de que estas realmente vivo.
—Karen Blixen-Fuera de África.

A finales de 1975, el primer contingente de tropas mercenarias cubanas desplegadas en Angola comenzaron su regreso a la isla, salvo varios miles de soldados que perecieron en combate y fueron enterrados en suelo africano. Lince sintió un gran alivio al ver a Kymbe y a otros compañeros del equipo nacional volver a Cuba sanos y salvos.

Raul Castro, el entonces ministro de las fuerzas armadas, les había prohibido a las tropas cubanas hacer comentarios sobre sus experiencias en África a familiares o amigos. Sin embargo, a los cubanos, por naturaleza, les resultaba prácticamente imposible mantener la boca cerrada por mucho tiempo. Entre los que se atrevieron a compartir sus experiencias en Angola, nadie las pudo relatar con más elocuencia y colorido que el Kymbe. Sus recuentos eran también los más exagerados. Kymbe era un tipo afable, divertido, original y muy querido por todos en el club de paracaidismo.

—Hace solamente unas semanas me encontraba esquivando balas en las selvas infestadas de serpientes venenosas en África— Kymbe comenzó a decir una tarde con su voz profunda y rasposa acentuada por el abuso del tabaco. —La Operación Carlota era entonces ultrasecreta y nos ordenaron no decir ni una sola palabra dónde estábamos desplegados.

El paracaidista se había recostado contra la pared en su litera, la cual estaba protegida por un mosquitero colmado con pequeñas quemaduras en la malla. Kymbe había perforado los agujeros con el extremo incandescente de sus cigarrillos *Populares* intentando incinerar a los mosquitos que se habían infiltrado dentro de la cobertura.

—Me enviaron África como camarógrafo en un equipo de filmación de las tropas especiales. A mediados de 1975, cruzamos la frontera entre el Congo y Cabinda en secreto, vestidos de civil y pretendiendo ser trabajadores migratorios para las instalaciones petroleras. Una vez en el enclave africano, el ejército angoleño nos entregó nuestros uniformes, rifles AK-47, municiones y granadas de mano y un par de piezas antiaéreas rusas de cuatro bocas.

—A pocos días de nuestra llegada a Cabinda, nuestra unidad fue atacada por una tribu de rebeldes Bakongo leales a Jonas Savimbi, uno de los líderes guerrilleros en Angola. Fue entonces cuando nuestro comandante, a falta de mejor artillería, decidió usar las piezas antiaéreas como armas de infantería. Después que el polvo se asentó, comprobamos que había quedado muy poco en pie donde los proyectiles antiaéreos de 14,5 mm golpearon y estallaron. Toda la vegetación circundante había desaparecido como por arte de magia.

Kymbe hizo una pausa para darle una cachada a su cigarrillo.

—Los vehículos blindados, las piezas de artillería y el material de apoyo llegaron dos semanas después a bordo de un buque de carga cubano. Pero aparte de algunas escaramuzas esporádicas con los rebeldes Bakongo, no vimos mucha acción durante nuestra permanencia en Cabinda. Nuestra unidad tenía una misión muy específica. Irónicamente, fuimos enviados al enclave para brindarle protección a una instalación de petrolera propiedad de la Chevron, una empresa norteamericana.

—Sin embargo, poco después pagamos un precio alto por acribillar a los rebeldes con los cañones antiaéreos. La historia que voy a contarles no es para los débiles y no puede salir de estas paredes—susurró Kymbe mientras escudriñaba el área fuera de su mosquitero con sus ojos abultados color avellano.

—Cabinda es una región selvática y recóndita donde apenas deja de llover. En una ocasión, el aguacero fue de tal magnitud que nos obligó a quedarnos en el campamento durante toda una semana. Durante el diluvio, dos soldados de una patrulla de reconocimiento que se había dado por desaparecida regresaron a nuestra base. Los hombres estaban agotados, en un estado físico deplorable y traían con ellos muy malas noticias. Una guerrilla de nacionalistas había emboscado al pelotón de reconocimiento en medio de la selva. Superados en número más de diez a uno, la patrulla se vio obligada a rendirse. Los únicos dos soldados que alcanzaron a escapar la emboscada fueron los que iban a la retaguardia.

—Los dos soldados rastrearon a la guerrilla hasta llegar a un pequeño campamento a pocos kilómetros del lugar de la emboscada. Llegaron allí apenas a tiempo para esconderse en las inmediaciones y observar a sus compañeros, quienes habían sido atados de pies y manos, recibir un balazo en la parte posterior de sus cabezas. Los caníbales desmembraron los cuerpos con hachas y machetes y luego vertieron su sangre en grandes jarras de cerámica. Huelga decir que esos salvajes era lo que más temíamos durante nuestro despliegue en África. Era casi imposible conciliar el sueño a sabiendas de que había caníbales y serpientes venenosas acechándonos en la selva.

Sin televisión ni otros medios de entretenimiento en la zona de salto, los cuentos fantásticos de Kymbe sobre la guerra en Angola pronto se convirtieron en el pasatiempo más ansiado por todos durante las horas de ocio. El repertorio del deportista-camarógrafo era sin igual e inagotable.

***

En 1976, Cayo la Rosa cerró sus puertas a las operaciones de paracaidismo y vuelo de planeadores. Después de casi una década operando en la ruta de aproximación del aeropuerto internacional José Martí, y a apenas seis kilómetros al norte de la base aérea de San Antonio, las autoridades declararon que las actividades del club eran un peligro innecesario para el tráfico aéreo comercial y militar. Habían ocurrido algunos incidentes peligrosos, nunca hubo un accidente.

En una ocasión, un avión de combate MIG-21 de la base de San Antonio había volado sobre Cayo la Rosa muy cerca de Kymbe y otro paracaidista mientras los hombres descendían bajo sus paracaídas. La turbulencia dejada por el avión casi provoca el colapso de sus velámenes. Kymbe juró haber visto la mirada de terror en los ojos del piloto tras el plexiglás de la cabina del MIG.

Los paracaidistas habilitaron una zona de salto provisional en una pista agrícola situada cerca del poblado de La Coloma en Pinar del Río. Los antiguos miembros del equipo nacional se reagruparon allí para reanudar su entrenamiento, el que había sido suspendido desde hacía mucho tiempo. Después de más de doce meses de ausencia del deporte, los miembros del equipo nacional continuaban destacándose en todas las disciplinas de paracaidismo. Como en los años anteriores, Kymbe y Lince seguían compitiendo entre ellos por el primer lugar. También eran amigos inseparables.

Durante el entrenamiento en La Coloma, Lince presenció el primer accidente fatal en su carrera como paracaidista. Ese día, el club de aviación perdió a un deportista de gran talento y también a un buen amigo.

Lince y tres de sus compañeros de equipo habían saltado de un avión AN-2 a diez mil pies de altura para efectuar una formación en caída libre. Segundos más tarde, fueron seguidos por otros cinco paracaidistas desde el mismo avión. El primer grupo completó las figuras planeadas, se separaron a seis mil pies de altura y se alejaron en posición flecha el uno del otro. Todos desplegaron sus paracaídas sin incidentes.

Sin embargo, ninguno de los que se encontraban en el aire notó que uno de los miembros del segundo grupo se había desprendido de su paracaídas abierto y regresó a la caída libre, desapareciendo rápidamente tras una capa de nubes bajas. Sin ser visto por sus compañeros en el aire, Narciso Martí impactó sobre un campo denso de marabú a ciento veinte millas por hora. Su paracaídas de reserva nunca se desplegó.

El salto había sido observado desde tierra por un entrenador soviético con la ayuda de poderosos telémetros TZK. Con visible consternación, Alexander Dunayev les dio la terrible noticia a los paracaidistas después de que aterrizaron.

—*Niet zapasnoi*, no abrió el paracaídas de reserva, ¿por qué? —exclamó Dunayev, levantando los brazos en un gesto desesperado.

Dunayev conjeturó que Narciso había experimentado un malfuncionamiento de su paracaídas el cual no se pudo identificar desde tierra dada la nubosidad presente durante el salto. El problema pudo haber sido causado por varias razones—una cuerda montada sobre el velamen, un enredo de las cuerdas, o tal vez una rotura de uno o varios paneles. Narciso decidió desprenderse del paracaídas principal, lo que fue observado por Dunayev a través del TZK, pero ¿por qué razón no activó su paracaídas de reserva?

Había demasiadas preguntas, pero ni una sola respuesta concreta, al menos no todavía.

Dunayev reunió a los paracaidistas y los organizó en cuatro grupos de búsqueda. Mientras tanto, el avión de salto Antonov comenzó a hacer pases a baja altura sobre el terreno una vez que el piloto tuvo conocimiento del accidente a través de la radio. El piloto no tardó en identificar un cuerpo sobre los arbustos de marabú y comunicó a tierra la ubicación del punto de impacto.

Dos campesinos y varios paramédicos eventualmente llegaron donde yacía el cuerpo de Narciso usando sus machetes y lo transportaron al camino donde el resto les esperaba. Lince observó que tanto el arnés como el paracaídas de reserva aún estaban asegurados al cuerpo de Narciso, y también que su mano derecha estaba firmemente aferrada a la argolla de apertura del paracaídas de reserva. Otros campesinos no tardaron en recuperar el velamen principal, pero su estado de enredo total imposibilitó determinar la causa del desprendimiento.

En ese momento, Lince no tuvo la menor duda del porque Narciso no activó su paracaídas de reserva. De vuelta a la base de operaciones, le pidió a Kymbe y Tucán que lo acompañaran al almacén de paracaídas Quería mostrarles a sus compañeros lo que él pensó había causado la muerte de Narciso, algo que también pudo haber causado la suya.

Unas semanas antes, Narciso y Lince habían realizado una

modificación radical en sus paracaídas de reserva. Para los deportistas, el embalaje de un velamen de reserva rusa dentro de una mochila pequeña de fabricación checa era la solución perfecta para ganar un segundo o dos en el evento de acrobacia. Los velámenes de los paracaídas de reserva checos estaban vencidos por fecha, pero las mochilas estaban en perfecto estado. Los velámenes de reserva rusos Z1, por otra parte, eran nuevos, pero demasiado voluminosos. La solución era encontrar un término medio. El resultado, sin embargo, resultó ser fatal.

En un salto de competencia en la modalidad de acrobacia, una mochila de reserva más pequeña le facilitaría al deportista recoger sus rodillas al máximo y reducir su perfil aerodinámico para ganar velocidad durante los giros planos y los saltos mortales. Un menor perfil ofrecía menos resistencia en caída libre y por tanto una mayor velocidad.

Durante la ejecución de una serie acrobática, una fracción de segundo podría hacer la diferencia para llegar o no a componer el equipo nacional, o a alcanzar una medalla en un evento internacional. Para Lince, no obstante, podría significar mucho más - su libertad.

Aunque tanto a Narciso como a Lince les tomó un esfuerzo excesivo para cerrar las mochilas de los paracaídas modificados, nunca les pasó por la mente que eso también podría dificultarles la extracción de la argolla de apertura. Lince estaba convencido de que cuando Narciso se desprendió de su paracaídas principal al encontrar un problema con el velamen, el hombre no logró abrir su paracaídas de reserva simplemente porque no tuvo la fuerza suficiente para lograrlo.

Con Kymbe y Tucán a su lado, Lince se colocó su equipo para

comprobar la fuerza de extracción de la argolla de su paracaídas de reserva. Tuvo que dar dos tirones a la argolla usando toda su fuerza para lograr abrir la mochila. El deportista palideció.

Aún con ambos pies firmemente sobre la tierra, lo cual le ofrecía una fuerza dinámica mucho mayor la ejercida cayendo a ciento veinte millas por hora, Lince había encontrado serias dificultades en extraer la argolla. Los tres hombres concluyeron que, de Lince haber experimentado una situación similar a la de Narciso, lo más probable era que tampoco hubiese logrado abrir su paracaídas de su reserva.

El Instituto de Aeronáutica Civil creó una comisión especial para investigar el accidente. Para el desconcierto de Lince, varios oficiales del club de aviación declararon que el paracaídas de reserva modificado por Narciso estaba perfectamente operacional. Uno de los instructores testificó que el entrenador ruso había observado el intercambio de los velámenes y expresado su beneplácito. Otro instructor se aventuró a declarar que Narciso había sufrido problemas familiares recientemente y sugirió que mostraba tendencias suicidas.

Dos días después, la comisión declaró arbitrariamente que Narciso no había activado su paracaídas de reserva intencionalmente y concluyó que la causa de su muerte fue un suicidio. Lince quedó atónito por esas conclusiones. Estaba convencido de que Narciso no se había suicidado y que el entrenador ruso tampoco era culpable. Quiso ir a hablar con los miembros de la comisión, pero le dijeron que la investigación había concluido y que podría crearse problemas serios si se entrometía.

Al día siguiente de comunicarse el veredicto, Lince recibió una llamada telefónica del coronel Kleber Martí, el hermano mayor de

Narciso. El coronel quería discutir el informe de la comisión sobre el accidente de su hermano. Ésa sería la segunda vez que Lince se encontraría en persona con Kleber. La primera vez fue durante el funeral de su hermano. Con más de seis pies de altura, porte escuálido, nariz aguileña y ojos azules fríos, Kleber Martí era el jefe del temido ministerio del interior en la provincia de Oriente. Solamente por su aspecto, Kleber podría haber sido confundido con un alto oficial de la Gestapo alemana. El oficial del MINIT hizo una cita con Lince para recogerlo en su casa y llevarlo a conversar en privado en su sedan Alfa-Romeo.

—Que opinas acerca del accidente de Narciso—le preguntó Kleber.

—Estoy convencido que tu hermano experimentó un problema con su paracaídas principal, decidió desconectarse para hacer el procedimiento de emergencia, pero no fue capaz de extraer la argolla del velamen de reserva—le dijo Lince sin preámbulos.

—¿Por qué crees que no pudo tirar de la argolla?

—En mi opinión, todo tuvo que ver con la modificación que hicimos en nuestros equipos. Tanto Narciso como yo empacamos un velamen de alto volumen dentro de una mochila diseñada para un velamen mucho más pequeño. El exceso de material ejerció demasiada presión contra la sección que alberga los pasadores de cierre de la mochila.

— ¿Trataron de abrir los paracaídas en tierra?

—En retrospectiva, debimos haber probado la fuerza de extracción antes de hacer los saltos. Pero desafortunadamente no creímos que fuese necesario. Estoy convencido que la fuerza de extracción encontrada por Narciso resultó ser demasiado para su capacidad física. Tu hermano no era un hombre corpulento.

—¿Estarías dispuesto a hacer esa misma declaración ante una segunda comisión oficial?

—Sin pestañear, coronel. Pero me gustaría respaldar mi argumento con pruebas. Necesitaré acceso a los paracaídas de reserva en cuestión y autorización para efectuar una prueba de extracción de la argolla utilizando un dispositivo de tensión mecánica. Los paracaídas con los que saltaba Narciso han sido guardados bajo llave como evidencia forense.

—Me aseguraré de que te habiliten con un dispositivo para medir la tensión, y también que se te permita realizar las pruebas que consideres necesarias.

Cuando Kleber se alejó en su elegante Alfa Romeo color burdeos, Lince cayó en cuentas de que había hecho una alianza improbable con uno de los individuos más influyentes en los círculos íntimos de Castro. Sólo un oficial poderoso del MININT como Kleber podría anular su restricción para viajar fuera de Cuba. Necesitaba buscar la forma de mencionarle su problema al coronel la próxima vez que se encontrase con él en persona.

Kleber no desaprovechó un solo minuto. A la mañana siguiente, el club de paracaidismo ordenó a Peter Fandiño, uno de sus instructores, a realizar la prueba de tensión del paracaídas de Narciso. Peter era un deportista experimentado y un excelente armero de paracaídas. A pesar de que hubiera preferido llevar a cabo la prueba personalmente, confiaba plenamente en la habilidad y honestidad de Peter.

Peter empacó el paracaídas de reserva de Narciso en su configuración modificada y probó la fuerza de extracción de la argolla usando un manómetro mecánico. Los resultados pudieron haber sido más concluyentes. Se requirió más de cuarenta y dos libras de fuerza de extracción en la argolla para desalojar los pasadores y abrir la mochila del paracaídas, más del doble del máximo recomendado por las publicaciones sobre el tema. Tal y como Lince había argumentado, el destino de Narciso estuvo sellado en el momento en que cerró la mochila de su reserva. Días después, Peter y Lince fueron llamados independientemente para testificar ante la nueva comisión oficial.

Los paracaidistas presentaron los resultados de la prueba del manómetro y ofrecieron su opinión sobre lo que pudo haber causado la muerte de Narciso. Tras una breve deliberación, la comisión revirtió el veredicto original. Se concluyó que la causa del accidente fue el uso de un paracaídas de reserva modificado incorrectamente. El nombre y la reputación de Narciso habían sido reivindicados.

Esa misma tarde, Kleber llamó a Lince por teléfono para informarle que estaba en el vecindario y que quería conversar con él antes de regresar a Santiago de Cuba. Los hombres se fueron a dar otro recorrido por Siboney en el automóvil de Kleber.

—Quiero darte las gracias por mantenerte firme ante la comisión que investigó el accidente, le dijo Kleber.

—Era mi deber dar a conocer la verdad, coronel.

—Reivindicaste el nombre de mi familia y por eso te estoy muy agradecido. ¿Hay algo que pueda hacer por ti?

—De hecho, hay algo en lo que tal vez usted pueda ayudarme, coronel. No sé si usted está enterado, pero el DSE me tiene prohibido viajar fuera del país. Después de nuestro último evento en el Perú, fui acusado de hacer contacto con miembros del equipo militar de los EE. UU. Fueron los norteamericanos los que se acercaron a mí y no al revés, posiblemente porque yo hablo inglés. De cualquier forma, esos encuentros fueron irrelevantes.

— ¿Cuánto tiempo llevas sancionado? —preguntó Kleber.

—Desde mayo del año pasado. A nuestro regreso a Cuba, el club me separó de los saltos durante un año— continuó Lince. Considero que sería justo que se me de otra oportunidad de representar a nuestro país en eventos internacionales de paracaidismo si logro calificar.

—Nick, lo único que puedo prometerte es hacer que tu caso sea revisado nuevamente por el DSE. A propósito, ¿has pensado en integrarte más de lleno a nuestro proceso revolucionario, tal vez afiliarte a la unión de jóvenes comunistas?

—Por supuesto que sí, coronel—mintió Lince. Lo he intentado, pero siempre que me comenzaban el proceso de integración en la UJC me tenía que ausentar por largos meses por los internados de paracaidismo.

El coronel permaneció reflexivo durante unos segundos.

—En ese caso, hay dos compañeros que considero te convendría conocer. Se llaman Patricio y Tony De La Guardia, los comandantes de las Tropas Especiales del ministerio del interior. Tanto Patricio como Tony están en la Habana, pero regresarán a Angola en los próximos días. Trataré de concertarte una entrevista con ellos esta semana. Con tu experiencia como paracaidista y dominio del idioma inglés, tal vez *Tropas* sea un lugar ideal para ti. Gracias de nuevo por tu gran ayuda y buena suerte.

Capítulo 22

El miedo al peligro es diez mil veces más aterrador que el peligro mismo. - Daniel Defoe.

A mediados de los años cincuenta, dos hermanos gemelos procedentes de la clase social alta fueron enviados a los Estados Unidos a cursar sus estudios universitarios. Era común en aquel entonces para las familias cubanas con capacidad económica enviar a sus hijos a estudiar en el "norte". Entre los adolescentes privilegiados más notables se contaban Vilma Espín, la esposa de Raúl Castro, la cual hizo un postgraduado en MIT, y Manuel Piñero, quien estudió administración de negocios en la Universidad de Columbia.

Durante su residencia en la Florida, Tony y Patricio De La Guardia se dedicaron a recaudar fondos para apoyar la revuelta Castrista y enviarle suministros a la guerrilla. Después de la victoria de 1959, Castro recompensó a Tony y Patricio por su lealtad poniéndolos al frente de seguridad personal del comandante Ramiro Valdez, el nuevo ministro del Interior de Cuba.

Varios años después, Patricio y Tony pasaron a fundar las Tropas Especiales del MININT, una unidad élite independiente del ejército cubano y fuera del control de Raúl Castro. Las Tropas Especiales respondían directamente al comandante en jefe y al ministro del interior y se rumoraba que eran las fuerzas de choque personales de Fidel. No por casualidad, la jefatura de Tropas Especiales estaba ubicada a menos de una milla de Punto Cero, el complejo de máxima seguridad de Fidel Castro en el reparto Siboney.

Después de la visita de Castro a Chile en 1971, el dictador cubano ordenó a Patricio que les impartiera capacitación militar a los efectivos de la seguridad del presidente socialista Salvador Allende. Según información dada por algunos testigos, el general cubano se encontraba dentro del palacio presidencial de La Moneda el día en que el general Augusto Pinochet asaltó el edificio durante un golpe de estado y donde Allende presuntamente se suicidó propinándose un balazo en la cabeza. Según los historiadores, Patricio y otros cubanos escaparon el intenso tiroteo y se refugiaron en la embajada de Cuba en Santiago de Chile.

Al comienzo de la campaña de África, Castro envió a Patricio como asesor militar de alto nivel al presidente marxista Agostinho Neto. En Angola, tanto Patricio como Tony participaron en innumerables operaciones militares contra la UNITA, el FNLA y el ejército regular de Sudáfrica. Durante su misión en África, se estima que Tony y Patricio contrabandearon en millones de dólares en marfil y diamantes procedentes de Angola y Mozambique. El botín fue presuntamente puesto en vuelos militares con destino a la Habana y almacenado en las bóvedas del ministerio del interior.

Tony De La Guardia era conocido por muchos por ser un hombre con un espíritu libre. Se le había divisado con frecuencia en las calles de Miami y Nueva York, a donde viajaba a conferenciar con miembros de la red de inteligencia de Castro en Estados Unidos. Desde los primeros días de la revolución cubana, Castro había plantado sistemáticamente docenas de espías en Estados Unidos con la misión de infiltrar a todas las organizaciones cubanas en el exilio y también los organismos secretos del imperio, incluyendo la CIA y la Agencia de Inteligencia de Defensa entre otros.

Operando con un presupuesto ilimitado, Tony y Patricio

ejecutaron misiones encubiertas por todo el mundo con impunidad y eran considerados los efectivos secretos más valiosos del régimen castrista. Sin embargo, la alta oficialidad dentro del MININT veía a Tony De La Guardia como un *«pepillo»* americanizado, aunque intocable dado sus lazos de amistad con Fidel. Otros lo consideraban un aventurero intrépido y, un grupo de sus amigos más cercanos se atrevían a llamarle «el *James Bond* del Caribe». Se rumora que Raul Castro, el entonces jefe de las Fuerzas Armadas de Cuba, detestaba tanto a Tony como a Patricio, a quienes consideraba con mentalidad pequeñoburguesa y como un obstáculo para sus ambiciones de poder militar absoluto en la isla.

El ingreso en el grupo de operaciones especiales de Patricio y Tony De La Guardia no era exactamente lo que Lince tenía en mente. Aunque se encontraba en la edad donde la mayoría de los hombres tenían pasión por las aventuras y la intriga de las misiones encubiertas, infiltrarse en ese mundo turbio hubiese hecho su objetivo de escaparse a la libertad mucho más difícil. Sería muy diferente fugarse de un equipo deportivo durante una competencia internacional que desertar de las tropas especiales del ministerio del interior. Un compromiso de esa índole le acarrearía peligros y podría complicarle la vida al largo plazo. También podría levantar sospechas de los americanos sobre sus verdaderas intenciones para desertar y perjudicarlo en el futuro. Por otra parte, un escrutinio a fondo de sus antecedentes personales por parte del MININT podría sacar a la luz su baja siquiátrica del ejército. ¿Qué sucedería entonces?

Kleber manipuló la solicitud de Lince con astucia. El coronel de la inteligencia cubana había hecho prácticamente imposible que se negara a una entrevista con Patricio y Tony De La Guardia y evadir el compromiso que tal encuentro conllevaría. Kleber era un hombre extremadamente inteligente y peligroso a quien Castro le había confiado la seguridad de la provincia de Oriente, la región más estratégica y también más problemática de toda la isla. El coronel cumpliría su promesa implícita de levantarle la prohibición de viajar al Lince, pero al mismo tiempo se cuidaría de no quemarse en el proceso.

Lince, por su parte, concluyó que no tenía nada que perder.

***

El centinela apostado en la garita de la jefatura de tropas especiales comprobó que el nombre en la cedula de identidad de Lince aparecía en el listado de visitantes de ese día y le ordenó que esperara. Momentos después, otro oficial le condujo a través de un patio hasta una oficina espaciosa que alguna vez había sido la sala de estar de una residencia moderna y confortable.

Lince encontró al general Patricio De La Guardia detrás de un escritorio al otro extremo de la habitación. Su hermano gemelo, el coronel Tony De La Guardia ocupaba otro escritorio a la izquierda. Ambos vestían uniformes verde-oliva y portaban pistolas Makarov de 9 mm enfundadas a la cintura. A primera vista, los gemelos aparentaban ser idénticos— eran de estatura mediana, cabellera bien recortada y con entradas prematuras. También observó que los hombres aparentaban no haber conciliado el sueño por varios días.

Los hermanos se levantaron al unisono de sus sillas para estrecharle la mano. Patricio le ofreció que tomara asiento en un pequeño sofá frente a su escritorio.

—Kleber nos habló muy bien de ti. Dijo que está interesado en formar parte de las Tropas Especiales.

—Sí, lo estoy.

—*How is your English?* ¿Qué tal es tu inglés? -le preguntó Patricio en perfecto inglés.

—*I think is fair*—creo que es aceptable—respondió Lince.

—Hablas como un americano. Entendemos que eres miembro del equipo nacional de paracaidismo. ¿Cuánto tiempo llevas saltando? —pregunto Tony.

—Empecé a saltar en 1971 y después integré la selección nacional en 1974 y también en 1975.

— ¿Estas entrenando actualmente para alguna competencia?

—Cuba ha sido invitada a competir en los juegos panamericanos en México en noviembre próximo. Tengo esperanzas de poder conformar ese equipo.

—Entonces creo que deberíamos esperar hasta que regreses de ese evento antes de traerte a bordo. No queremos que te distraigas de tu entrenamiento.

—Aprecio su consideración, coronel.

—A tu regreso a Cuba, es posible que ya tengamos la aprobación del ministerio del interior para que te incorpores a nuestra unidad—le dijo Patricio. —Es un proceso largo que normalmente se demora varios meses. Un oficial te acompañará a otra oficina para que llenes la solicitud de ingreso al MININT. Te deseamos buena suerte en México.

Esa fue la primera y última vez que Lince se reunió con Tony y Patricio De La Guardia. Un teniente lo condujo a la habitación contigua donde Lince procedió a completar una solitud extensa para ingreso en las tropas especiales, algo que esperaba que jamás tuviera que hacer.

Muchos años más tarde, Lince supo que Tony y Patricio De La Guardia habían sido víctimas de sus propias fechorías. El comunismo había fracasado miserablemente en Rusia y Europa del Este y ya no llegaban a Cuba los subsidios soviéticos acostumbrados. En un intento desesperado de inyectarle dólares a la menguante economía del país, Castro se aventuró a ejecutar una operación extremadamente riesgosa. El tirano quería recibir una mordida del ilícito y lucrativo negocio del narcotráfico mientras trataba de destruir la sociedad imperialista norteamericana en sus mismas entrañas.

Patricio y Tony resultaron ser los hombres idóneos para llevar a cabo los planes nefastos de Fidel. El dictador cubano les ordenó a los gemelos concertar una reunión secreta con un jefe de los cárteles colombianos de la droga y negociar el transbordo de drogas de América del Sur a los Estados Unidos utilizando a Cuba como punto de trasbordo.

Tony y Patricio acudieron a sus contactos dentro de las FARC, una organización guerrillera que controlaba gran parte de la producción de cocaína en Colombia. Poco después, las FARC concertaron una reunión entre los cubanos y Pablo Escobar, el jefe del cártel de la droga de Medellín, donde eventualmente Escobar y los agentes secretos cubanos llegaron a un acuerdo.

Meses después, aviones cargados de cocaína comenzaron a volar desde pistas remotas en Colombia hacia aeropuertos militares en Cuba. Los bultos con cocaína eran transportados hacia los muelles de guardafronteras en Varadero y otros puertos, desde donde eran contrabandeados a la Florida usando lanchas rápidas, principalmente las del tipo «*Cigarette*». Las comisiones recibidas por el régimen de Cuba eran extremadamente lucrativas y la operación aparentaba ser invulnerable. Desafortunadamente para Castro, el negocio de narcotráfico con los colombianos se derrumbó mucho más rápido de lo que él pudo haber anticipado. En 1989, la Administración de Control de Drogas de Estados Unidos descubrió la operación de contrabando de drogas a través de Cuba y la expuso a los medios de prensa.

Cuando Fidel supo que la DEA tenía evidencias irrefutables sobre los envíos de drogas desde Cuba a los Estados Unidos, el dictador se apresuró a utilizar a los hermanos De La Guardia y otros oficiales militares de alto rango como chivos expiatorios. El 16 de junio de 1989, Cuba finalmente admitió que varios oficiales de alto nivel del régimen estuvieron involucrados en el envío de drogas de Colombia a los Estados Unidos, pero señaló que todo había ocurrido sin el conocimiento del gobierno de Cuba.

Pocos días después, la policía secreta arrestó al General de División Arnaldo Ochoa, a Patricio y Tony De La Guardia y otros funcionarios del MININT. Los acusados, quienes se veían visiblemente drogados y privados de sueño durante el juicio televisado, admitieron haber participado en las operaciones de narcotráfico a los Estados Unidos juntamente con el cártel colombiano, pero por su propia voluntad y sin el conocimiento de Fidel Castro.

Uno de los acusados, sin embargo, perdió su compostura durante el juicio y tartamudeó que los negocios con los narcotraficantes colombianos «tenían que haber sido conocido a los niveles más altos del gobierno».

Esa declaración no tomó a nadie por sorpresa en la isla, y mucho menos fuera de Cuba. Hubiese sido imposible que el General Ochoa y los gemelos De La Guardia se involucraran en una operación de tal envergadura sin el conocimiento y la bendición de la alta jerarquía del gobierno cubano, y particularmente de Fidel Castro.

Durante el juicio, Fidel Castro visitó a los encartados en el centro de detención de la seguridad del estado en Villa Maristas. Hay rumores de que Fidel se tomó la molestia en recordarles a los encartados que podrían salvar sus vidas si no se salían fuera del guion y mantenían a Castro y al liderazgo del partido comunista totalmente fuera de la polémica.

Al final de la farsa judicial, el tribunal militar condenó a muerte al general de división Arnaldo Ochoa, al coronel Tony De La Guardia y otros dos oficiales del MININT ante el pelotón de fusilamiento por la supuesta vergüenza que le habían ocasionado al comandante en jefe y al gobierno cubano. Por una razón desconocida, Fidel decidió perdonarle la vida al ex general Patricio De La Guardia, pero le ordenó al tribunal que lo condenara a treinta años de prisión. Una vez más, Fidel había abandonado a los hombres que, arriesgando sus vidas una y otra vez, lo habían ayudado a permanecer en el poder y satisfacer sus ambiciones personales. Con la ejecución del general Arnaldo Ochoa, el coronel Tony De La Guardia y otros, los hermanos Castro enviaron el más fuerte y ejemplarizante mensaje a todos los hombres y mujeres de la isla:

«En la presencia de graves peligros, responderemos ante todo a nuestros propios intereses. Que nadie se equivoque. Nosotros somos la revolución.»

Capítulo 23

El 15 de marzo de 1977, el presidente Jimmy Carter firmó un decreto con vistas a normalizar las relaciones con el régimen de Fidel Castro. La directiva fue dirigida al vicepresidente de los Estados Unidos, al Secretario de Estado, al Secretario de Defensa, al Fiscal General, al Secretario de Hacienda, al Secretario de Comercio, al Representante de los Estados Unidos ante las Naciones Unidas y al director de la Agencia Central de Inteligencia.

En su nota, Jimmy Carter citó haber conferido con el comité de revisión de normas antes de tomar su decisión. Su objetivo era poner en marcha un proceso legal que condujera al restablecimiento de las relaciones diplomáticas entre los dos países. Carter enfatizó que la iniciativa cubana promovería los intereses de los Estados Unidos abordando las cuestiones de derechos humanos en la isla, restringiendo la intervención y el expansionismo de Castro en el extranjero, negociando la compensación por las propiedades estadounidenses expropiadas después de 1959, combatiendo del terrorismo global y finalmente reduciendo a un mínimo la influencia política y militar de la Unión Soviética en Cuba.

Carter nombró un equipo de funcionarios para iniciar las conversaciones exploratorias con el régimen cubano. Sin embargo, muchos dentro y fuera de la isla cuestionaron la decisión de Carter. No era un secreto para la CIA, ni tampoco para el departamento de estado, que el régimen cubano continuaba siendo un promotor activo, financiador, abastecedor de armas y explosivos, y participe en las actividades de grupos terroristas en América del Sur y

Centroamérica.

Más recientemente, Cuba se había involucrado abiertamente en la guerra de Angola y Mozambique bajo órdenes de la Unión Soviética. En pocos meses, el ejército cubano había desplegado veinticinco mil tropas en el continente africano por órdenes del Kremlin. Y lo que era aún más paradójico, era de conocimiento general que Castro no tenía la menor intención de suspender su política de represión interna en Cuba, o la violación sistemática de los derechos humanos en la isla.

A pesar de la evidencia abrumadora de que Castro violaba sistemáticamente las leyes internacionales y abusaba del pueblo cubano, Carter no se retractó de su decisión de abrirle las puertas al dictador cubano. En setiembre de 1977, después de varios meses de negociaciones secretas entre los dos países, Estados Unidos y Cuba acordaron abrir misiones recíprocas de interés especial en Washington, DC y la Habana. En principio, la medida sentaría las bases para normalizar las relaciones diplomáticas entre los dos países.

Carter nombró a Lyle Lane como su emisario en la Habana. Lane era un diplomático de carrera afiliado con el partido demócrata que había servido como embajador de los Estados Unidos en Uruguay y Paraguay. El régimen de Castro, por su parte, despachó a Ramón Sánchez Parodi, un oficial de alto rango en la DGI—la Dirección General de Inteligencia—y del Departamento Américas para dirigir un equipo de espías, instigadores y saboteadores en Washington, DC. Desde todo punto de vista, Carter le brindó al aparato de inteligencia cubano *carta blanca* para operar con inmunidad diplomática en el corazón del imperio.

El cambio súbito en las relaciones entre Cuba y Estados Unidos preocupó a Lince profundamente. Pidió al cielo que la información que había enviado a los estadounidenses no llegara a oídos equivocados, o le fuese susurrada a un diplomático cubano durante encuentros casuales entre antiguos adversarios. Aún los diplomáticos más circunspectos podrían soltar sus lenguas bajo la influencia de varios *cuba libres* o mojitos con el objetivo de ganarse favores con sus nuevos «amigos» cubanos.

2

GENESIS

Capítulo 24

La historia nunca se parece a la historia cuando la estás viviendo.

—John W. Gardner

En un archivo de inmigración de la Republica Cuba apareció el nombre de Abraham Simjovitch, un inmigrante polaco que llegó a la isla en la década de los años veinte. Los historiadores señalan que Simjovitch, el cual había sido expulsado de su país natal de Polonia después de afiliarse a la Liga Comunista, fue posteriormente reclutado como agente de la CHEKA o ВЧК, la policía secreta soviética que precedió a la infame KGB o *Komitet Gusudarstvennoy Bezopasnosti*. A través de la COMINTERN, la Internacional Comunista, la CHEKA envió a Simjovitch hacia Cuba con la misión de crear una organización marxista en la isla. Poco después de su llegada a la Habana, Simjovitch cambió su nombre por Fabio Grobart, se unió a Julio Antonio Mella y otros agitadores cubanos y fundó el primer partido comunista de Cuba.

En la década de 1940, Fabio Grobart se convirtió en asiduo consejero de Fidel Castro en materias de marxismo. Castro, en aquel entonces un inquieto estudiante de derecho en la Universidad de la Habana se había radicalizado y estaba presto a seguir los consejos de Grobart.

En la primavera del año 1948, la COMINTERN envió a Castro y otros agitadores hacia Colombia con la misión de interrumpir la conferencia interamericana de estudiantes que estaba teniendo lugar en ese país. Fue durante esa conferencia cuando un candidato presidencial llamado Jorge Eliécer Gaitán fue asesinado, suceso el cual fue asociado con la presencia de Castro en ese país. El asesinato de Gaitán desencadenó tres días de intensos disturbios que causaron la muerte a miles de personas y casi destruyeron la ciudad de Bogotá. El incidente sería más tarde conocido como *el Bogotazo*.

Durante los días de intensa violencia que siguieron, Fidel Castro y sus cohortes salieron a las calles incitando al pueblo a derrocar al gobierno de Colombia mientras distribuían propaganda soviética. Castro fue perseguido por la policía colombiana y forzado a buscar refugio en la embajada de Cuba en Bogotá.

Entre los años 1926 y 1948, Fabio Grobart fue expulsado de Cuba en múltiples ocasiones, pero siempre lograba regresar a la isla utilizando pasaportes falsos. Poco después de que Batista huyera al exilio en Madeira en 1959, Grobart regresó a Cuba con una misión final—participar en la entrega de la isla a la Unión Soviética.

Años más tarde, Grobart fue reconocido oficialmente por su papel en la captación y educación marxista de Fidel Castro. Abraham Simjovitch, alias Fabio Grobart, recibió en ese día un puesto de honor en el comité central del partido comunista de Cuba.

Otro individuo que jugó un papel clave en crear las condiciones para la intervención soviética en Cuba fue Nikolai Leonov, un agente de alto nivel de la KGB y amigo cercano de Raúl Castro. Las relaciones secretas de Raúl con Leonov y la KGB se remontan al mes de febrero del año 1953, cuando el hermano menor de Fidel viajó a Austria para asistir a un evento internacional de las juventudes socialistas.

Leonov supuestamente estableció el contacto inicial con Raúl en las calles de Viena, después de lo cual los hombres se convirtieron en compañeros de viaje inseparables. Tras el evento en Austria, Raúl y Leonov viajaron juntos a Rumania, Hungría y Checoslovaquia. Al final de la gira europea, los hombres adquirieron un boleto de regreso a México a bordo del buque *Andrea Gritti* de bandera italiana. Se supone que fue durante ese cruce atlántico cuando Castro y Leonov comenzaron a conspirar para derrocar a Batista por medio de una guerrilla organizada. Raúl, quien aún era inexperto en materia de insurrecciones armadas, recibió con los brazos abiertos las orientaciones valiosas de su nuevo amigo y mentor de la KGB.

El mensaje del Kremlin a los hermanos Castro fue transparente. Si el movimiento guerrillero lograba derrocar a Batista y establecer un gobierno marxista en Cuba, la Unión Soviética les proporcionaría apoyo militar y económico por tiempo ilimitado. Pero hasta que eso ocurriese, Leonov tendría que mantener un perfil bajo en su papel de enlace entre el Kremlin y los rebeldes cubanos. Cuanto menos supiera el gobierno norteamericano sobre los vínculos de Castro con la Unión Soviética y de sus intenciones, mayores serían las posibilidades de derrocar a Batista. Al final, la conspiración salió a pedir de boca.

Durante los meses que precedieron a la infiltración de Castro en Cuba, Leonov pasó innumerables horas en México instruyendo a Fidel, Raúl y al Ché Guevara en materias de marxismo y política soviética. Mientras tanto, cerca de un centenar de futuros combatientes recibían entrenamiento militar en un rancho remoto cerca de *Chalcos*, una zona montañosa muy similar a las sierras de la provincia de Oriente. El instructor militar de la guerrilla era Alberto Bayo, un comunista rancio que había sido derrotado por el general Francisco Franco durante la guerra civil española.

Castro contrató a otro especialista militar de origen cubano y nacionalidad americana para asistir a Bayo con el entrenamiento en

México. Su nombre era Miguel Sánchez, más conocido por *el Koreano*, apodo que recibió por haber combatido en la guerra de Corea. Mientras que Bayo permaneció fiel a Fidel, Miguel Sánchez optó por desaparecer poco antes de que los guerrilleros se embarcaran hacia Cuba. *El Koreano* había perdido su confianza en Fidel Castro y el Ché Guevara y sabia del grave peligro que esos dos hombres representaban para Cuba. Sánchez también entendió que, si no actuaba con rapidez y salía de México, los jefes de la guerrilla nunca le permitirían abandonar el grupo con vida.

En noviembre de 1956, una expedición compuesta por los hermanos Castro y ochenta de sus seguidores zarparon de Veracruz, México hacia Cuba a bordo de un yate desvencijado de 60 pies de eslora con la idea de derrocar al régimen de Fulgencio Batista. Siete días más tarde, los expedicionarios desembarcaron en una playa de la provincia de Oriente, tuvieron una escaramuza con las fuerzas de Batista y posteriormente se reagruparon en las montañas de la Sierra Maestra.

Desde su oficina en la Embajada de la Unión Soviética en México, Leonov comenzó sus contactos regulares por radio con la comandancia de Fidel y Raúl en la Sierra Maestra dándoles informaciones valiosas sobre los desplazamientos y capacidades de las fuerzas de Batista. Esa información era recopilada con regularidad por agentes de la KGB operando dentro de Cuba y que luego enviaban a la oficina de Leonov en la ciudad de México. Después de la victoria rebelde de enero de 1959, el Kremlin recompensó a Nikolai Leonov por su trabajo nombrándolo jefe de estación de la KGB en la Habana.

***

Desde el comienzo de su guerra insurgente contra Batista, Fidel Castro nunca ocultó sus intenciones de utilizar cualquier medio disponible para lograr lo que él llamó «la victoria inevitable de su revolución». A finales de los años cincuenta, tanto el pueblo de Cuba como los funcionarios del departamento de estado de los Estados Unidos sabían que la estrategia de Castro incluía el uso del terrorismo contra objetivos militares y civiles.

Para entonces, las dos facciones urbanas de Castro, el *Movimiento 26 de Julio* y el *Directorio Revolucionario*, habían adoptado una campaña sistemática de terror a través de toda la isla. El método preferido para crear el pánico era la colocación de explosivos y bombas incendiarias improvisadas debajo de automóviles estacionados, así como en clubes nocturnos, tiendas y salas de teatro. Esos actos de terrorismo documentados causaron la muerte y lesiones de gravedad a muchas personas inocentes a través de los años.

La reacción de Batista ante los ataques terroristas de Castro a la población civil fue firme y sangrienta. La ola de arrestos, torturas y ejecuciones callejeras que siguieron marcó a su régimen como uno de los más atroces en la historia de la república. Ya fuese por la guerra de guerrillas, el terrorismo urbano o la consecuente represión policial, miles de vidas cubanas se perdieron inútilmente durante los años del conflicto.

Poco después de que la guerrilla de Castro desembarcara en las costas de Oriente, la oficina de Batista emitió una nota de prensa declarando que el líder rebelde había perecido en combate. Pero en febrero de 1957, el New York Times recibió noticias de lo contrario.

Fidel Castro estaba vivo, gozando de buena salud y encabezando una guerra de guerrillas en las montañas de la Sierra Maestra.

El New York Times instruyó a Ruby Phillips, su jefe de redacción en la Habana, para que negociara el acceso a la Sierra Maestra de un periodista y obtener la primera entrevista con el líder rebelde. El periodista nombrado por el Times para llevar a cabo esa misión fue Herbert Matthews, un corresponsal de guerra que había cubierto la Guerra Civil Española y la ocupación italiana de Etiopía.

Castro, por su parte, esperaba ansioso por el encuentro con el reportero del New York Times. Sabía que una entrevista en ese diario de gran circulación sería una oportunidad única para alcanzar el apoyo internacional a su causa. El caudillo rebelde no pudo haber estado más acertado en sus predicciones.

En una serie de artículos publicados entre el 24 y el 26 de febrero de 1957, el New York Times le propinó al régimen de Batista una serie de golpes aplastantes, dándole un impulso significativo a la guerrilla en las montañas de Cuba. Cuando Matthews se reunió con Castro en las montañas, el líder rebelde contaba apenas con un pequeño número de hombres mal armados, ninguna logística y muy pocos recursos para financiar su campaña. Pero Fidel poseía una mente privilegiada y sabía cómo usarla. El mismo día en que Mathews llegó a la guarida del guerrillero, Fidel procedió a desfilar a los mismos hombres en una sola columna una y otra vez, haciéndole creer al periodista que su ejército enclenque contaba con muchos más efectivos de los que realmente tenía.

Matthews le llevó a los lectores norteamericanos y a muchos otros por todo el mundo, una imagen truncada del líder rebelde y de sus verdaderos propósitos. Cautivado por el carisma de Fidel, el reportero del NYT describió a Castro como un jefe de guerrilla formidable y habilidoso quién estaba logrando importantes victorias militares contra el ejército de la república. La vasta mayoría de los lectores recibieron la impresión que la lucha de los rebeldes barbudos para derrocar a Fulgencio Batista, un ex sargento del ejército que había violado el proceso electoral de la isla, era una causa legítima y meritoria de apoyo.

Sin embargo, Matthews omitió en sus escritos que Castro había albergado ideales comunistas abiertamente en el pasado. Las tendencias marxistas de Castro eran del pleno conocimiento del departamento de estado y la prensa de Estados Unidos desde el episodio sangriento de Bogotá en el año 1948, pero esa información nunca llegó a los oídos del pueblo norteamericano.

Por tres días consecutivos, la portada del New York Times mostró la imagen de un hombre con una barba incipiente sosteniendo un rifle telescópico en la selva de las montañas de Cuba. Tanto la foto de Fidel, como los artículos impresos tuvieron un efecto electrizante. El periodista del New York Times escribió sobre Castro y su guerrilla con gran elocuencia y pasión y la mayoría de los lectores aceptaron la historia a ciegas. Al igual que Walter Duranty, el infame apologista de Stalin de los años treinta, Matthews utilizó su pluma para difundir una falacia basada en su propia visión torcida de la realidad.

Más adelante, Ernesto *Ché* Guevara haría la siguiente declaración sobre la entrevista de Matthews a Fidel:

—*La presencia de un periodista extranjero, preferentemente un estadounidense, fue más importante para nosotros que una victoria militar.*

En julio de 1959, Herbert Matthews fue citado diciendo:

—Ésta no es una revolución comunista en ningún sentido de la palabra. Fidel Castro no solo no es comunista, sino que es decididamente anticomunista.

Matthews sería más tarde conocido como «el hombre que inventó a Fidel».

***

El 1ro de noviembre de 1958, cinco miembros del Movimiento 26 de Julio de Castro secuestraron un avión Viscount de Cubana de Aviación con veinte personas a bordo en ruta de Miami a Varadero. Los secuestradores ordenaron al piloto que llevara el avión a una pista en del territorio de Mayari Arriba, un área controlada por fuerzas rebeldes bajo el mando de Raúl Castro. El malogrado vuelo nunca alcanzó su destino alterado. Esa noche, el avión turbohélice Viscount 818 se quedó sin combustible y se estrelló en la bahía de Nipe ubicada en la costa norte de Oriente.

Wayne Smith, el entonces vicecónsul americano en Cuba, viajó al lugar del accidente donde recibió un informe de primera mano del suceso a través de uno los supervivientes. Poco después que el avión despegó de Miami, dos de los secuestradores se levantaron de sus asientos y abrieron un compartimento en el piso del avión, de donde sacaron varias armas, municiones y cascos. Acto seguido, dos de los asaltantes armados hicieron irrupción en la cabina delantera para doblegar a los pilotos.

Los secuestradores cambiaron su vestimenta por uniformes verde olivo y se colocaron brazaletes del Movimiento 26 de Julio. Uno de los rebeldes les informó a los pasajeros que estaban en ruta a entregarle un «paquete importante» al segundo frente Frank País, después de lo cual el avión se reabastecería de combustible y se le permitiría regresar a Varadero. Pero las cosas no salieron de acuerdo con los planes. Cuando se agotó combustible, el piloto intentó aterrizar el avión en una pequeña pista adyacente al ingenio azucarero Preston. Fue ahí donde el avión Viscount sobrepaso la pista y se estrelló en las aguas de la bahía de Nipe.

En una nota oficial del Embajador Earl Smith a Terrence Leonhardy, el entonces jefe del directorado de Cuba en el departamento de estado, Smith señaló que el vuelo 495 de Cubana de Aviación tenía combustible suficiente para volar hasta las 8:45 p.m. El reloj recuperado en el cuerpo del piloto se detuvo a las 9:13, confirmando así que el combustible del avión se había agotado solo minutos antes del accidente. Diecisiete personas a bordo del avión perdieron la vida esa noche, incluyendo los miembros de la tripulación y dos de los secuestradores. Los cuerpos de otros dos piratas aéreos nunca fueron recuperados.

El departamento de estado concluyó que los dos secuestradores que sobrevivieron el accidente lograron alcanzar la orilla a nado y eventualmente se unieron a las fuerzas de Castro en las montañas. Uno de los hombres fue identificado como Edmundo Ponce de León, el presunto autor intelectual del secuestro.

Castro se apresuró a negar que los miembros del movimiento del 26 de Julio habían llevado a cabo el secuestro de la nave, pero el vicecónsul Wayne Smith tenía evidencias de lo contrario. Smith, quien había permanecido en el área de la Bahía de Nipe durante los esfuerzos de rescate, confirmó que dos de los cadáveres recuperados llevaban brazaletes negros y rojos del 26 de Julio atados en sus brazos. El secuestro del vuelo 495 fue el primer acto de piratería aérea registrado en la historia de la aviación de los Estados Unidos.

Capítulo 25

No olvidemos nunca que el terrorismo, en su corazón maligno, es una guerra psicológica.

—Norm Coleman

El 28 de junio de 1958, un grupo de guerrilleros enmascarados y armados con rifles M1 y ametralladoras Thompson irrumpieron en un complejo de minas en la provincia oriental de Cuba. En una operación comando, los rebeldes secuestraron a diecinueve norteamericanos y un ciudadano canadiense y los condujeron a punta de cañón hacia a las montañas. Los rehenes trabajaban como ingenieros y técnicos para la *Moa Bay Mining Company.*

Al día siguiente, otro grupo de rebeldes emboscó un autobús que llevaba veintinueve marinos desarmados de la armada estadounidense quienes regresaban a la base naval después de un día libre en la ciudad de Guantánamo. Los marinos fueron obligados a bajarse del autobús y llevados a la fuerza montaña adentro. Raúl Castro, el cabecilla de las fuerzas rebeldes en la Sierra del Cristal y hermano menor de Fidel, se atribuyó la responsabilidad por los secuestros.

A menos de veinticuatro horas de los secuestros en Moa y Guantánamo, el padre de Nick, Víctor Daniels, recibió una llamada telefónica de Mary Elmore, la esposa de su buen amigo y socio de negocios Raymond Elmore. Mary tenía ocho meses de embarazo y acababa de regresar a su ciudad natal en el estado de Louisiana para dar a luz a su segundo hijo. La línea telefónica estaba plagada de estática, lo que obligó a la mujer a repetirse con frecuencia.

Según Mary, el ama de llaves de Raymond la había llamado en la mañana del 29 de junio para comunicarle que Raymond nunca había regresado a casa la noche anterior. La sirvienta estaba preocupada por los rumores de que una operación guerrillera a gran escala había tenido lugar en el área de las minas. Al día siguiente, Mary recibió una llamada del departamento de estado confirmando que su esposo era, en efecto, uno de los hombres secuestrados por los asaltantes.

—Víctor, tenemos que hacer todo lo posible para rescatar a Raymond de las montañas—le suplicó la mujer. —Si lo que quieren es dinero, se los daré. Tenemos más de diez mil dólares en una cuenta en el Banco de Comercio Exterior en la Habana.

—Mary, no te preocupes. Voy a viajar personalmente a Santiago en un par de días. Conozco a alguien allá que podría enviarle una oferta de rescate a Raúl Castro. Yo te adelantaré el dinero y me puedes pagar después de efectuado el rescate.

***

El ingeniero notó de inmediato la figura alta de Earl Smith al salir de ascensor en la última planta de la embajada norteamericana en la Habana. Cuando llamó a Smith por teléfono esa mañana para tener más noticias sobre los secuestros, el embajador lo invitó a asistir a una conferencia de prensa en la embajada. Los hombres habían sido buenos amigos desde que Smith fuera nombrado embajador de los Estados Unidos en Cuba en 1957 por el presidente Dwight Eisenhower.

—Señores, gracias por asistir a la conferencia de hoy—comenzó a decir Smith. —Voy a tratar brevemente la cuestión de los secuestros en las instalaciones mineras de Moa en Oriente y de los infantes de marina en las cercanías de la base naval de Guantánamo. El hombre que ha reclamado responsabilidad por estas acciones es Raúl Castro, el hermano menor de Fidel. Esto no es una sorpresa para nuestra embajada. Los secuestros y otros actos de terrorismo han sido un *modus operandi* típico de la guerrilla bajo el mando de Fidel Castro. Todos en esta sala recordamos el secuestro del corredor de autos Juan Manuel Fangio durante el último *Gran Prix* de la Habana y los ataques con petardos a clubes nocturnos, teatros y otros lugares públicos en los últimos meses—continuó Smith.

— ¿Tiene Eisenhower intenciones de desembarcar la infantería de marina en Cuba para rescatar a los rehenes? —preguntó un periodista.

—El departamento de estado prefiere mantener una posición de neutralidad con respecto a Fidel Castro y su guerrilla por el momento. Temen que una acción militar por parte de Estados Unidos pueda provocar a Raúl a causarle daño físico a los rehenes.

— ¿Cuál es la solución entonces? —preguntó el mismo hombre.

—El cónsul norteamericano en Santiago ha sido instruido para que comience las negociaciones con Raul Castro con vistas a liberar a los rehenes. Mientras tanto, la embajada ha instado a todos los ciudadanos estadounidenses y de otros países que residen en esa zona a evacuarse sin demora a Santiago y otras ciudades de Oriente. Tendré más información para ustedes en los próximos días. Les deseo a todos un buen día.

***

Víctor Daniels desconectó el piloto automático de su avioneta monomotor Beechcraft Bonanza y comenzó el descenso manual sobre los picos destellantes de la Sierra Maestra. El panorama divergente ante sus ojos era verdaderamente asombroso. Desde seis mil pies sobre el nivel del mar, la costa meridional de Santiago se le antojaba como una línea de espuma blanca pincelada incesantemente con matices de esmeralda y aguamarina.

A menos de una milla del litoral, el mar se tornaba repentinamente de un color índigo profundo que se perdía en el horizonte lejano. Era la línea virtual donde la plataforma continental tropezaba con la *Fosa de Bartlett*, un abismo legendario que descendía más de veinticinco mil pies hacia el fondo del océano. Desde los días de la colonización española, la profunda fosa se había convertido en el lugar de descanso de numerosos navíos que trataron en vano de alcanzar la protección de la bahía de Santiago en medio de ciclones y fuertes temporales.

El ingeniero sintonizó la radio VHF a la frecuencia de la torre de Santiago y solicitó permiso para aterrizar. El controlador de tráfico aéreo respondió casi de inmediato.

—Beechcraft 498, está autorizado para aterrizar en la pista 09— dijo la voz sobre el altavoz de la cabina. —Bienvenido a Santiago.

Víctor Daniels voló hasta unos doscientos metros pasada la línea costera, ejecutó un giro hacia la izquierda y alineó la avioneta en un curso paralelo a la aproximación normal de la pista 09. Su intención era mantenerse alejado de tierra hasta llegar la altura de la bahía de Santiago y de ahí regresar a la costa para efectuar una aproximación hacia la pista en un ángulo empinado. Permaneciendo sobre el mar tanto tiempo como fuese posible minimizaba sus posibilidades de ser alcanzado por un posible fuego de armas largas. Los rebeldes tenían conocimiento de que el ejército Batistiano utilizaba avionetas pequeñas para realizar misiones de reconocimiento sobre las montañas y trataban de derribarlas.

Después de contemplar brevemente el castillo del Morro a su derecha, Víctor Daniels posó su avión sobre el asfalto caliente con un breve chirrear de los neumáticos. Su misión para obtener la liberación de Raymond Elmore estaba en marcha.

—El costo del aparcamiento es de cinco pesos diarios. Otros cinco pesos para el guardia nocturno le asegurarán de que nadie se acerque a su avión— le dijo el encargado de la rampa.

El hombre le ayudó a desmontar su equipaje y procedió a escribir varios números en una etiqueta. Víctor Daniels le entregó al hombre un billete de veinte pesos, el equivalente en aquel entonces a veinte dólares de los Estados Unidos.

—Por favor pida que llenen los tanques de combustible y revisen el aire en los neumáticos. Saldré de regreso para la Habana en un par de días.

—Yo mismo me encargaré de todo, señor. Puede pagarle al gerente del aeropuerto por el combustible cuando esté listo para salir y por las noches adicionales. Le deseo una estadía placentera en Santiago.

Víctor Daniels compró un paquete de goma de mascar en un estanquillo en la terminal y salió a la calle por la puerta principal. Recurría a menudo a los *Chiclets* para controlar el deseo incómodo de fumar. Había dejado el hábito de envenenarse con dos paquetes de cigarrillos al día cuando su hija Militza empezó a sufrir ataques de asma.

El ingeniero usó la palma de su mano para protegerse los ojos del sol abrasador y echar una ojeada a su alrededor. No tardó en distinguir a un Chrysler *New Yorker* color negro que se apartaba de una fila de coches estacionados y se dirigía hacia él.

— ¿Qué tal el servicio de primera? — le preguntó un hombre alto y sonriente quien salió del vehículo y se le acercó para coger su maleta. Lloyd Symington era un buen amigo desde los días cuando Víctor Daniels vivía y trabajaba la mayor parte del año en Oriente.

—Me alegra mucho verte de nuevo, Lloyd. — ¿Llevas tiempo esperándome?

—Llegué justo a tiempo para ver tu aproximación desde la carretera. — ¿Tuviste un buen vuelo?

—Estupendo, gracias. No puedo pensar en una mejor manera para llegar aquí. La Bonanza tiene una velocidad de crucero de ciento cincuenta nudos y el piloto automático hace todo el trabajo.

— ¿Cuánto tiempo te tomó el viaje?

—Unas cuatro horas y media, incluyendo una escala en Camagüey para reabastecerme de combustible y almorzar. A propósito, tienes un bello coche.

—Es una joya, ¿no? Lo trajimos de Miami hace seis meses— dijo Lloyd mientras conducía el cupé entre otros vehículos estacionados fuera del aeropuerto. —Desafortunadamente, las cosas están cambiando muy rápido y ya no nos sentimos seguros aquí. Aida y yo hemos decidido poner la casa a la venta y regresar lo más pronto posible a los Estados Unidos. Por cierto, tenemos sábanas frescas esperándote en la habitación de huéspedes.

—Gracias, Lloyd, pero siento tener que rechazar tu oferta. Tengo una cita con un amigo esta noche en el hotel Casa Granda y ya reservé una habitación. Si tienes tiempo mañana podemos reunirnos para almorzar.

—Aida estará encantada en verte. ¿Traes buenas noticias de la Habana?

—Solo lo que tú ya debes conocer sobre los recientes secuestros. Cuando la noticia de lo sucedido en Moa llegó a la capital, todos se preguntaron por qué tantos norteamericanos todavía viven y trabajaban tan cerca de la zona del conflicto. Parece ser que hubo una advertencia de que los secuestros podrían ocurrir en cualquier momento.

—Vic, puedo asegurarte de que no hubo tal advertencia. Raúl emitió una orden militar ordenando el secuestro de todos los americanos en el área bajo su control, pero no fue dada a conocer hasta el mismo día en que tomaron a los rehenes. Fue una farsa para tratar de darle legitimidad a los secuestros. La acción le ha obligado a Batista a suspender todos los bombardeos aéreos de la zona controlada por los rebeldes. Raul logró exactamente lo que quería. —¿Cuánto tiempo pasará antes de que Eisenhower envíe a la caballería al rescate?

—Eso no va a suceder, Lloyd, por lo menos eso es lo que escuché del embajador Smith ayer. A Eisenhower le encantaría desembarcar un batallón de marines y limpiar las montañas de los rebeldes de una vez y por todas, pero se enfrenta con serios obstáculos en Washington. La mayor oposición viene de Roy Rubottom, el secretario de estado adjunto. Rubbotom ha convencido a muchos que una operación de rescate armado por parte de los Estados Unidos le daría a Raúl Castro una excusa para matar a los rehenes.

Estamos en un callejón sin salida.

Luego de conducir hábilmente por las calles angostas de Santiago de Cuba, Lloyd detuvo el elegante Chrysler frente a la entrada del Casa Granda. El hotel colonial se encontraba ubicado en la Plaza de Céspedes, contraesquina a la catedral de Santiago.

—Gracias por el viaje, Lloyd. Te llamaré mañana sobre el mediodía. Por favor, dale un beso a Aida de mi parte.

El botonés del Casa Granda tomó la maleta de Víctor Daniels y guio a su huésped por los escalones que conducían al pórtico del hotel. En el vestíbulo, el ingeniero se detuvo momentáneamente para escuchar la voz grabada de Nat King Cole armonizando *Acércate más* desde un gramófono. La melodía lo transportó a un momento diferente en el tiempo y espacio y apaciguó sus sentidos. Ubicada no lejos de la guerra que tenía lugar en las sierras, Santiago de Cuba ofrecía una falsa sensación de tranquilidad la cual se le antojaba inquietante.

A los cincuenta años de edad y en gran forma física, Víctor Daniels tenía una semejanza notable con el expresidente norteamericano Harry Truman. Ambos hombres eran de estatura promedio, tenían la misma nariz aguileña, la misma mandíbula resuelta y ojos penetrantes detrás de finas gafas de oro. Cuando el ingeniero caminaba por las calles de la Habana o de Miami, muchos transeúntes se daban la vuelta para echarle una segunda mirada al hombre vestido con traje elegante y sombrero de Panamá, asombrados por su semejanza con el trigésimo tercer presidente de los Estados Unidos.

Durante varios años, Víctor Daniels había viajado al menos una vez por mes a las minas de Charco Redondo, ya bien en un vuelo de

Cubana de Aviación o a los mandos de su avión monomotor. Cuando usaba su propio avión, lo dejaba estacionado en el aeropuerto de Bayamo. Desde ahí, Víctor Daniels conducía su Jeep Willys por unos treinta kilómetros de caminos angostos hasta el poblado minero ubicado en las laderas septentrionales de Sierra Maestra. Su último viaje a las minas fue en la primavera del año 1958. Para entonces, la Fuerza Aérea cubana había incrementado los bombardeos sistemáticos de las posiciones rebeldes y era imposible predecir dónde caerían las bombas, o en que recodo de la carretera le estaría esperando una emboscada. Un día, después de escuchar un intenso intercambio de fuego de armas largas no muy lejano el cual duró varias horas, Víctor Daniels decidió que había llegado la hora de hacer las maletas y regresar a la Habana.

$\star\star\star$

—Bienvenido de nuevo al Hotel Casa Granda, señor Nickolich.

—Gracias, Martin. No hay mejor hotel en todo Santiago. Es un placer estar de regreso.

Víctor Daniels sacó una pluma Parker del bolsillo de su chaqueta y llenó la tarjeta de registro del hotel.

—Me encargaré de que su equipaje sea llevado a su habitación de inmediato. Espero que disfrute de su estadía con nosotros.

Víctor Daniels le entregó la tarjeta a Martin y se dirigió al restaurante para reservar una mesa para dos con el *maître d'*. Acto seguido, ingresó en la cabina telefónica privada del hotel, descolgó el auricular y le dio a la operadora un número de teléfono en la ciudad.

El ingeniero no había escuchado hablar de Robert Wiecha, el

segundo jefe de operaciones consulares de los Estados Unidos en Santiago. Sin embargo, Smith le había varias claves de quién era ese individuo. El título era sólo una fachada. Wiecha funcionaba como jefe de la estación de la CIA en Santiago de Cuba y era un individuo del cual era necesario cuidarse. La llamada fue contestada después de dos timbrazos.

—Mr. Wiecha, el Embajador Smith me dio su número telefónico ayer en La Habana. Le estoy llamando en nombre de la esposa de Raymond Elmore, uno de los ingenieros secuestrados en Moa hace varios días. Mrs. Elmore quiere saber si ha habido demandas de dinero. Su familia está dispuesta a pagar una suma razonable a cambio de su liberación inmediata.

— Por el momento no se ha recibido ninguna demanda de dinero—dijo Wiecha. —El motivo de los secuestros aparenta ser de carácter estratégico y no económico. Le insto a que se abstenga de hacer contacto con los rebeldes. La oficina consular de los Estados Unidos en Santiago está manejando esta situación bajo instrucciones del departamento de estado. Cualquier interferencia fuera de los canales oficiales podría perjudicar nuestras negociaciones y poner en peligro la vida de los rehenes.

—Comprendo, Sr. Wiecha. ¿Sería tan amable en comunicarse conmigo si se produce algún cambio en las demandas de los rebeldes? Me puede localizar en el hotel Casa Granda.

Víctor Daniels colgó el gancho metálico del teléfono con el dedo índice para concluir la llamada. Soltó el gancho de nuevo y le dio a la operadora del hotel un número diferente en Santiago. Después de una breve conversación con un viejo amigo, se dirigió al bar y pidió una cerveza Hatuey helada, la cual llevo con él a su habitación.

La suite asignada era la misma que había ocupado durante su última estadía en el hotel meses antes. Apreciaba los altos ventanales que ofrecían una vista magnífica de la Plaza de Céspedes, la Bahía de Santiago y la Sierra Maestra en la lejanía. Terminó de beber su cerveza, dobló una almohada y se acostó en el colchón sin despojarse de la ropa o los zapatos. El largo vuelo y la cerveza lo habían adormecido. Aún tenía una hora y media para descansar antes de su cita en el restaurante del hotel.

Víctor Daniels se despertó luego de una breve siesta, tomó una ducha rápida y se vistió con una guayabera blanca y pantalones de dril 100. Sacó su pistola semi-automática calibre .32 de su maleta y la colocó debajo del colchón, junto a la bolsa con el dinero que esperaba ofrecer para la liberación de Raymond. Antes de despegar de una pista de aterrizaje privada cerca de la ciudad de Santa Fé en la Habana, el ingeniero efectuó una breve visita a la sucursal del *Royal Bank of Canada,* donde retiró la suma de diez mil dólares americanos en efectivo de su cuenta personal.

Las manecillas de su reloj suizo *Longiness* le confirmó que aún tenía media hora antes de la cena con su amigo. Abrió las persianas de doble hoja y se acomodó en un sillón de mimbre, donde permaneció sentado por un rato disfrutando las vistas de las laderas meridionales de la Sierra Maestra, con sus majestuosas cumbres color esmeralda destellando bajo el sol del crepúsculo. También se puso a recordar.

En el lado opuesto de esa cordillera se encontraba Charco Redondo, un poblado minero remoto atrapado en la línea de fuego entre el ejército de Batista y los rebeldes de Castro. Las minas habían sido el segundo hogar de Víctor Daniels durante los últimos tres años de su vida. En retrospectiva, lamentó haber pasado más tiempo en Oriente que en su casa de la Habana junto a su familia.

Víctor Daniels se preguntaba si el destacamento del ejército local bajo su mando todavía estaba desplegado en Charco Redondo, o si los rebeldes ya habían capturado las minas y abierto la enorme caja de caudales Mosler que yacía en la oficina de la gerencia. Había suficiente dinamita en el almacén del local para volar la puerta de la caja fuerte y mucho más. Víctor Daniels era uno de los dos hombres que conocían la combinación—el otro era su socio Francisco Cajigas. Sin embargo, de los rebeldes haber violado la caja fuerte, no hubiesen encontrado nada de valor en su interior. En su último viaje a Charco Redondo, Víctor había tomado la precaución de vaciar su contenido. En aquella oportunidad, se llevó consigo los libros de contabilidad, los registros de producción y un estudio valioso que había realizado mientras buscaba nuevos yacimientos de manganeso en la región.

Las muestras obtenidas durante el estudio geológico habían revelado la presencia de depósitos considerables de *pilerosita* a pocos kilómetros de las venas de producción existentes. Mientras que el mineral recién descubierto yacía a mayor profundidad que en las venas de producción actuales, las muestras mostraban casi un cincuenta por ciento de contenido de manganeso. Víctor Daniels estaba convencido que su descubrimiento tendría un valor de varios millones de dólares anuales.

A pesar de la advertencia del jefe de la estación de la CIA en Santiago, Víctor Daniels no había desistido de su intención de cumplir la promesa que hizo a Mary. Sin embargo, sabía que tendría que actuar con rapidez. Cuando Raúl Castro recibiera garantías del departamento de estado de que los Estados Unidos negociarían con él la liberación de los rehenes, el jefe de la guerrilla podría extender su cautiverio por varias semanas, si no meses.

Tan pronto como se dio a conocer públicamente la captura de los rehenes en Moa y Guantánamo, Fidel se apresuró a negar haber tenido previo conocimiento de los secuestros, o haber participado en los mismos.

—Raúl actuó por su cuenta como el comandante de la región de la Sierra del Cristal—dijo Fidel durante una emisión por Radio Rebelde, la estación de radio pirata de los guerrilleros en la Sierra Maestra.

Fidel luego añadió—«sin embargo, los norteamericanos ofrecen una gran protección antiaérea».

Eludir responsabilidades se convirtió en la estampa clásica de Fidel. El cerebro y manipulador de todo que tuvo lugar durante la guerra insurgente y en los años que siguieron, Castro demostró poseer una habilidad sin igual para culpar a otros por sus acciones. El secuestro de norteamericanos y canadienses en la ciudad minera de Moa y de marinos desarmados fuera de la base de Guantánamo, les dio a los hermanos Castro su primera victoria significativa en la guerra contra Batista. Sin embargo, no había sido un triunfo alcanzado en un combate militar, sino causándole terror a personas inocentes y a sus familias.

✳✳✳

Víctor Daniels divisó a su amigo Julio Tellechea en una mesa en el rincón más apartado del restaurante. El renombrado abogado en Santiago de Cuba había servido como miembro del gabinete en el gobierno y era bien conocido en la provincia de Oriente. El hombre estaba impecablemente vestido con un traje blanco de dril 100 y un pañuelo italiano costoso en lugar de una corbata.

—Hola, Vic. ¿Cuánto tiempo ha pasado, diez meses, un año?

—He estado lejos del paraíso por demasiado tiempo, Julio. Me alegra verte otra vez. Gracias por atenderme con tan poco aviso.

Julio pidió dos cervezas frías y dos porciones de aceitunas para el aperitivo.

—¿Qué te trae de regreso a nuestro apacible Santiago de Cuba?

—Tienes un gran sentido del humor. Estoy aquí por el incidente de Moa. Mi amigo Raymond Elmore fue uno de los ingenieros secuestrados por Raúl Castro.

Julio echó una mirada a su alrededor para verificar que nadie los estaba escuchando.

—Conozco a Raymond muy bien. Es un buen tipo. Sin embargo, esperaba que algo de esa índole ocurriera tarde o temprano. Los hermanos Castro les tienen un odio visceral a los norteamericanos y eso te incluye a ti— añadió el abogado apuntándole con el dedo índice.

—Lo sé muy bien, Julio y es por eso por lo que no me verás en ningún lugar cerca de la zona del conflicto. Mi preocupación ahora es la familia de Raymond. Esa es la razón de mi viaje a Santiago.

—¿Qué tienes en mente?

—La esposa de Raymond está a punto de tener a su bebé y esta situación la ha puesto en un estado de nervios. Me pidió que hiciera contacto con los rebeldes y les ofreciera una recompensa para su liberación. Hay diez mil dólares en efectivo sobre la mesa. Extraoficialmente, por supuesto y definitivamente sin las bendiciones del "vicecónsul" Wiecha.

— ¿Dónde encajo yo en este lio?

—Supongo que aun debes tener conexiones dentro de la red rebelde en Santiago. Debes conocer a alguien quien pueda enviarle el mensaje a Raul, o entregarle el dinero.

—Las cosas han cambiado mucho por estos lares, Vic. La policía de Batista y los efectivos de la inteligencia militar están metidos en todas partes. Además, la mayoría de mis conocidos dentro del movimiento han muerto, están presos, o se han unido a la guerrilla en las montañas. Para complicar aún más las cosas, el ejército ha bloqueado todas las vías de acceso a las Sierras. Incluso si un mensajero lograse pasar hacia las montañas, le tomará varios días llegar al puesto de mando de Raúl. Tampoco no hay garantías de que Raul lo dejará libre, quien podría decidir quedarse con el dinero y no soltar a nadie. No se puede confiar en gánsteres que someten a personas inocentes a punta de cañón.

—Entiendo que eso podría ser un problema.

—¿Hay algún indicio de que Eisenhower intervendrá militarmente para rescatar a los rehenes?

El ingeniero se encogió de hombros. Eso es altamente improbable. Tú eres la tercera persona a quien le he escuchado esa misma pregunta en los últimos dos días. En realidad, el departamento de estado teme que Raúl pueda infligirles daño a los rehenes y ha instruido al cónsul americano en Santiago a que comience las negociaciones de inmediato. Como resultado, los rebeldes se aprovecharán del *estatus quo* indefinidamente.

—Una gran parte de la culpa de todo lo que está sucediendo la tiene Matthews, el periodista del New York Times que entrevistó a Fidel. Ese reportero hizo un daño incalculable engañando a los norteamericanos sobre quién realmente es Fidel. En mi opinión, Matthews fue otro *Chamberlain de Neville*. Los artículos que publicó en el diario de Nueva York les dieron a los liberales del departamento de estado argumentos suficientes para justificar darle la espalda a Batista.

—Estos son días difíciles, Julio. Yo no le veo solución positiva a este dilema.

—Estoy de acuerdo. Batista está combatiendo con las manos atadas a la espalda. El gobierno de los Estados Unidos ha bloqueado la entrega de quince aviones de entrenamiento para la fuerza aérea cubana y paralizaron todas las ventas futuras de armas, municiones y repuestos destinados al ejército cubano. Hay veinte vehículos blindados en algún lugar de la Florida en espera por una licencia de exportación del departamento de estado, una licencia que tú y yo sabemos que nunca será aprobada. La lista no tiene fin. Mientras tanto, las organizaciones de recaudación de fondos para la guerrilla de Castro siguen prosperando en los Estados Unidos y enviando armas y suministros a los rebeldes por aire y por mar. Todo indica que hasta el FBI se está haciendo de la vista gorda. Algunas personas en Washington no pueden esperar a que Fidel Castro se convierta en el próximo dictador de Cuba. Los desgraciados no tienen la menor idea de lo que les caerá encima si eso sucede.

— ¿Qué le diré a Mary?

—Mary no tiene por qué preocuparse. A Raúl le conviene mantener a los rehenes sanos y salvos y evitar una confrontación directa con los Estados Unidos. Creo que, si le toca un solo cabello a un rehén, Eisenhower tendrá la excusa perfecta para enviar a los marines y los días de los Castro estarán contados. Dile que su esposo no se encuentra solo y probablemente está jugando al póker y fumando un habano en un rancho de montaña en estos precisos momentos.

Víctor Daniels comprendió que, dada las circunstancias, le sería imposible lograr la liberación de Raymond. Decidió almorzar temprano con Lloyd y Aida al día siguiente y volar de regreso a la Habana.

La situación de los rehenes en la Sierra del Cristal parecía estar encaminada hacia un punto muerto. En un comunicado militar transmitido posterior a los secuestros, Raúl anunció que los rehenes habían sido trasladados a diferentes lugares en las profundidades de las montañas y añadió que tenía la intención de usarlos como escudos humanos. Un cese del fuego les dará a los rebeldes suficiente tiempo para reagruparse y restaurar las líneas de abastecimiento de armas, municiones, alimentos, suministros médicos y efectivos humanos.

Poco después de despegar del aeropuerto de Santiago con destino a la Habana, Víctor Daniels percibió un olor fuerte a gasolina en la cabina del avión. Como parte del chequeo de pre-vuelo, había drenado un poco de gasolina del tanque dentro de un tubo de vidrio para comprobar que no contenía agua o sedimentos. ¿Habría dejado la pequeña válvula abierta inadvertidamente? No lo creía así.

—Torre de Santiago, este es Beechcraft 498. Necesito permiso para regresar en emergencia al aeropuerto.

Luego de aterrizar y apagar el motor, un vistazo rápido debajo del ala reveló un chorro fino de combustible saliendo de la válvula de drenaje del tanque. Víctor Daniels estaba convencido de que había cerrado la válvula con fuerza antes de despegar. Sin embargo, recordó haber visto a dos jóvenes desconocidos en la rampa próximos a su avión mientras calentaba el motor. Uno de ellos podría haberse agazapado sin dificultad debajo el ala de la Bonanza y abierto la válvula. Alguien en Santiago quería verlo muerto.

En julio de 1958, después de semanas de negociaciones entre el departamento de estado y Raúl Castro, Raymond Elmore y el resto de los rehenes fueron dejados en libertad por los rebeldes y transportados por helicópteros de la Marina estadounidense a la base naval de Guantánamo.

Capítulo 26

No pasó mucho tiempo tras la victoria de los castristas que la revolución comenzara a sufrir una fragmentación sistemática dentro de sus filas. Un grupo de comandantes rebeldes creían que Fidel había traicionado a la revolución y que estaba negociando secretamente con el Kremlin para convertir a la isla en un satélite de la Unión Soviética. El consenso entre un grupo de antiguos revolucionarios era que esas ideas eran muy peligrosas y que había que sacar a Fidel del poder.

Castro actuó con una rapidez fulminante para sofocar las sediciones. Su reacción obligó a los oficiales disidentes que aún no habían sido arrestados a reagruparse en las montañas del Escambray, donde se unieron a los guerrilleros que ya combatían ahí contra las fuerzas de Castro.

Una de las primeras víctimas de la fragmentación en los altos mandos del régimen fue William Alexander Morgan, un norteamericano quien alcanzó el grado de comandante en el ejército rebelde durante la lucha en la Sierra Maestra. Desilusionado por el nuevo y oscuro derrotero tomado por la revolución, Morgan se unió a la resistencia y comenzó a transportar armas y municiones destinadas a las fuerzas anticastristas que combatían en la cordillera del Escambray.

En octubre de 1960, el comandante Morgan fue arrestado por la policía secreta, juzgado por un tribunal militar y ejecutado por el pelotón de fusilamiento. Otros altos oficiales del ejército rebelde sufrieron el mismo destino que Morgan, o fueron sentenciados a veinte años o más de prisión. El "carnicero" que dirigió los tribunales militares y las ejecuciones en la prisión de La Cabaña en esa época era Ernesto Guevara, un comandante de origen argentino conocido como *el Ché*. Durante la estadía del Ché como jefe de La Cabaña, los disparos del pelotón de fusilamiento podían escucharse claramente fuera de los gruesos muros de la prisión casi todas las noches de la semana.

El comandante Camilo Cienfuegos, el tercer hombre de mayor jerarquía militar en Cuba, era un líder rebelde carismático y considerado como un héroe por la mayoría de los cubanos en la isla. Desafortunadamente para él, Camilo había llegado a ser más popular que el mismo Fidel Castro. A menos de un año de la victoria de la guerrilla, Camilo también desaparecería misteriosamente del escenario cubano.

Evidencias circunstanciales vincularon la desaparición de Camilo con el arresto del comandante Huber Matos, otro disidente de las altas esferas del régimen. Durante la guerra revolucionaria, Matos fue un estratega brillante a quien se atribuyó, entre otras hazañas, la toma de la ciudad de Santiago de Cuba.

Después de la llegada de los rebeldes al poder, Castro le otorgó a Matos la comandancia de la provincia de Camagüey. Pero como muchos otros aliados cercanos a Fidel, Matos no tardó en desilusionarse y comenzó a hacer declaraciones públicas criticando abiertamente las ideas de Castro. Matos quería que el pueblo estuviese consciente de los peligros que una alianza con el Kremlin representaba para la libertad de todos los cubanos.

En varias ocasiones, Matos le exigió a Castro que lo liberara de su cargo como comandante del ejército en Camagüey, una petición que Fidel nunca aceptó. Cuando Matos le mencionó sus preocupaciones de que la revolución iba en camino al comunismo,

Fidel Castro le aseguró de que los que coqueteaban con ideas marxistas eran Raúl y Ché y no él. Fidel agregó que no se preocupara porque él ya tenía esa situación bajo su control.

Fue entonces cuando Matos se convenció de que Fidel era un embustero compulsivo y decidió que era hora de dimitir. En sus ojos, el comandante en jefe en el cual había depositado su confianza y respeto no era más que un farsante quien se servía solamente a sí mismo y a sus propios intereses. La revolución verde por la cual Matos y muchos otros habían luchado, e incluso perdido sus vidas, había sido traicionada.

Por otra parte, Fidel Castro se había sumido en una egomanía crónica que no lo permitía aceptar que ninguno de sus comandantes lo abandonase. Cuando Castro recibió la noticia que Matos había renunciado, el caudillo ordenó a Camilo Cienfuegos a viajar a la ciudad de Camagüey y poner a Matos bajo arresto. Ese mismo día, Castro pronunció un discurso televisado expresándose abiertamente contra Hubert Matos y acusándolo de insubordinación y de dirigir un levantamiento contra el pueblo de Cuba, algo que era totalmente falso.

Algunos oficiales cercanos al comandante Cienfuegos dijeron que Camilo estaba convencido de que Hubert Matos no había cometido ningún acto de traición. A su llegada a Camagüey, Camilo encontró a Matos sentado en la sala de su casa en compañía de su familia y no alzado en armas en las montañas como Castro le había asegurado. Camilo obedeció las órdenes de poner a su amigo bajo arresto, pero lo hizo sólo porque confiaba en que Matos recibiría un juicio justo y sería eventualmente absuelto de los cargos que se le imputaban.

A las seis de la tarde del 28 de octubre de 1959, un avión bimotor

Cessna 310 despegó de la ciudad de Camagüey con el piloto Luciano Fariñas a los mandos. Sus pasajeros eran el popular comandante Camilo Cienfuegos y su guardaespaldas personal. El avión nunca llegó a su destino en la Habana.

La operación de búsqueda del avión de Camilo duró varios días. Cuando las esperanzas de encontrar la aeronave, o algún sobreviviente se dieron por perdidas, el gobierno cubano emitió su informe oficial. El parte señalaba que el Cessna 310 de Camilo había encontrado mal tiempo durante la travesía hacia la Habana y probablemente había caído en el océano.

Muchos dentro y fuera de la isla expresaron su escepticismo sobre la versión del gobierno acerca de la desaparición de Camilo. La ruta de Camagüey a la Habana era una línea recta estrictamente sobre tierra y los partes meteorológicos indicaban que hubo buen tiempo el día en que el avión desapareció. Hasta la fecha, nadie ha hallado el más mínimo rastro del avión, o de sus ocupantes.

En diciembre de 1959, el comandante Hubert Matos fue juzgado arbitrariamente por traición por los tribunales de Castro y sentenciado a veinte años de prisión.

CVS-9 USS Essex, circa 1961. A4D-2 Skyhawks de la escuadrilla VA-34 Blue Blaster fueron lanzados por el Essex en apoyo de la invasión de Bahía de Cochinos. Las órdenes esperadas para atacar a la fuerza aérea de Castro nunca llegaron. Foto de Archivo.

AD-4 Skyhawk del escuadrón Blue Blasters listo para despegar desde el USS Essex. Abril de 1961. Foto de archivo.

Misiles balísticos de alcance medio soviético SS-4 (denominación OTAN R-12) similares a los desplegados en Cuba en 1962. Foto de Archivo.

Bombardero estratégico Soviético TU-de largo alcance capaz
de llevar cargas nucleares. Foto de Archivo.

Base soviética de Inteligencia de Señales de Lourdes en Cuba. Foto de Archivo.

Avión espía U2, similar al que fue derribado por Castro mientras realizaba una misión de reconocimiento sobre Cuba en 1962. Foto de Archivo.

Paracaidistas preparados para un salto en Cayo la Rosa, 1973.

El Piper Pawnee ,visible a la derecha, fue robado eventualmente por disidentes cubanos y piloteado a los Estados Unidos. Foto cortesía de Peter Fandiño.

Vista aérea del aeródromo de Cayo la Rosa, 1973.

Laguna de Ariguanabo en el fondo. Foto cortesía de Peter Fandiño.

David Edery del equipo del Perú aterrizando en el evento de precisión, Campeonato Panamericano de Paracaidismo, Perú, 1975

Equipo Cubano de Paracaidismo (parcial) Perú, 1975.

Primera fila desde la izquierda: Guerra y Lince.

Foto cortesía de Tomás Berriolo (de pie, extrema derecha)

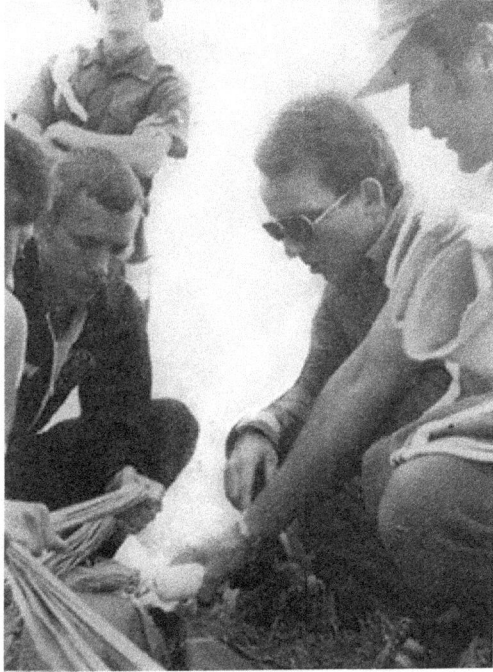

El Capitán Chuck Whittle, Ejército de los Estados Unidos «Golden Knights» (izquierda), instala un dispositivo de despliegue experimental en el paracaídas ruso UT-15 de Lince (con gafas de sol). Collique, Perú. Foto SSG Dave Goldie, Revista *Parachutist* - agosto de 1975.

Copia del libro *Skies Call* que Lince utilizó en Cuba para
aprender y enseñarle sus compañeros de equipo el arte de
la caída libre de paracaidismo.

Lince (izquierda) con los paracaidistas canadienses Gabriel y Derek

junto a un avión de salto AN-2. San Nicolás de Bari, 1976. Cortesía de J.P.

Viscount de Cubana de Aviación, similar al secuestrado en ruta de Miami a Varadero el 1ro de noviembre de 1958. Fue el primer secuestro en la historia de la aviación estadounidense. Foto de Archivo.

La casa de Lince en el residencial de Siboney, la Habana

Lince con sus padres, Ramona y Víctor Daniels Nickolich,

La Habana, 1976. Cortesía de J.P.

3

LA EMBOSCADA

Capítulo 27

Nunca encontrarás un mejor compañero para hacer sparring que la adversidad.

—*Golda Meir*

La Habana, 15 de noviembre de 1977

—Luciano salió de la oficina para atender un asunto inesperado—le dijo Ana María. —Pero hay dos compañeros del ministerio del interior esperándote en su oficina. Por la mirada inquieta en los ojos de Ana María, Lince supuso que el problema era serio.

—Gracias, Ana María.

El paracaidista había exhalado un suspiro de alivio cuando Marcos detuvo su automóvil Lada frente a la sede del club de aviación en La Rampa y no en el centro de detención de Villa Maristas, como él se había temido. Sin embargo, ese respiro momentáneo se desvaneció cuando escuchó que los agentes del DSE le esperaban en el despacho de Luciano.

Lince halló al teniente Tony Angulo sentado tras el escritorio de caoba de Luciano. El oficial vestía una camisa de mangas cortas a cuadros y pantalones de *kaki*. Durante todos sus años en el club deportivo, Lince nunca había visto a Angulo fuera de su uniforme color verde olivo con la inevitable pistola *Makarov* a la cintura. De pie junto al buró se encontraba un hombre extremadamente delgado a quien Lince no conocía, también en atuendo civil.

—Buenas tardes, Nickolich. Te presento al compañero Lazo del

DSE.

Lince dio un paso adelante para estrechar la mano a Lazo y luego la de Angulo.

—Entiendo que el equipo nacional está listo para otra victoria en los Panamericanos— dijo Lazo.

—Íbamos por ese rumbo hasta del mediodía de hoy. Pero ahora no estoy tan seguro—respondió Lince.

—Ha surgido una situación muy delicada que requiere una atención inmediata—dijo Angulo.

— ¿Qué ocurrió?

—Tenemos información de que hay un norteamericano en la Habana intentando ponerse en contacto contigo—respondió Angulo sin preámbulos.

—¿Un americano buscándome aquí? Ustedes deben estar bromeando.

Angulo clavó sus ojos verde pálidos sobre el paracaidista—No estamos en el negocio de hacer bromas, compañero.

— ¿Qué quiere esta persona de mí?

—Eso es exactamente lo que estamos tratando de averiguar— ¿Le has dicho alguna vez a alguien que quieres irte de Cuba?

Lince dio un respiro profundo. Esa pregunta le reveló que Angulo y Lazo definitivamente sabían algo, pero la pregunta del momento era que habían descubierto y como lo consiguieron. Decidió que era hora de ponerse a la ofensiva.

—Negativo, compañero. Esta situación no me agrada en lo más mínimo. Admito que fui rebelde en mi juventud, pero amo mi país y a la revolución. Todo lo que me importa en la vida está aquí. Jamás abandonaría a Cuba, ni a mi familia.

—Entonces, esperamos que quedes libre de toda sospecha una vez que lleguemos al fondo de esto, ¿cierto?

—Pueden contar con eso el cien por ciento, compañeros— ¿Qué debo hacer?

—Esto es lo que necesitamos que hagas. Vete a casa ahora y espera a que este individuo establezca contacto contigo. Cuando eso ocurra, trátalo de forma amistosa y averigua exactamente qué es lo que quiere. Y por favor no menciones una sola palabra de esta conversación a nadie, ni siquiera a tus padres.

Angulo extendió su brazo y le entregó a Lince un pequeño papel con un número de teléfono.

—Puedes localizarnos en este número en todo momento. Si el norteamericano se comunica contigo dentro de los próximos días y el propósito de su visita es inofensivo o inconsecuente, es posible que todavía tengamos tiempo para enviarte a competir a México. Pero por el momento consideramos su presencia en Cuba como una amenaza para la seguridad del país. La revolución cuenta con tu plena cooperación.

Lince salió del despacho de Luciano con la sensación de que había llegado al final del camino. Si en efecto había un americano en la Habana tratando de hacer contacto con él, eso sólo podía significar una cosa—el departamento de estado estaba actuando en respuesta a la ayuda que pidió diez meses antes con sus amigos canadienses. Ya no le quedaba la menor duda de que había cometido un error garrafal.

¿Qué sabían Angulo y Lazo en realidad? ¿Por qué Angulo le

297

preguntó si alguna vez le había dicho a alguien que quería salir de Cuba? Era evidente que los oficiales del DSE conocían mucho más de lo que le dijeron y habían tratado de atraparlo desprevenido.

En camino a casa, Lince pensó en hacer otro intento de escaparse de la isla en balsa. Aún guardaba un tubo de neumático de camión en la caseta del patio que había sacado secretamente de la estación de arroz un año atrás en el caso de verse algún día obligado a intentar una fuga de emergencia.

Pero eran los últimos días de noviembre, posiblemente la peor época del año para navegar a remo hasta la Florida a bordo de una balsa rudimentaria. Por la experiencia sufrida años atrás, Lince sabía que los vientos del noreste nunca le dejarían llegar más allá de los primeros arrecifes costeros.

Por otra parte, no dudaba que el DSE lo había puesto bajo vigilancia las veinticuatro horas del día. Acorralado y sin escapatoria posible, entendió que sólo quedaba una alternativa—mantener la ecuanimidad y confiar en sus instintos. Ése sería probablemente su último juego mental contra los servicios de inteligencia cubanos. Confiaba en su intuición y perspicacia, pero las perspectivas de ganar en esta ocasión no eran nada prometedoras.

Lince pensó que quizás una oración al cielo podría servirle de ayuda, pero hacía ya mucho tiempo que los comunistas le habían hecho olvidarse de cómo hablar con Dios.

$$***$$

«*En un mar tempestuoso de emoción en movimiento, lanzado por doquier, soy como un barco en el océano...*»

El receptor de radio Zenith transoceánico trajo la melodía del grupo *Kansas* a la habitación acompañada de un zumbido de fondo inducido por los equipos de interferencia del régimen. Las notas de la canción *Carry on Wayward Son* habían viajado más de mil millas por las ondas atmosféricas desde Little Rock, Arkansas hasta la isla caribeña e interponiéndose a un sinnúmero de adversidades meteorológicas.

Su programa favorito en la *KAAY* era el show de *Beaker Street*, un popurrí sin comerciales con canciones de los *Eagles, The Who, Steppenwolf, King Crimson, Deep Purple, Led Zeppelin* y otros grupos de rock populares. La señal de radio se agudizaba gradualmente en las altas horas de la noche y luego se desvanecía justo antes del amanecer. Junto con la música llegaba un mensaje sutil pero indiscutible— *afuera de Cuba existía un universo paralelo sin fronteras donde los seres humanos podían expresarse libremente.*

Pocos minutos después de las ocho de la noche, el timbrado repentino del teléfono lo sobresaltó. Bajó el volumen de la radio y levantó el auricular.

—Hola—respondió.

—¿Puedo hablar con Nick, por favor?

Lince notó que el individuo al otro extremo de la línea se había expresado en un inglés perfecto.

—Hablas con Nick.

—Nick, soy un norteamericano en tránsito en Cuba. Te estoy llamando desde un teléfono público y no tengo mucho tiempo. Traigo un mensaje para ti. ¿Tienes lápiz y papel a mano?

Lince sacó un bolígrafo de la gaveta y tomó un ejemplar de la revista *Paris Match* que yacía sobre el escritorio.

—Por favor anota este número de teléfono en la ciudad de México—El hombre le recitó una serie de nueve dígitos dos veces consecutivas.

— ¿Puedes leerme de vuelta esos números, por favor?

—Uno a uno, Lince le repitió al hombre los números que había anotado en la portada de la revista.

—Perfecto. Cuando estés en México llama a ese número y pregunta por el señor Duvalón. Pregúntale a Duvalón si tiene paracaídas para la venta. Su respuesta será una dirección en la ciudad.

—Pero dígame ¿quién es usted?

—Eso no tiene importancia, yo sólo soy un mensajero. Pero tengo que colgar ahora. Adiós y buena suerte.

La línea se cortó súbitamente. Lince mantuvo el auricular presionado contra su oído durante unos segundos más tratando de detectar el *clic* secundario indicando que la llamada había sido grabada. No lo escuchó. El DSE posiblemente tenía los dispositivos de escucha telefónica más sofisticados en existencia y suministrados por la Unión Soviética.

Lince apretó y soltó los botones para desconectar la llamada y recibir el tono antes de discar el número que el teniente Angulo le había proporcionado en la oficina de Luciano. Lazo contestó la llamada al primer timbrazo.

—El desconocido de quien ustedes me hablaron acaba de llamarme—le dijo a Lazo—Acto seguido, Lince le tradujo al español, palabra por palabra, la conversación que acababa de tener con el presunto norteamericano

—No tengo la menor idea de quién es ese hombre, ni tampoco por qué me dio esa información tan extraña—añadió.

—Eso es interesante—le dijo Lazo. Danos un poco de tiempo para analizar todo esto. Por el momento, no salgas de tu casa. Nos pondremos en contacto contigo en uno o dos días.

Lince estaba desconcertado. Se preguntó cómo era posible que un agente encubierto de los Estados Unidos fuera tan negligente como para permitir que los rastreadores de DSE encontraran su número de teléfono entre sus pertenencias, como el sospechó que había sido el caso.

El norteamericano anónimo podía ser uno de los diplomáticos que trabajaban en la recién abierta misión de interés especial de los Estados Unidos en la Habana. Cabía dentro de la lógica que el gobierno de EE. UU. le encomendara la misión a uno de sus efectivos viviendo en Cuba. Sin embargo, el hombre había cometido un error garrafal al darle el recado por teléfono. Cualquier agente responsable tendría conocimiento que las llamadas telefónicas en la isla eran escuchadas o garbadas regularmente por los servicios de inteligencia cubanos. El hombre podría haberle dicho que era amigo de un amigo y tratar de encontrarse con él en persona en algún lugar de la ciudad—tal vez en un parque, en la playa o en una sala de cine.

Dada la última conversación que Gabriel dijo haber sostenido con Jock Covey algunos meses atrás, Lince supuso que la embajada de los Estados Unidos en México intentaría hacer contacto secreto con él a su llegada a ese país. Lo que jamás anticipó fue que enviaran a alguien a Cuba para darle un número de teléfono y una contraseña antes de su viaje. Como resultado de ese error garrafal, el DSE ahora sabía que los norteamericanos le habían ofrecido una vía para desertar en México. Eso sería algo muy difícil de explicarle tanto a

Angulo como a Lazo.

La propuesta del americano era plausible. A su llegada a México, Lince solo tendría que buscar una oportunidad para llamar a Duvalón por teléfono y darle la contraseña que sólo él podría conocer. Duvalón, por su parte, le daría una dirección en la ciudad. A partir de ese momento, el deportista tendría que usar su propia astucia y recursos para romper la red de seguridad tendida por el DSE y llegar lo antes posible a la dirección convenida.

Mientras tanto, Lazo había decidido ponerlo bajo arresto domiciliario y no trasladarlo a un centro de detención. ¿Pero por cuánto tiempo más?

Por otra parte, en la oficina de Luciano, Angulo le había dicho que aún era posible que lo enviaran a competir en México. *¿Tendía su posición clave en el equipo nacional el peso suficiente para que le dejaran viajar?* Todo se le antojaba como un enigma incomprensible, al menos por el momento.

Jamás pierdas la fe, los milagros ocurren, decía su madre con frecuencia.

Usando un cifrado que recordó haber leído en una novela de espionaje, Lince anotó el número de teléfono de Duvalón al revés y en dos columnas en la revista Paris Match la cual mostraba una foto de Brigitte Bardot en la portada.

Lince rasgó la porción escrita de la página, desechó la anotación original y dobló el papel firmemente hasta formar un pequeño taco. A continuación, extrajo la gaveta del centro de su escritorio y empezó a tantear la superficie inferior de la tapa de la mesa con la yema de sus dedos, buscando una pequeña grieta que solamente él conocía de su existencia. Cuando la encontró, procedió a presionar el taco de papel dentro de la fractura y colocó el cajón nuevamente en su lugar.

La música siempre había sosegado su alma durante los momentos más difíciles de su vida. Lince se acercó a la radio para subir el volumen un poco más alto esta vez. Sintió vibrar los acordes de *Midnight Rider* contra las paredes del estudio y penetrando en cada célula de su cuerpo. Sus padres, conscientes de la situación precaria por la cual atravesaba, entenderían su estado de ánimo. Se recostó en su sillón reclinable, cerró los ojos y esperó que la noche no terminara jamás. Lince percibió a su madre entrar en el estudio en medio de la noche, pero mantuvo los ojos cerrados. La dama más maravillosa de su vida puso una almohada debajo de su cabeza, apagó la radio y le dio un beso en la frente. El deportista se durmió profundamente y no despertó hasta la mañana siguiente, cuando en el primer vestigio de luz se filtró por las persianas entreabiertas y le rozó los parpados.

Por un instante, Lince albergó la esperanza de que la pesadilla que había vivido durante las últimas veinticuatro horas fuera sólo eso, una pesadilla fugaz. Fue entonces cuando notó la esquina faltante en la portada de la revista Paris Match.

Su primer impulso fue salir de la casa para correr alrededor de la cuadra, pero recordó que había sido puesto bajo arresto domiciliario. Durante toda la mañana, Lince se paseó nerviosamente por la casa esperando la llamada telefónica de Lazo, o el sonido del timbre de la puerta anunciando su arresto inminente por agentes de la seguridad del estado.

Capítulo 28

Por medio del engaño, harás la guerra.

—La Mossad

El teléfono de la casa timbró con insistencia alrededor del mediodía. Era Lazo.

—Nick, mis superiores quieren hablar contigo. Hemos concertado una reunión para hoy a las tres y media.

Lazo le dio una dirección en la zona de La Rampa en el Vedado. La Rampa era un bulevar amplio en la calle 23 que se extendía desde la Avenida L hasta el Malecón habanero. En esa zona se encontraban algunos de los lugares más notables de la ciudad, incluyendo el hotel Habana Libre, o *Habana Hilton*, el Pabellón Cuba y Radiocentro, una sala de teatro formidable que años atrás hubo de proyectar filmes en formato de *Cinerama* en una pantalla de setenta pies. Pero como ocurrió con la mayoría de los lugares en Cuba que les fueron expropiados a la ciudadanía, los comunistas también se habían apropiado del nombre de ese teatro. Radiocentro era ahora conocido como el *Cine Yara*.

Lince salió esa tarde de su casa sin despedirse de sus padres, y con la incertidumbre si le permitiesen o no regresar a su casa. Media hora después de abordar un autobús de la ruta 32 en la playa se desmontó en la parada de la calle 23 al lado opuesto de la heladería Coppelia. Era un día despejado con una brisa fresca que diseminaba el olor a mar por todo el litoral de la ciudad. Mientras caminaba rampa abajo hacia el encuentro con los agentes del DSE, Lince se impuso en mantenerse relajado y negar todas las acusaciones.

Aunque el trauma de las pasadas veinticuatro horas continuaba pesando sobre sus hombros, se sentía sorprendentemente tranquilo y sin temor alguno.

El paracaidista se detuvo frente a una puerta de madera pintada de color azul de añil que daba a la calle 23. Una pequeña placa metálica en el marco mostraba el número que Lazo le había dado por el teléfono. Tocó el timbre.

Segundos después, escuchó el crujido de la cerradura y observó la puerta abriéndose hacia adentro unos centímetros. Empujó la puerta y entró en un pequeño rellano que conducía a una escalera estrecha y empinada. De pie en lo alto de las escaleras vio a Lazo, quien aún sostenía en su mano la cuerda fina que había utilizado para desenganchar el cerrojo de la puerta. El oficial le dijo que subiera las escaleras.

Mientras ascendía por los peldaños, Lince escuchó la puerta cerrarse detrás de él con un golpe fuerte. En otras circunstancias, se habría sentido atrapado y sin salida posible. Sin embargo, tenía el presentimiento que hallaría una forma de salirse del atolladero en esta ocasión.

Mantente alerta y no te dejes intimidar, se dijo a sí mismo. *Es sólo un juego mental, un juego que aún no está perdido.*

Lazo lo recibió con un apretón de manos y lo condujo a salón de techos altos y paredes cubiertas por una costra de yeso viejo y agrietado. El lugar apestaba a moho y humedad y todo alrededor suyo, desde el piso de losa amarillenta hasta el techo agrietado mostraban los estragos de muchos años de abandono. Los cristales de un ventanal alto que miraba a la calle habían sido pintados con varias capas de lechada.

La luz escasa que apenas iluminaba la habitación provenía de dos lámparas fluorescentes en el techo, una de las cuales pestañeaba intermitentemente en su caja metálica. Lince se preguntó cuántas víctimas inocentes habían sido llevadas a ese mismo lugar a través de los años para ser interrogadas, o incluso recibir torturas y la muerte.

El paracaidista encontró a tres hombres sentados tras una larga mesa de madera rustica, los tres vestidos de civil y a quienes jamás había visto en su vida. Todos eran de mayor edad, más circunspectos y con aspecto más temible que Angulo y Lazo. *Jefes de la contrainteligencia militar*—pensó Lince. Los tres individuos se levantaron brevemente de sus sillas para estrecharle la mano, pero sólo uno de ellos ofreció su nombre y rango.

—Soy el coronel Méndez de la seguridad del estado. El oficial le hizo un gesto a Lince para que tomara asiento en una silla frente a él.

Méndez le había mirado con unos ojos inescrutables, hundidos en un rostro maltratado por el paso de los años y surcado por profundas cicatrices de acné juvenil. Sin embargo, lo que más le sorprendió del hombre no fue su aspecto áspero, sino la forma educada en que le dirigió la palabra. El coronel se había expresado en un castellano propio y un tono de voz pausado y cortés, lo que no encajaba con la visión que tenía Lince de los caciques altos de la seguridad del estado. Se los imaginaba torpes y con una dicción decaída.

El paracaidista dedujo que el coronel había recibido una educación superior fuera de Cuba. Tal vez era un graduado de la academia de la Stasi «*Staatssicherheitsdienst*» en Alemania Oriental, o del instituto de la KGB ubicado en la *Plaza Lubianka* de Moscú.

Muy pocos oficiales en el ministerio del interior habían alcanzado el grado de coronel, lo que hacía a Méndez un hombre extremadamente peligroso.

Méndez se recostó en su silla y le clavó la vista en los ojos.

—Me informaron que anoche tuviste una conversación telefónica con un americano.

—Sí, un hombre quien me dijo era americano me llamó a mi casa alrededor de las ocho.

— ¿Quién crees tú que le dio a ese americano tu nombre y tu número de teléfono?

Lince se encogió de hombros.

—Honestamente, no tengo la menor idea. No he dejado de pensar en todo esto desde ayer en la noche tratando de hallarle sentido. La única explicación que se me ocurre es que mi hermana Militza podría estar detrás de este episodio extraño. Como ustedes deben saber, mi hermana se fue a vivir a los Estados Unidos hace más de diez años.

Méndez guardó silencio durante varios segundos, como tratando de captar el significado de las palabras de Lince.

— ¿Qué quieres decir con eso? — ¿Cómo supo tu hermana que ibas a viajar a México con el equipo de paracaidistas? — ¿Se lo dijiste tú?

—Yo no. No he hablado con ella desde hace muchos años. Pero mis padres pudieron habérselo mencionado cuando ella llamó a casa hace varias semanas.

— ¿Por qué crees que tu hermana le pidió a alguien que te diera un número de teléfono en la ciudad de México, y también una contraseña? — ¿No te parece eso muy extraño?

—No tengo respuesta para eso, coronel. Tal vez mi hermana esté tratando de encontrar una forma de verme de nuevo. Mis padres me han dicho que ella se pone nostálgica y llora cada vez que los llama por teléfono. También es posible que esté tratando de buscar una vía enviarles un paquete con ropa, zapatos u otras cosas. Militza vivió en el Distrito Federal en México durante más de un año después de salir de Cuba y es probable que aun tenga amigos allí.

—Dime Nick, ¿quieres volver a ver a tu hermana?

—En realidad, no. Ella fue la que nos dejó a nosotros. No creo que mi hermana entienda que yo estoy totalmente comprometido con la causa de la revolución.

— ¿Quién más sabía de tu viaje a México? —preguntó otro de los oficiales.

—No se lo he dicho a mucha gente aparte de mi familia inmediata y también a algunos amigos cercanos. Pero todos en el club de paracaidismo lo saben desde hace meses. Además, la noticia de quién hace que los equipos nacionales deportivos se propagan aquí como pólvora.

— ¿Con que frecuencia llama tu hermana Cuba? —intervino el tercer oficial.

Lince sabía que el hombre ya conocía la respuesta. Los espías del DSE habían estado escuchando las llamadas telefónicas en su casa durante años.

—Según mis padres, Militza los llama dos o tres veces al mes y a veces con más frecuencia.

—Nick, quiero que trates de recordarte lo que sucedió algunos años atrás, cuando viajaste con el equipo nacional a Hungría, y al Perú. — ¿Recuerdas si tus padres te dieron alguna carta para que la enviaras con alguien a tu hermana en los Estados Unidos?

—Desde luego que no, compañero.

— ¿Tampoco le entregaste ningún tipo de correspondencia a algún miembro del equipo del Ejército de los Estados Unidos en el Perú?

—Absolutamente no.

¿Qué más conoce esta gente?

— ¿Recuerdas si tal vez les hiciste algún comentario inusual a los canadienses que visitaron el club de aviación a fines del año pasado? Sabemos que pasaste mucho tiempo a solas con ellos.

Méndez le dejo caer esa última pregunta con una indiferencia aparente, pero la misma golpeó a Lince como una tonelada de ladrillos. Sintió cuatro pares de ojos clavados sobre él, escudriñándole el semblante y analizando su reacción. Evidentemente, Mendez había conectado la presencia del visitante americano en la Habana y la visita de Gabriel y Derek a Cuba varios meses atrás.

—Decididamente no, compañero. Jamás haría tal cosa.

Méndez intercambió una mirada rápida con los otros oficiales del DSE y se levantó de su silla.

—Muy bien. Mis compañeros y yo necesitamos conversar en privado. Puedes esperarnos en la antesala.

***

Lince no recordó cuánto tiempo permaneció sentado en el

vestíbulo angosto, sintiéndose como un acusado esperando por el veredicto de un jurado. Podrían haber pasado diez o veinte minutos, o incluso una hora. Su inspiración repentina de atribuirle a su hermana la responsabilidad de todo pareció haber surtido el efecto deseado. Supuso que había logrado descarrilar el interrogatorio de Méndez, al menos momentáneamente. Sin embargo, ni los ojos de Mendez, ni el movimiento de su rostro le dejaron ver a Lince si el coronel había o no creído en su explicación.

Tenía que seguir manteniendo la calma y ocultando sus emociones a todo costo. No dudaba que el DSE tuviese una cámara de vídeo escondida en algún lugar del vestíbulo, quizás detrás de una foto enmarcada que colgaba torcida en la pared frente al banquillo. En ese mismo momento, era posible que un psicoanalista del DSE estuviera analizando sus reacciones faciales en un monitor dentro del recinto.

El paracaidista conocía bien la foto que colgaba en la pared. Era un retrato monocromático de ocho por diez pulgadas del *Ché* Guevara con una mocha en la mano en un campo de caña de azúcar, una de imágenes icónicas del Ché tomadas en los primeros días de la revolución con fines propagandísticos.

Los pensamientos del Lince lo transportaron de vuelta al día en que le presentaron a Hildita, la hija del Ché Guevara, en una fiesta de cumpleaños en su casa en Siboney. La fiesta había sido en honor a Juan Luis Vásquez, un estudiante chileno que vivía en su casa como huésped. Juan Luis había formado parte de un grupo de cien estudiantes de medicina chilenos enviados a Cuba por el presidente marxista Salvador Allende antes del golpe de estado de setiembre de 1973. El cambio súbito en el escenario político de Chile les había hecho imposible a estudiantes regresar a su país. Todos temían ser perseguidos por el gobierno de Augusto Pinochet por haber vivido y estudiado en Cuba. Mientras tanto, Juan Luis había encontrado un segundo hogar con la familia de Lince en Cuba. Los padres de Lince eran personas generosas y no dudaron en darle la acogida al estudiante varado en la isla.

Lince recordaba a Hildita Guevara de Gadea como una chica atractiva de unos dieciocho años con cabello azabache y ojos soñadores. La joven se había matriculado en la escuela de medicina en la Universidad de La Habana y hecho amistad con las chicas chilenas del mismo grupo que integraba Juan Luis. Durante la fiesta esa noche en su casa, Lince invitó a Hildita y a sus amigas a observar los saltos en paracaídas en Cayo la Rosa.

Al fin de semana siguiente, varios de los estudiantes chilenos se aparecieron por sorpresa en la zona de saltos acompañadas por Hildita Guevara. Pero a los pocos minutos de la llegada del grupo, Lince fue acosado por Guerra, uno de los comisarios del partido comunista en el club de aviación.

—Lince, no te hagas ninguna idea sobre la hija de *Ché* -le advirtió Guerra. —Esa muchacha es un patrimonio nacional y está protegida por la revolución. Puedo asegurarte de que te meterás en un problema serio si lo haces.

Esa fue la última vez que Lince vio a la hija del *Che,* quien nunca más volvió a visitar su casa con sus amigas chilenas. La joven mujer simplemente desapareció del radar.

***

La puerta del vestíbulo se abrió sin aviso.

—Por favor, pasa adentro, compañero—le dijo Lazo.

Lince siguió al oficial dentro de la habitación y se sentó en la misma silla que había ocupado la vez anterior

—Compañero Nickolich, ¿hay algo más que quieras añadir a lo que ya nos dijiste? —le preguntó Méndez.

—No, no puedo pensar en nada más.

—Muy bien. Creemos que has dicho la verdad.

Lince no pudo creer lo que acababa de escuchar por boca de Méndez. Asintió con la cabeza y respiró profundamente.

—Gracias por su voto de confianza, compañero.

—Con tu talento y tus esfuerzos te has ganado un lugar en el equipo nacional de paracaidismo—continuo Méndez. Ya no vemos ninguna razón para que no viajes al panamericano de México. Confiamos en que nos representarás con honor y nos ayudaras a lograr otra victoria para la patria.

—Así lo haré—dijo Lince.

—Mañana a primera hora, el compañero Lazo convocará a los miembros de la delegación para explicarles las circunstancias de tu separación temporal del equipo. Les diremos que se recibió una acusación falsa contra ti, pero que ya todo está aclarado y que gozas de toda la confianza del DSE y de la revolución. En cuanto a la llamada del americano, es muy importante que no menciones eso a nadie en absoluto.

—Comprendo, compañero Méndez.

Lazo le pasó al paracaidista un papel escrito a máquina y un bolígrafo.

—Lee este documento con cuidado—es similar al que firmaste hace unos días en la zona de salto. La diferencia es la inclusión de un párrafo adicional.

El papel sobre la mesa era el contrato que el DSE no dudaría en usar contra él si violase cualquiera de las reglas ahí enumeradas. Todos los mandatos de rigor aparecían ahí enumerados—nunca salir solo, no hacer llamadas telefónicas, no aceptar regalos de extraños, no tomar un taxi u otro tipo de transporte público y defender el honor de Fidel Castro y de la revolución con violencia si fuese necesario.

En el párrafo adicional, se le ordenaba a Lince informarle de inmediato al jefe de la delegación si alguna persona en México se le aproximaba con alguna propuesta inusitada. También, se le prohibía llamar por teléfono o escribirle a su hermana, o a cualquier otra persona ya fuese en México, o en Estados Unidos. El deportista firmó el documento y se lo devolvió a Lazo.

—Una cosa más, compañero Nickolich— dijo Méndez. Olvídate del número de teléfono que te dio el americano. Bórralo de tu memoria. Y no permitas que nadie te embulle a quedarte en México. Debes saber que contamos con los medios para encontrarte en cualquier parte del mundo—añadió el coronel.

—Eso nunca sucederá, compañero.

Lince no tardó en darse cuenta del significado de la insinuación de Méndez.

No pienses por un instante que nos has engañado. Entiende que estás atrapado y sin salida.

El paracaidista se puso de pie, estrechó la mano de los cuatro hombres y siguió a Lazo fuera de la habitación.

Lince apenas había llegado al rellano de las escaleras cuando advirtió que la cuerda que corría por la pared se tensaba, seguida por el sonido del cerrojo de la puerta al ser liberado. La puerta se abrió varios centímetros, iluminando la escalera con el sol brillante del atardecer. No recordó nunca haber estado tan feliz al ver la luz del día.

Los oficiales de la contrainteligencia tenían que saber que les había mentido. Sólo había una explicación plausible del por qué le permitieron salir de ese lugar y autorizaron su viaje México. Todo tenía que ver con la mentalidad egocéntrica de Fidel Castro. El régimen comunista estaba convencido que su equipo de paracaidismo podría derrotar al del ejército de los Estados Unidos en los juegos panamericanos de México. También sabían, por boca del entrenador ruso, que esa victoria no sería posible sin la participación del Lince.

El paracaidismo era el único deporte en que Cuba podría adjudicarse una victoria de índole militar. Lograr una medalla de oro en México sería una victoria formidable de la revolución comunista ante los ojos del mundo y un regalo muy especial para Fidel, un antiamericano crónico. Los delirios de grandeza de Castro acababan de entregarle a Lince su boleto para alcanzar la libertad.

Irónicamente, el coronel Méndez le había dado a Lince dos mensajes diametralmente opuestos en cuestión de segundos. Primero, le dijo que disfrutaba de la plena confianza de los servicios de inteligencia cubanos. Segundos después, lo amenazó con enviar sus jenízaros a buscarlo por todo el planeta si decidía escaparse.

El deportista no tenía la menor duda que los efectivos de la Dirección General de Inteligencia lo tendrían en sus mirillas desde el momento de su llegada a la ciudad de México. Se preguntó si el coronel Kleber Martí y los gemelos De La Guardia ya habían sido puestos al corriente de su situación. Pero para su buena suerte, el día del juicio final había sido pospuesto hasta su regreso de la competencia.

Cualesquiera que fuesen los obstáculos que se le presentaran en México en los próximos días, Lince tendría que seguir una regla fundamental al pie de la letra.

No regresar jamás a Cuba.

***

En la noche del 21 de noviembre de 1977, la delegación de paracaidistas salió caminando de la terminal del Aeropuerto José Martí en dirección a la pista para abordar el IL-62 de Cubana de Aviación que los llevaría a la ciudad de México. Todos estaban allí, menos Lince. Con sólo unos minutos antes del anuncio final de embarque, el líder del equipo llamó aparte al deportista para darle la mala noticia.

—Lince, lamentablemente tu pasaporte no llegó con los otros. El mensajero que trajo los documentos dijo que el ministro de transportes Lussón salió de vacaciones sin firmar la autorización para tu viaje

— ¿Cuál fue la razón?

—Aparentemente tuvo que ver con tu reintegración en el equipo a última hora. Lamentablemente, no le avisaron a Lussón con tiempo suficiente.

— ¿Y qué hacemos ahora?

—Hay un vuelo de Mexicana que sale para el Distrito Federal en los próximos tres días. El MINREX va a despachar un mensajero a Pinar del Río con urgencia para contactar a Lussón y presentarle tus documentos para que los firme. He recibido garantías de que todo estará listo a tiempo para que puedas abordar ese vuelo. Yo te estaré esperando en el aeropuerto de Ciudad de México el miércoles por la noche.

Lince ocultó su desilusión tras una sonrisa fingida y se despidió de sus compañeros. Ya habría tiempo suficiente durante el viaje de regreso a casa en taxi para digerir lo que acababa de acontecer. Le resultaba difícil aceptar la excusa de que Lussón no había recibido sus documentos de viaje a tiempo.

El paracaidista sospechaba que Méndez había retrasado intencionalmente su partida hacia México para ganar más tiempo. Méndez podía aún estar esperando una información concluyente de sus fuentes en USA para probar que Lince había de hecho contactado al gobierno de los Estados Unidos para pedir ayuda. Sus problemas con el DSE estaban lejos de terminarse y muchas cosas podrían suceder en el transcurso de tres días.

De regreso a su casa, Lince trató de calmar a sus padres.

—Aparentemente, el ministro encargado de dar la autorización final para mi viaje no recibió mis papeles a tiempo. Sin embargo, Mejías me aseguró que me pondrían en el próximo vuelo a México el miércoles por la noche.

Lince notó una sombra de escepticismo nublando los ojos de sus padres, pero ninguno de los dos articuló una palabra de desaliento. Para buena suerte, decidió dejar su maleta sin desempacar en el rellano de la escalera de caracol que daba a la puerta principal.

Dos días más tarde, recibió una llamada telefónica de un individuo quien se identificó como un oficial del ministerio de relaciones exteriores.

—Compañero, el ministro Lussón ha firmado tus documentos. Todo está en orden para tu viaje a México.

—Gracias por las buenas noticias.

—Te hemos reservado un asiento en el vuelo de Mexicana de Aviación que sale mañana a las ocho de la noche. Un mensajero estará en su casa a las siete de la mañana para entregarte tu pasaporte y el boleto de avión. Buena suerte.

***

A la mañana siguiente, Lince se despertó a las cinco y media sintiéndose como un hombre nuevo. La temperatura afuera era de sesenta y cinco grados Fahrenheit bajo cielos despejados. Era un día ideal para hacer ejercicios al aire libre.

Comenzó su rutina dando una carrera alrededor de la manzana, seguido de media hora de ejercicios abdominales y planchas. Acto seguido se subió al arnés de paracaídas que aún colgaba de una rama en un árbol de mango en el patio trasero. Era el sistema que usaba con frecuencia para practicar los ejercicios acrobáticos en su casa. Como había hecho en innumerables ocasiones, Lince cerró los ojos y se imaginó en caída libre acelerando por el espacio a más de ciento veinte millas por hora. Recogió sus rodillas, hundió el hombro y volteó la palma de sus manos para simular la deflexión del viento y ejecutar los giros planos.

En un salto real, le tomaba menos de un segundo en completar un giro de 360 grados en una dirección. Una serie completa incluía dos giros planos en direcciones opuestas, un salto mortal, otros dos giros planos opuestos y un último salto mortal antes de abrir su paracaídas. Las seis maniobras tenían que ser ejecutadas a la perfección y en alineación con una flecha de varios metros de largo en tierra. Con la ayuda de los potentes telémetros TZK, los jueces cronometraban la serie acrobática desde principio hasta el fin y añadían penalidades si algún giro se ejecutaba a menos de 360 grados, o un salto mortal se realizaba fuera de alineación con la flecha. Para ganar una medalla en una competencia internacional, los paracaidistas necesitaban completar la serie de acrobacia perfecta y sin penalidades en un tiempo de seis a siete segundos. Solo era cuestión de tiempo y práctica antes que Lince lograse alcanzar esa codiciada puntuación.

El deportista estuvo casi media hora suspendido en el arnés cuando escucho a su madre llamándole desde la cocina. El café estaba listo. Se desprendió del arnés y entró a la casa, donde sostuvo a su madre suavemente por los hombros y la besó en la mejilla. No sabía cuándo volvería a verla de nuevo y presintió que ella también pensaba lo mismo. Las palabras estaban de más. Dos lágrimas que vio escapándose de sus ojos verdes habían hablado por sí mismas y con gran elocuencia.

Con un cuchillo dentado cortó un trozo de pan cubano a la mitad y lo puso en el horno tostador, mientras su madre vertía una dosis doble de café negro en una taza con leche tibia. Cuando el pan se tornó dorado, untó las dos rebanadas con mantequilla y lo llevó todo en una bandeja a *la terraza*, su habitación favorita en la casa.

Su padre había diseñado la terraza circular con ventanales de cristal con un objetivo fundamental en mente. Con las altas ventanas abiertas, la brisa que soplaba predominante desde el noreste refrescaba la habitación durante todo el año. Situada a una elevación de dos pisos, la terraza ofrecía una vista panorámica de la calle del frente y de los jardines circundantes.

Una partición de madera que dividía la terraza del bar servía como mural para la extensa colección de medallas de paracaidismo, fotografías y diplomas que Lince había acumulado a través de los años. Cada uno de los artículos que colgaban de la pared le traían un recuerdo particular a la mente, todos ellos vinculados a un tiempo y un lugar determinado. Esa mañana, Lince contempló esos triunfos pasados como las piezas de un gran rompecabezas que simbolizaba su carrera como paracaidista deportivo, el rompecabezas estaba próximo completarse. Solo le faltaba una pieza—la pieza que esperaba encontrar en México.

Parado frente al ventanal de la terraza, Lince observó un Alfa-Romeo sedán haciendo un viraje en «s» frente a la entrada de su casa. Una rápida ojeada a su reloj mostró que apenas faltaba un minuto para las siete. El mensajero del ministerio de relaciones exteriores había llegado con una puntualidad asombrosa.

— ¿Compañero Nickolich? —le preguntó el hombre que se encontró a la puerta.

—Sí, soy yo.

—Vengo del MINREX. Te traigo los documentos para tu viaje a México.

— ¿Puedo ofrecerle una taza de café?

—No, gracias. No cuento con mucho tiempo.

El hombre le entregó a Lince un sobre manila sin sellar. Una rápida mirada al interior reveló que contenía su pasaporte oficial y un boleto de Mexicana de Aviación.

—Tu vuelo sale a las ocho de la noche. ¿Necesitas transporte para llegar al aeropuerto?

—No, todo está arreglado. Un amigo me ofreció en llevarme.

—Buena suerte en la competencia—le dijo el hombre.

El mensajero se montó deprisa en su Alfa Romeo, guio el coche en retroceso hasta la calle y se marchó rápidamente con un cambio ágil de las velocidades. De regresó a la terraza, Lince extrajo del sobre manila su pasaporte y el boleto de avión y los colocó sobre una mesa de cristal. No había palabras que pudiesen describir la satisfacción profunda que sintió en aquel momento.

—Veo que después de todo viajarás a México—dijo Víctor Daniels. Su padre lo había seguido en silencio hasta la terraza.

—Sí papá. Volveré en sólo dos semanas, espero que con una medalla o dos colgándome del cuello. —¿Aun necesitas los espejuelos de que hablamos?

Lince puso su dedo índice frente a sus labios para pedirle a su padre que callara, mientras dibujaba un círculo imaginario en el aire con la otra mano. Hizo eso para recordarle que podía haber micrófonos plantados en la casa.

—Hijo, quisiera los espejuelos. Pero sólo si te sobran algunos dólares.

En el fondo de sus corazones, Víctor Daniels y Ramona contaban secretamente en que Nick lograse escaparse de Cuba durante ese evento. Era la última esperanza para todos poder salir de la isla maldita.

Por su parte, el joven sabía que sus padres se quedarían muy preocupados pensando en lo que podría pasarle si algo no salía bien en el intento.

Capítulo 29

El viaje el aeropuerto en el *Chevy Bel Air* del 1957 fue casi idéntico al que había realizado tres días antes, sólo que un poco más lento esta vez debido a varios chubascos que encontraron en el trayecto. Aparte de un carburador de fabricación rusa canibalizado de un Jeep militar, el *Chevy* de Vicente parecía ser el mismo automóvil que salió de una línea de ensamblaje en Detroit veinte años atrás. La pintura color rojo cereza retenía mucho de su brillo original y los cromados, ornamentos, defensas y tapas de rueda aun reflejaban los rayos del sol con un deslumbramiento cegador. Los autos americanos que aun transitaban por las calles de Cuba eran un testimonio de orgullo e ingenio de sus propietarios frente a la absoluta carencia de piezas de repuesto, y las adversidades por las que atravesaban para logar fabricarlas.

Víctor Daniels y Vicente eran buenos amigos desde los días en que Vicente era dueño de un vivero que les suministraba árboles frutales y ornamentales a los residentes del Biltmore. Pero al igual que el resto de los negocios privados en la isla, el vivero de Vicente terminó siendo confiscado por el régimen sin compensación. Para sobrevivir, el hombre ahora se dedicaba a realizar trabajos ocasionales y ofrecía a las familias del vecindario viajes en su Chevy a las tiendas, o a las consultas de los médicos. Vicente era un hombre humilde, callado y quien nunca se negaba a hacerles un favor a sus amigos.

La lluvia cesó y Lince abrió su ventanilla para dejar entrar la brisa refrescante y contemplar una puesta de sol espectacular que se desvelaba en el horizonte. Eran ya pasadas las seis y media de la tarde cuando Vicente hizo un giro hacia la vía que conducía al edificio de la terminal del aeropuerto José Martí en Rancho Boyeros. El hombre delgado, de tez curtida y una sonrisa perpetua en sus labios, detuvo el *Chevy* frente al edificio de la terminal y apagó el motor.

—Nick, voy a esperarte aquí hasta que tu vuelo despegue.

—Gracias mi amigo. Pero no tienes que preocuparte. Creo que Fidel ha decidido dejarme viajar esta vez—rio Lince.

Vicente se bajó del coche con una agilidad poco común para un hombre de su edad y sacó la maleta del Lince del baúl. Acto seguido inclinó su sombrero de vaquero en un gesto amistoso.

Te deseo todo lo mejor, Nick— ¿O debo llamarte *el Lince*?

El paracaidista se sonrió.

—Lince está bien, Vicente—Espero verte de nuevo uno de estos días.

El deportista permaneció de pie en la acera observando al automóvil que se deslizaba lentamente hacia la salida del aeropuerto. Al cabo de todos esos años, Lince nunca supo el apellido del buen hombre. Para él, sólo era *Vicente*.

En 1977, el aeropuerto que le daba servicio a la Habana era el mismo que Lince recordaba en los días cuando iba con su madre y hermana a despedirse de su padre durante sus viajes de negocios. El régimen apenas había hecho renovaciones desde aquel entonces y el edificio reflejaba una necesidad apremiante de modernización. Dieciocho años después del triunfo de la revolución, las infraestructuras magníficas que el régimen de Castro heredó de la era capitalista mostraban los estragos del impecable paso del tiempo, la falta de mantenimiento y el abandono. El aeropuerto internacional José Martí no era una excepción de la regla.

Por otra parte, las empresas aéreas que ahora volaban a Cuba eran diferentes. En vez de *Aerovias Q, TWA, Pan Am, National, Delta y BOAC,* los aviones que llegaban al aeropuerto José Martí ahora eran de *Aeroflot, Mexicana, Iberia, CZA y Air Canada.* La mayoría de los vuelos internacionales llegaban y salían de Cuba con múltiples asientos desocupados por razones obvias. El régimen no permitía que los ciudadanos cubanos promedio viajasen fuera de la isla. Desde el principio de los años sesenta, el turismo extranjero también se había reducido a casi cero y era desalentado por el régimen. Castro prefería mantener a un mínimo las interacciones entre el pueblo cubano y el resto del mundo.

Las personas que salían y entraban a Cuba desde ese aeropuerto en esos días eran funcionarios del gobierno cubano, diplomáticos extranjeros, ingenieros y técnicos del bloque soviético, miembros de delegaciones oficiales cubanas y un pequeño número de turistas, la mayoría de ellos procedentes de México y Canadá. También había un goteo constante de familias fuera de la edad militar que abandonaban el país comunista para siempre a través de España y México.

Ese aeropuerto era también el punto de partida de decenas de espías que enviados por la Dirección General de Inteligencia y el Departamento América a las embajadas y oficinas comerciales cubanas por todo el mundo. Financiados por el Kremlin, las huestes secretas de instigadores, saboteadores e ideólogos radicales de Castro transitaban por las capitales del mundo libre con inmunidad diplomática diseminando su ideología ponzoñosa.

Doce años atrás, una de las personalidades más controvertidas del régimen había salido de la isla por ese mismo aeropuerto y en un secreto absoluto. Con su rostro bien afeitado y luciendo un traje elegante, un hombre de treinta y tantos años abordó un vuelo comercial desde la Habana hacia Madrid. El individuo viajaba bajo un pasaporte falso de la República de Uruguay usando el nombre de Adolfo Mena González. Después de aterrizar en Madrid, el supuesto ciudadano uruguayo continuó su largo viaje de incógnito que le llevó eventualmente a la República de Bolivia en el corazón del continente americano.

Con la idea de derrocar al régimen del general René Barrientos mediante una guerra de guerrillas y establecer un régimen marxista, Ernesto *Ché* Guevara se había marchado al encuentro con su destino final en las montañas selváticas de Bolivia. Desde ese día hasta su muerte, *Ché* sería conocido por los partícipes del complot por el seudónimo de *Ramón*.

Después de la captura y ajusticiamiento del *Che* por las fuerzas especiales bolivianas, Castro ordenó un estado de duelo permanente en la isla de Cuba. La primera víctima luego de la caída de Ché fueron las celebraciones religiosas—no habría más fiestas navideñas en la isla. Junto con el Ché y las "navidades sin adornos o alegorías", también desaparecieron los turrones españoles, el pernil de cerdo asado y la botella de vino tinto que las familias cubanas ansiaban disfrutar, un día al año, durante las fiestas tradicionales.

No más Ché, no más "navidades" y no más vino.

***

Lince colocó su maleta pesada sobre la balanza del mostrador de Mexicana de Aviación, donde un agente se apresuró a grapar un recibo en la parte posterior de su boleto. Fue entonces cuando una voz familiar lo sobresaltó.

—¿No creías que podrías irte sin decirme adiós, Lince?

Lince se dio la vuelta para encontrarse con Néstor Aponte, el instructor jefe del club de paracaidismo. Lince opinaba que Aponte era un hombre de buen corazón, pero también un fanático radicalizado quien no le hallaba defecto alguno a Castro, o a la doctrina marxista. Siempre que se involucraba en una discusión política, Aponte alzaba la voz sobre los demás como si tratase de probar una lealtad al régimen superior a la de sus compañeros. Lince sospechaba que Aponte usaba esa táctica para redimirse ante los ojos del régimen. Se rumoreaba que un secreto oscuro en su pasado le prevenía viajar a los eventos de paracaidismo en el extranjero.

—Qué gran sorpresa, Aponte—Has sido muy amable en venir desde tan lejos solo para despedirte de mí.

—Es un placer, Lince. Quería hacer hincapié de que esta competencia tiene un significado enorme para todos nosotros.

—Bueno, también significa mucho para mí, Aponte.

—Contamos contigo. Ganarles a los americanos será una gran victoria para la revolución que no se olvidará por mucho tiempo.

—Por supuesto que sí —no te quedaras decepcionado. Pero debo irme ahora a buscar mi puerta de salida. Ya perdí un vuelo hace tres días y definitivamente no quiero perder este—dijo riendo.

Lince encontró la sala de salidas internacionales iluminada tenuemente y casi desierta. Una vez adentro, contó a menos de veinte personas quienes esperaban para abordar el vuelo a la ciudad de México. Avanzó hasta el mostrador de inmigración y le presentó su pasaporte y el boleto de avión a un oficial en uniforme militar bien almidonado. El oficial inspeccionó los documentos y le pidió que tomara asiento. Lince ojeó un banquillo vacío en la pared trasera de la sala y tomó el asiento en la butaca al extremo derecho.

Dos filas adelante de él, Lince divisó a un hombre vestido con una túnica multicolor y *un Kufi* quien supuso era un diplomático de Sudán o Nigeria. Próximos al ventanal cubierto por un cortinaje que prevenía observar la pista, una pareja escandinava luchaba por mantener bajo control a un chico travieso. El niño, de siete u ocho años con cabello rubio color arena, se hallaba empecinado en liberarse del apretón férreo de su madre mientras emitía gemidos de angustia.

Un Vikingo auténtico en formación, pensó Lince.

Lince pasó a estudiar a los demás pasajeros en la sala de espera, pero nadie encajaba el perfil de un agente del DSE. Le parecía extraño que la seguridad del estado le permitiese viajar fuera del país sin un acompañante en una aerolínea extranjera. Nunca pensó que eso fuese posible y decididamente no con sus antecedentes.

El deportista estaba en el proceso de estudiar a los pasajeros por segunda vez cuando escuchó su nombre llamado por los altavoces.

—Pasajero a Ciudad de México Víctor Nickolich, por favor preséntese en el mostrador de inmigración.

Lince sintió su pulso acelerando. —¿Habría decidido Méndez sacarlo del vuelo después de todo?

Mantén la calma y no muestres ninguna señal de ansiedad, se dijo a sí mismo. Había escuchado relatos sobre pasajeros detenidos momentos antes de abordar un avión en Cuba, incluyendo el caso del espía norteamericano Larry Lunt. Temiendo lo peor, se levantó de su asiento y se acercó al mostrador. El oficial que había revisado sus documentos a su llegada le estaba esperando.

—¿Compañero Nickolich?

—Sí, soy Víctor Nickolich.

—Se me olvidó entregarle su tarjeta de embarque.

El hombre le entregó una tarjeta de abordaje para Ciudad México con el número de su asiento mientras mantenía su mirada clavada en los ojos de Lince.

—Le deseo un feliz viaje compañero.

Lince asintió con un ademán, colocó la tarjeta de embarque en el bolsillo de su chaqueta y regresó a su silla.

El deportista exhaló un respiro profundo. La retención de su tarjeta de embarque hasta última hora no había sido accidental, sino una táctica de la policía secreta para inducirle ansiedad. Méndez había utilizado el episodio para enviarle otro mensaje sutil— *no te olvides que todavía estamos en control de tu vida.* Lince visualizó al coronel sentado al volante de su Alfa Romeo afuera de la terminal del aeropuerto, con su radioteléfono encendido y quizás esperando la llamada que justificaría sacar al paracaidista del vuelo. El juego mental estaba lejos de haber concluido.

El sol ya se había puesto en el horizonte cuando una de las auxiliares de vuelo cerró y armó la puerta del avión Boeing 727, luego de lo cual levantó un auricular de su base para hacer el anuncio de seguridad. En la cabina de mando, el piloto aceleró los motores y el jet comenzó su lento rodaje hacia la pista.

Otra azafata se detuvo brevemente para revisarle el cinturón de seguridad y le deseó un feliz viaje.

A mediados de la pista, el piloto elevó la nariz del 727 en un ángulo empinado y despegó velozmente del suelo cubano. Desde su ventanilla en el lado izquierdo de la cabina, Lince observó las luces de la ciudad por un minuto y luego desaparecer cuando el avión se elevó por encima de las nubes. Dijo adiós en silencio a un país que no esperaba volver a ver jamás, al menos no hasta que fuese libre.

En un momento dado durante el vuelo, Lince puso su mano en el bolsillo del blue jean y palpó con la yema de sus dedos hasta encontrar una pequeña costura. Era donde, tres días antes, había cosido a mano el recorte de la portada de la revista Paris Match con el número de teléfono de Duvalón en código. No tenía la menor idea de lo que podría suceder en México, sólo que en esta ocasión nada, ni nadie lograría interponerse en su camino. El destino acababa de darle una última oportunidad la cual no podía desperdiciar.

Capítulo 30

La sabiduría más verdadera es una determinación resuelta.

—Napoleón Bonaparte

El vuelo número 302 de Mexicana llegó a la capital azteca a las diez de la noche hora local en México DF. A partir de ese momento, no tenía que preocuparse por los soldados guarda fronteras y los perros que patrullaban los litorales de la isla. Tampoco le preocuparían los chivatos del CDR que espiaban en su reparto, las lanchas torpederas, ni los aviones de combate MIG. A partir de entonces, los únicos obstáculos entre él y su libertad serían los agentes del DSE que viajaban infiltrados dentro de su delegación, los sicarios de la DGI estacionados en la embajada de Cuba, y sus propios nervios.

Lince encontró a Mejías esperándole a la salida del control de pasaportes y acompañado por dos individuos vestidos con trajes oscuros. Mejías le presentó a los dos hombres como «compañeros» de la embajada de Cuba.

—Me alegro mucho de que hayas llegado a tiempo, Lince— ¿Tuviste un buen viaje?

—Sí y mucho más corto de lo que esperaba—gracias.

—Los compañeros nos llevarán al hotel después de que recojamos tu maleta. El resto de los paracaidistas deben estar aun en el bar del hotel aguardando por tu llegada.

Mejías le pidió a Lince que le entregara su pasaporte y su tarjeta de identidad. Por tercera vez en su vida, el deportista se encontró sin identificación personal en un país extranjero.

La comitiva procedió a retirar la valija de Lince del área de reclamo de equipajes y salieron de la terminal para abordar el Mercedes Benz 300 con matrícula diplomática que los «compañeros» de la embajada habían estacionado junto a la acera. Le preocupó que los hombres no le habían estrechado la mano, o hecho contacto visual directo con sus ojos. Tal vez los «compañeros» eran operativos del equipo encargado de vigilarle en México y no querían que el deportista se familiarizara con sus rostros.

Pasada la medianoche, los agentes de la embajada dejaron a Mejías y a Lince a la puerta de un hotel de cuatro estrellas en el centro de la Ciudad de México. Mejías se dirigió directamente a su habitación, mientras que Lince se juntó con una docena de paracaidistas de Cuba y de otros países que trasnochaban bebiendo en el bar del hotel. Observó a Kymbe y a Guerra dirigiéndose hacia él con tres cervezas heladas en sus manos.

—Bienvenido a México, Lince.

—Salud, Kymbe. —Ha sido una odisea increíble, pero aquí estoy.

—Nuestra habitación está en el primer piso—le dijo Guerra, entregándole una llave. Estaré allí en unos minutos.

Guerra había sido compañero de equipo de Lince en Hungría y en Perú, luego de lo cual había perdido su habilidad como competidor. El club deportivo lo había nombrado entrenador oficial del equipo. Sin embargo, Lince conocía de la función doble de Guerra en ese país. El comisario formaba parte del equipo de seguridad del DSE conformado para vigilar a los deportistas.

Lince bebió su cerveza, se despidió de sus amigos y se dirigió hacia su habitación. Una vez adentro, su primer impulso fue hacer la llamada telefónica a Duvalón, pero decidió que no era el momento propicio para ello. Guerra podía aparecerse a la puerta en cualquier momento.

El deportista abrió un cajón en su mesa de noche y encontró una copia de la guía telefónica de Ciudad de México. Ojeó rápidamente las páginas blancas hasta hallar un listado en particular—*Embajada de los Estados Unidos de Norteamérica*. Confió a su memoria la dirección física y el número de teléfono de la embajada americana y puso el libro de nuevo en la gaveta. Pensó que sería conveniente tener un plan B en caso de que la cita con Duvalón fallase por algún motivo inesperado. Instantes después, Lince escuchó un toque fuerte en la puerta. Era Guerra.

$$\star\star\star$$

Le tomó al chofer de la furgoneta casi dos horas para cubrir el tramo de carretera de sesenta y cinco millas que separaba la Ciudad de México del pequeño aeropuerto en Tequesquitengo, el lugar donde se celebraría el evento panamericano de paracaidismo. El aeródromo estaba ubicado en un pequeño valle semiárido y próximo al pintoresco lago Tequesquitengo y protegido por una cerca elevada a lo largo y ancho de su perímetro. El área colindante al aeródromo estaba totalmente expuesta, con escasas viviendas, árboles u otras estructuras en las inmediaciones. Lince concluyó que sería prácticamente imposible entrar o salir de la zona de salto sin ser observado.

Dos años antes, en durante la competencia en Collique, Lince había contemplado la idea de fugarse de la zona de saltos. No sería difícil para un paracaidista saltar a sotavento del aeródromo y aterrizar su paracaídas fuera del perímetro. Ese plan, sin embargo, hubiese requerido la colaboración de alguien de su entera confianza esperándole en un coche en marcha para ejecutar la fuga. Lince nunca encontró a un cómplice en Perú a quien pudiera encomendarle esa riesgosa misión.

Después de un breve reconocimiento de la zona de saltos, los equipos participantes fueron conducidos a su hospedaje en el complejo turístico de Oaxtepec, ubicado en un área montañosa a una hora de viaje en autobús. Esa noche, Lince observó a Mejías conversando con un hombre en la entrada del hotel. Aunque ambos estaban en las sombras, Lince reconoció el rostro del extraño—era uno de los dos «compañeros» de la embajada que lo habían ido a recoger al aeropuerto tras su llegada a México.

La presencia de un agente de la embajada de Cuba en Oaxtepec solo podía significar una cosa—la DGI había enviado sus operativos a Tequesquitengo para vigilar a los deportistas durante el evento. La DGI tendría dos equipos funcionando en turnos rotativos—el primero observando el aeródromo durante el día y el segundo vigilando las inmediaciones del hotel por la noche. Esa situación inesperada hizo que Lince descartara su fuga del aeródromo, o del hotel. Tendría que esperar hasta que su delegación viajara a México D.F., o a otra ciudad antes de tomar acción.

Pocos días después del comienzo del campeonato, los organizadores anunciaron un día de receso en las actividades de saltos. Mientras que la mayoría de los participantes permanecerían disfrutando de la piscina del hotel, o haciendo turismo en los alrededores de Oaxtepec y Cuernavaca, los cubanos emplearían el día libre para realizar compras en la Ciudad de México.

Las compras compulsivas era una actividad muy esperada por todos los deportistas de Cuba que participaban en competencias fuera del país, y no necesariamente para adquirir suvenires. Las tiendas "capitalistas" les ofrecían la oportunidad de adquirir artículos que estaban racionados, o que no existían en los almacenes de la isla tales como zapatos de calidad, prendas de vestir, relojes y otros artículos de primera necesidad. Era el método que el régimen utilizaba para incentivar y recompensar a los deportistas y al mismo tiempo para mantenerlos fieles a la «revolución». Por otra parte, ese privilegio causaba resentimiento entre la población común de la isla, y echaba leña al fuego de la división de "clases". Los miembros de los equipos deportivos regresaban a Cuba vistiendo ropa y calzado que muy pocos en la isla podían lucir. El resto de la población no tenía otra alternativa que observar con envidia cómo deslumbraban los atletas privilegiados de Fidel.

El impromptu viaje a las tiendas en la Ciudad de México era la ocasión que Lince esperaba con ansiedad. Con una población de casi siete millones de habitantes, la gigantesca metrópoli podría ofrecerle una oportunidad para desaparecer entre sus multitudes. Estaba convencido que podría esquivar a sus escoltas en esa metrópolis con una facilidad relativa, de la misma forma en que se separó accidentalmente de sus compañeros de equipo en la plaza de la ciudad vieja de Praga durante su viaje a Europa en 1974.

En la víspera del día de receso, los anfitriones mexicanos invitaron a los competidores a una fiesta en el complejo turístico de Oaxtepec. Lince pensó que ese podría ser el momento ideal para hacer contacto con el capitán del equipo del ejército de EE. UU. Ante la inminencia de su fuga, tal vez sería útil poner a O'Donnell al tanto de sus intenciones. Pensó que quizás O'Donnell podría sugerirle un plan alterno en caso de que el su contacto con «Duvalón» se fuese a pique por algún motivo inesperado.

Lince entendió que necesitaba encontrar a un intermediario para hacerle llegar el mensaje a O'Donnell en su nombre sin despertar sospechas de los cubanos. No podía correr el riesgo que lo vieran charlando con el norteamericano y esperaba poder encontrarse esa noche con alguien de su confianza para encomendarle esa misión delicada.

El deportista bajó al piso de saltillo en el patio interior del hotel y pidió una cerveza en uno de los estantillos. Le tomó apenas unos segundos para detectar la presencia de un hombre a quien conocía bien, el cual se hallaba mitigando el frio nocturno junto a una hoguera al aire libre. Era Severino Andrade, uno de los miembros del equipo del Uruguay. Lince habia conocido a Severino, o Sam como lo llamaban con afecto sus amigos, en los juegos panamericanos en Perú en 1975. En aquél entonces, Sam compartió con Lince y otros paracaidistas del equipo Cuba una tradición de su país—la toma de un té de *mate*.

El *mate,* conocido en Uruguay como *amargo,* se preparaba vertiendo agua caliente sobre hojas de yerba mate dentro de una pequeña calabaza hueca y bien curada. La infusión se sorbía lentamente a través de un tubo metálico llamado *bombilla y* se pasaba de una persona a la otra a modo de actividad social. En una noche despejada en Perú, los deportistas compartieron un té de *mate* alrededor de una hoguera mientras contaban chistes y disfrutaban de la hermosa luna que brillaba sobre el Valle de Collique.

El buen humor de Sam le había ganado una gran popularidad entre los competidores. El hombre hablaba con un acento uruguayo fuerte y poseía un talento sin igual para hacer que todos en la audiencia se doblaran de la risa al escuchar sus relatos. Sam también era mayor de edad que el resto. Su cabello con matices grises convenció a Lince de que Sam era un hombre responsable y el más indicado para darle la encomienda que tenía en su mente.

—No es típico de alguien como tu pasar la fiesta a solas—le dijo Lince, poniendo una mano en el hombro de su amigo.

Sam se dio vueltas y sonrió.

—Qué alegría me da en verte, Nick— Tu tampoco acostumbras a andar solo. No veo a tus sombras por ninguna parte.

—No dudes que estén escondidos no muy lejos de aquí. No me sorprendería si uno de ellos se apareciera inesperadamente. Sólo tienen que verme charlando con alguien de otro país para salir corriendo a mi rescate.

Sam rio entre dientes.

—Me temo que me pondrán en la lista negra de Fidel a partir de esta noche.

—Sam, necesito un gran favor tuyo. Detesto ponerte en una posición incómoda, pero no tengo muchas opciones— ¿Puedo confiar en ti con algo extremadamente delicado y confidencial?

Sam miró a Lince de reojo.

—Desde luego —¿Cuál de las chicas quieres conocer hoy?

—No se trata de mujeres. Es un asunto muy serio—tan serio que si los cubanos lo descubren podría costarme la vida. — ¿Hablas inglés?

—No muy bien, pero me entiendo mucho. Me tienes en ascuas, ché. ¿Qué te ha ocurrido?

—Sam, te confieso que no voy a regresar a Cuba. Necesito que encuentres a Fred O'Donnell, el capitán de los *Golden Knights* y le des un mensaje de mi parte.

—De acuerdo, pero por favor dame un momento para recuperar el aliento. ¿Qué quieres que le diga a O'Donnell?

—Dile al capitán O'Donnell que me vi obligado a enviarle el mensaje a través de ti ya que no puedo correr el riesgo de ser visto conversando con él. Dile que mi padre es un ciudadano norteamericano y que quiero desertar a los Estados Unidos. Mi única oportunidad para fugarme será mañana durante el día cuando viaje con mi delegación a la Ciudad de México. Me urge saber pronto qué respuesta te da el americano.

—No tenía la menor idea de tus sentimientos, aunque algo puede esperarse de la gente que vive en países comunistas. Me honras con tu voto de confianza. Haré lo que me pediste y te prometo que mantendré mis labios sellados hasta que seas un hombre libre. Mañana tal vez.

—Gracias, Sam. Te estaré esperando aquí mismo.

Sam se alejó con paso indiferente y pronto desapareció en medio de la multitud. Cinco largos minutos después, el uruguayo estaba de vuelta a la hoguera. Lince lo notó extremadamente agitado.

—Nick, acabo de darle tu mensaje al capitán O'Donnell. Me hizo jurar por la bandera de mi país que yo le estaba diciendo la verdad. Sin pensarlo dos veces me dijo que debes cruzar las puertas doradas—*the Golden Gates*—sin demora. Eso fue todo lo que dijo.

—Gracias de nuevo, Sam. No sé cómo podré devolverte este gran favor. Eres un buen hombre.

—Que Dios esté contigo en todo momento, Ché. Estaré rezando

para que todo te salga bien mañana. Y por favor asegúrate de amarrar bien los cordones de tus zapatillas en caso de que tengas que echarte a correr de repente.

Ambos hombres estallaron en una risa nerviosa.

O'Donnell le había transmitido a Lince una metáfora que podía interpretarse de varias maneras. «*Dile que cruce las puertas doradas, the golden gates*» fueron las palabras de O'Donnell. El uruguayo no hablaba bien el inglés y algo crucial podría haberse perdido en la traducción. — ¿Acaso las palabras de O'Donnell significaban que Lince debía irse directamente a un puesto fronterizo? ¿O era algo totalmente diferente? Tendría que pensar detalladamente sobre el posible significado de esas palabras durante el viaje a la ciudad.

Su primer pensamiento a la llegada de la delegación al hotel de Oaxtepec fue hacer la llamada telefónica a Duvalón. Pero la única cabina de teléfono público que encontró estaba ubicada próxima al mostrador de la recepción. No se atrevió a correr el riesgo que alguien de su equipo lo descubriera hablando por teléfono. Su contacto eventual con Duvalón tendría que esperar a más tarde.

A la mañana siguiente, Mejías comenzó a reunir a los miembros de la delegación cubana a medida que llegaban al restaurante donde servían el desayuno.

—Ha habido un pequeño cambio de planes. Hemos sido invitados a visitar nuestra embajada en la Ciudad de México antes de irnos de compras.

Mejías procedió a hacerle entrega a cada uno de los miembros del equipo un sobre conteniendo pesos mexicanos. Lince contó el dinero e hizo la aritmética. Tenía en su poder el equivalente de doscientos cincuenta dólares americanos en pesos mexicanos. Esa suma sería suficiente para cubrir un viaje largo en taxi o autobús en caso de que se viera en la necesidad de trasladarse deprisa a algún lugar en las afueras de la Ciudad de México, o a la frontera con los Estados Unidos.

El deportista se sirvió una porción doble de panqués y huevos revueltos en el buffet y llevó su plato a una mesa donde estaban sentados varios de sus compañeros de equipo. Los Golden Knights habían colocado varias mesas juntas y estaban desayunándose a pocos metros de distancia.

Los ojos de Lince se encontraron brevemente con los de Fred O'Donnell, lo suficiente para notar un destello de aliento en su mirada. Buscó a Sam en los alrededores del restaurante, pero no encontró a su amigo por ninguna parte.

Capítulo 31

En el rótulo de la calle de una vía en el centro de la ciudad se podía leer *Campos Eliseos* y nada más. A unas seis cuadras más allá de la intersección con *Goldsmith*, el chofer dio un giro brusco a la derecha y detuvo la furgoneta frente a un portón de hierro. En la parte superior del muro colindante, una madeja de alambre de púas advertía sobre la peligrosidad de intentar un ingreso o egreso del local sin la autorización debida. Habían llegado a la entrada posterior de la embajada de Cuba en la Ciudad de México. De hecho, los comunistas cubanos habían construido una fortaleza inexpugnable en el corazón de la ciudad.

El chofer bajó su ventanilla para hablar por intercomunicador con el centinela apostado dentro de la caseta de hormigón. Segundos después, el portón eléctrico abrió para permitirle el paso a la furgoneta, cerrándose detrás de ellos con un fuerte golpe. Técnicamente hablando, el equipo de paracaidismo estaba de regreso en suelo cubano.

Las visitas a las embajadas cubanas era una actividad habitual por parte de las delegaciones que salían al extranjero, sin embargo, el paracaidista no dejó de alarmarse por el cambio de planes al último momento. — ¿Habría sido detectado por alguien de su grupo, o por equipo de vigilancia de la DGI operando en Oaxtepec mientras charlaba con Sam la noche anterior? Si así fue, ya lo tenían atrapado y sin escapatoria posible.

Todos en el grupo llevaban con ellos los bolsos reglamentarios del equipo nacional para utilizarlos durante las compras. Lince, por su parte, había llevado el suyo por una razón totalmente diferente.

Oculto debajo de un diario en el fondo de su bolso había colocado su registro de saltos y el carné que lo identificaba como competidor en el campeonato de México—los únicos dos artículos personales que decidió llevarse en su fuga.

La delegación fue recibida e la puerta de la embajada por un individuo que se presentó como *López*. López les ordenó que dejaran sus bolsos y abrigos en el vestíbulo y acto seguido los condujo a través de varios pasillos interiores en el edificio. Al final del último pasillo, el hombre se apartó para darles paso a una oficina angosta repleta de equipos de radiocomunicaciones.

El singular ocupante de la oficina era un hombre pequeño de cabello canoso y unos sesenta años quien se encontraba sentado frente a un aparato de radiofonía. El "veterano" llevaba puestas gafas de leer gruesas y un set de auriculares de aviador cubriéndole las orejas.

—Compañeros, el comandante Enrique Carreras ha estado esperando para conocerlos—dijo López.

Muchos en Cuba habían oído hablar de Enrique Carreras, un piloto de la Fuerza Aérea de Castro quien tripuló un avión *Sea Fury* durante la invasión de Bahía de Cochinos. Volando sin contrincantes sobre la ciénaga de Zapata, Carreras recibió crédito por el hundimiento de varios buques de la Brigada Expedicionaria 2506 y por ametrallar a las tropas del exilio mientras vadeaban los pantanos con el agua a la cintura. Por esas acciones "valerosas", el régimen cubano había condecorado a Carreras como un héroe nacional.

Operando ahora bajo la cubierta de agregado militar conjunto en México, el "carnicero de Playa Girón" estaba a cargo del centro de mando y control del Departamento América en esa embajada. El D.A. era responsable de todas las actividades subversivas de Cuba al sur del Río Grande y también de organizar y ejecutar misiones especiales dentro de los Estados Unidos.

Cuando Lince estrechó la mano de Carreras, no pudo evitar que un pensamiento furtivo le viniera a la mente — el hombre frente a él le debía la vida al expresidente norteamericano John Fitzgerald Kennedy. Carreras no hubiera sobrevivido para contar su historia si los pilotos de los aviones A4D-2 Skyhawks hubiesen recibido la autorización de ejecutar las incursiones aéreas planeadas en apoyo a los expedicionarios. Para la suerte del piloto del Sea Fury, Kennedy traicionó a las fuerzas invasoras retirando a última hora la sombrilla aérea que había prometido en apoyo de la operación de Bahía de Cochinos.

—Bienvenidos paracaidistas. Debo admitir que tengo un gran respeto por todos ustedes. Pero, de igual forma, creo que todos ustedes están chiflados. La única razón por la que yo hubiera saltado en paracaídas era si mi avión estuviese envuelto en llamas, o perdido un ala.

—Quiero que sepan que el comandante en jefe está siguiendo de cerca el progreso de los juegos panamericanos—continuó Carreras. Eso hace la actuación de ustedes en México doblemente importante. Nada le daría a Fidel más satisfacción que una victoria contra los militares yanquis

El encuentro improvisado con el expiloto cubano duró menos de diez minutos. López condujo la mayor parte del grupo de regreso al vestíbulo, mientras que Mejías, Guerra y Urbano permanecieron conversando en la oficina del agregado militar.

Desde su asiento en el vestíbulo de la embajada, Lince observó su bolso inclinado contra la pared en el mismo lugar donde lo había colocado. Pidió a Dios que no lo hubieran registrado mientras estaban en la reunión con Carreras. Le resultaría difícil explicar por qué había llevado su cuaderno de saltos para el día de compras.

Su preocupación crecía a medida que pasaban los minutos. La visita supuestamente breve a la embajada ya había consumido más de una hora del tiempo que tenían disponible y aún no había señales de Mejías, Guerra o Urbano.

Mientras tanto, Pablo y Lauris fueron llamados a las oficinas por separado durante unos veinte minutos cada uno. Al regresar al salón, ninguno de ellos comentó sobre el motivo de su reunión en privado con los funcionarios de la embajada. Lince temía que Pablo y Lauris habían sido interrogados por la DGI sobre sus movimientos en los últimos días. Se imaginó al coronel Méndez en la Habana sosteniendo la proverbial *Espada de Damocles* sobre su cabeza— ¿Tendría ya Mendez las pruebas concluyentes que Lince había llegado a un acuerdo con los norteamericanos?

El paracaidista pensó que nunca más volvería a ver otra salida del sol. Si la situación se tornaba agria como se temía, los agentes de la DGI podrían ponerlo en grilletes, inyectarle un fuerte sedativo y enviarlo de regreso a la Habana en el próximo vuelo de Cubana de Aviación. Mejías les explicaría a los organizadores del campeonato panamericano que Lince había caído enfermo durante su viaje a la ciudad y estaba bajo el cuidado del embajador cubano. Lince había escuchado rumores que ese era el protocolo que seguía la dirección general de inteligencia, la DGI, cuando capturaban a alguien dándose a la fuga.

En el instante que la furgoneta salió del recinto de la embajada en dirección a Campos Eliseos, Lince finalmente respiró. El juego aún no estaba perdido, pero sabía no le quedaba mucho tiempo para actuar.

El comandante en jefe está siguiendo de cerca sus progresos en los juegos panamericanos, les había dicho Carreras.

Capítulo 32

El Señor es fiel y él te fortalecerá.

—*Tesalonicenses 3:4*

Una racha de viento súbita levantó un raudal de hojas de *Ocozol* del contén y las hizo bailar momentáneamente sobre sus cabezas. Las hojas rojas y amarillas empezaron a caer lentamente sobre la amplia acera donde los paracaidistas se habían detenido momentáneamente. Un termómetro empotrado en la fachada de un edificio indicaba que la temperatura exterior era de apenas diez grados centígrados.

Lince levantó el cuello de su sobretodo y le dio la espalda al viento helado mientras esperaba junto a sus compañeros por Mejías, quién se hallaba impartiéndole instrucciones al chofer de la furgoneta. Se decidió que el chofer los esperaría en ese mismo lugar a las cuatro en punto. Mejías le aseguró al grupo que todos podrían hacer las compras anticipadas y regresar a Oaxtepec con tiempo suficiente para asistir al banquete oficial del evento, el cual estaba programado para esa misma noche.

—López me recomendó que visitemos un centro comercial no muy lejos de aquí. No olviden que debemos mantenernos juntos en todo momento. Todos conocen las reglas del juego.

Desde el momento que los paracaidistas salieron de la furgoneta, Lince notó a Pablo pegado a él como una goma de mascar. Pablo y Lince nunca habían sido los mejores amigos, por lo que Lince sospechó que la embajada le dio órdenes de vigilarlo de cerca. Pablo estaba en el servicio activo de la fuerza aérea, era un militante de la juventud comunista y le llevaba varios centímetros de altura al resto del grupo. Lince necesitaría una ventaja considerable para poder dejar atrás a Pablo en una carrera por las calles de Ciudad de México.

Una ojeada a su reloj le confirmó que ya era más tarde de lo anticipado. A pesar de la afirmación de Mejías, la demora inesperada dentro de la embajada les había dejado con muy poco tiempo para hacer las compras. Mientras el grupo avanzaba deprisa hacia las tiendas, Lince comenzó a pensar en cómo aprovecharse del itinerario apretado y manipularlo a su favor.

El paracaidista se puso sus gafas *Ray Ban* y procedió a estudiar discretamente las calles laterales y los callejones en el trayecto hacia las tiendas. Estaban próximos a la hora punto y la acera ya estaba congestionada con transeúntes que iban y venían en todas direcciones. Sin embargo, el embotellamiento no era el suficiente como para permitirle apartarse del grupo sin ser detectado. Con una comitiva de doce personas a su alrededor y con Pablo pisándole los talones, su huida podía ser descubierta en un abrir y cerrar de ojos. Tampoco podía descartar la posibilidad de que la DGI hubiera despachado a uno o más agentes para que siguieran al grupo de cerca.

Una farmacia con un rótulo iluminado que anunciaba la venta de gafas para la lectura le dio una idea. Sin aviso, Lince se detuvo frente a la vidriera. Le tomó a Pablo apenas un par de segundos para darse media vuelta, unirse a Lince y emitir un chiflido agudo, alertando de esa forma al resto del grupo que se habían separado. Todos regresaron al encuentro de Pablo y Lince.

—¿Qué sucede? —preguntó Mejías.

—Lo siento en ocasionarle un atraso al grupo, pero le prometí a mi padre comprarle un par de lentes para la lectura.

— ¿Necesitas comprarlos en esta tienda en particular?

—Aquí los tienen en venta especial. Me tomará solo unos minutos.

Lince pretendió hurgar en el bolsillo de su blue jean Levi's, rasgó la costura que había cosido en el fondo y extrajo el pequeño pedazo de papel con el número de teléfono de Duvalón escrito en código.

—*Chévere*—encontré la graduación de los lentes.

Lince dobló de nuevo el pedazo de papel y lo devolvió a su bolsillo. Conocía de memoria la graduación de los espejuelos de su padre, pero al pretender haberlo traído consigo presentó un argumento más convincente.

Lince sintió la respiración de Pablo en su cuello mientras escogía un marco de imitación de carey de una vitrina y el empleado anotaba la graduación para los lentes. Minutos después, el deportista salió de la farmacia con un par de lentes de lectura que su padre nunca llegaría a usar. Pero aún más importante, había confirmado la identidad de su guardaespaldas secreto. No podía darse el lujo de perder de vista a Pablo en ningún momento.

Por otra parte, la parada para comprar las gafas había consumido aún más minutos valiosos del apretado itinerario para las compras. Lince percibió un estado de impaciencia creciente dentro del grupo, todos visiblemente preocupados por el poco tiempo que les quedaba. De hecho, después de ese día ya no tendrían otra oportunidad para visitar las tiendas. Contaba en que una vez que se desatara el frenesí, todos sin excepción se enfocarían exclusivamente en sus compras y relajarían la vigilancia sobre su persona.

Al llegar delante de dos grandes almacenes de ropa, Mejías alzó su mano y le ordenó a la comitiva que se detuviera. El almacén a la izquierda ofrecía ropas y atuendos para niños. El de la derecha era una tienda para hombres mostraba en las vitrinas maniquíes luciendo blue jeans, polos, zapatos y otros artículos de vestir.

—Los que tenemos niños en casa podemos empezar aquí—dijo Mejías, apuntando con su mano a la tienda de la izquierda.

—Yo voy a la otra tienda—dijo Pablo —¿Quién viene conmigo?

Al unísono, Kymbe, Lauris, Raúl y Lince alzaron la mano indicando que seguirían a Pablo.

—Estupendo. ¿Qué les parece si nos encontramos aquí afuera en media hora? —preguntó Mejías. Todos asintieron.

Lince merodeó sobre la acera durante unos segundos para asegurarse de que sería el último del grupo en seguir a Pablo dentro del establecimiento. Le echó una ojeada fugaz a una intersección principal donde se cruzaban dos bulevares de ocho vías y estimó que la distancia hasta esa intersección, donde había un quiosco circular para la venta de diarios y revistas, era de aproximadamente cuarenta metros. No le pasó desapercibido que la acera continuaba colmándose de peatones que iban y venían con un paso apurado. Había llegado la hora punto en la Ciudad de México.

Lince siguió a Pablo y a los otros tres miembros de equipo al interior de la tienda guardando una distancia prudencial. Observó a Pablo dándose vuelta y haciendo contacto visual momentáneo con él, luego de lo cual reanudó su avance dentro del local.

En ese momento, los cuatro miembros de su equipo estaban dentro de su campo visual. Todos, sin excepción, aparentaban haber caído en un trance hipnótico mientras rebuscaban ávidamente entre los colgaderos de camisas y blue jeans que abarrotaban el establecimiento.

De repente, perdió de vista a Lauris y a Raúl, pero asumió que ellos tampoco podrían verlo. Comenzó a retroceder cautelosamente hacia la entrada, pretendiendo que algo en la vitrina que daba a la calle le había llamado la atención.

Había llegado el momento anticipado. Una vez que Pablo se diese cuenta de que Lince no estaba en la tienda, podía pensar que había salido a reunirse con el otro grupo en la tienda contigua. La confusión inicial le brindaría el tiempo preciso que necesitaba para llegar a la intersección donde se encontraba el quiosco de revistas y desaparecer.

El deportista salió a la acera y empezó a caminar con un paso casual en dirección al quiosco, manteniéndose lo más próximo posible a las paredes de las tiendas. En ese momento, tuvo la sensación de estar viviendo una pesadilla en donde vadeaba un rio de agua invisible que le llegaba hasta la cintura y frenaba su avance. Había alcanzado el punto crítico del cual ya no había marcha atrás.

Caminante, no hay camino, tú haces camino al andar. Al andar se hace camino y al volver la vista atrás, se ve la senda que nunca se ha de volver a pisar.

Los versos del conocido poema de Antonio Machado le vinieron a su mente mientras caminaba resueltamente hacia un destino incierto. A mitad del camino hacia la intersección, Lince apuró el paso mientras sentía su corazón palpitando fuera de control en su pecho. De repente, creyó haber escuchado a alguien llamándole por su nombre. — ¿Habría sido descubierto por uno de los miembros de su equipo, o tal vez por un efectivo de la embajada cubana?

Sigue adelante, pero no te eches a correr todavía, pensó para sí. *Y no mires hacia atrás. Si lo haces, alguien podría reconocer tu rostro. Entonces tendrán la certeza que eres tú.*

$$* * *$$

Caminante, no hay camino, tú haces camino al andar. Pero no te atrevas a mirar hacia atrás...

El quiosco estaba a sólo diez metros adelante—cinco, dos... ¡ahora!

Al llegar a la esquina, el paracaidista arrancó a correr y casi cae al suelo cuando tropezó con una paca de diarios amontonados contra la pared del quiosco.

—Perdón amigo, lo siento—se escusó al atónito vendedor.

Lince decidió cruzar inmediatamente hacia al otro lado del amplio bulevar y ensanchar así la distancia entre él y sus posibles perseguidores. Bajó al pavimento y comenzó a atravesar la calle deprisa, esquivando los vehículos que ya comenzaban a reducir la velocidad a causa del cambio de luz en el semáforo. Fue entonces cuando divisó a un taxi vacante a unos veinte metros de distancia y dirigiéndose hacia él.

El taxista no tuvo la oportunidad de reaccionar. Lo único que logró ver desde el rabillo de sus ojos fue un joven vestido con un abrigo marrón y gafas de sol oscuras apareciendo de improviso en medio de la calle. El desconocido se echó a correr de repente en dirección al taxi como si el mismo diablo lo estuviera persiguiendo.

Cuando alcanzó el taxi, abrió la puerta trasera y se lanzó de cabeza dentro del vehículo.

—Lléveme lejos de aquí lo más rápido posible—le dijo el desconocido.

—¿A dónde señor?

—Todavía no sé. Y por favor no encienda el taxímetro. Le prometo pagarle generosamente.

Lince quería que el chofer mantuviera la luz del taxi encendida para confundir a los que estuvieran en su persecución. Decidió permanecer echado de bruces e inmóvil sobre el piso del taxi.

Fue entonces cuando Lince le ofreció una oración a Dios por la seguridad de su madre y su padre en Cuba. Aunque la mayoría de sus oraciones no recibieron respuesta aparente durante dieciocho años, presintió que Dios finalmente le estaba escuchando. También cayó en cuenta de que acababa de dar el paso más significente de su vida.

Sintió los neumáticos del taxi rodar unos cuantos metros y luego detenerse de nuevo mientras el chofer aguardaba por el cambio de luz. Nunca antes había sentido una amenaza tan inminente contra su persona, o tener tantas razones para vivir. Había estado próximo a la muerte varias veces durante los saltos en paracaídas, pero esta experiencia era indudablemente la más intensa en sus veintiséis años de existencia.

Lince esperó un minuto después de que el taxi cruzara la intersección antes de atreverse a tomar asiento y mirar hacia atrás por la ventanilla. Una rápida ojeada le confirmó que nadie los había seguido. El próximo paso por seguir seria buscar un teléfono público para hacer la llamada a Duvalón, el desconocido enigmático quien

Lince esperaba le diera refugio y le ayudaría a salir de México.

El taxista, un hombre menudo de unos sesenta años, lo miraba frecuentemente por el espejo retrovisor, tal vez tratando de adivinar en qué problemas se había metido su pasajero improvisado. El chofer nunca llegaría de conocer los detalles del drama que le había tocado vivir por un golpe de azar, o que la odisea del joven que ocupaba el asiento trasero estaba lejos de terminarse. Muy pronto, habría personas con muy malas intenciones buscándole por toda Ciudad de México.

—¿A dónde vamos? -preguntó el chofer por segunda vez.

—No lo sé todavía. Primero necesito encontrar un teléfono público, pero no por aquí. Siga adelante por unas cuantas cuadras más y luego de vuelta hacia una calle lateral.

—De acuerdo, señor.

Lince empezó a preguntarse qué aspecto tendría el hombre a quien el americano anónimo llamó «Duvalón».

Capítulo 33

Pablo se encontraba absorto hurgando en un estante de blue jeans por su talla cuando se percató que no había visto a su compañero de equipo hacia un buen rato. Se dio vuelta para buscarlo con la vista y acto seguido cayó en un estado de pánico cuando no lo encontró.

De inmediato ubicó a Kymbe, Lauris y Raúl, pero no había señal alguna del hombre que el tanto ansiaba que aún estuviera allí. Pablo reunió a sus compañeros.

—¿Alguien ha visto a Lince?

El esfuerzo resultó en vano. Nadie se acordaba de la última vez que vieron al deportista.

Pablo pensó en la posibilidad remota de que el hombre se había reunido con el otro grupo en la tienda adyacente. Les pidió a los otros que continuaran buscando dentro del establecimiento mientras él corría a buscar el otro grupo. Encontró a Mejías y al resto en la segunda tienda, pero no había el menor rastro de Lince.

—Algo le pasó—balbuceó Pablo. Tenemos que seguir buscando.

A pesar de aun albergar esperanzas, Pablo presintió que no encontrarían a Lince nunca más. La temida fuga de un atleta cubano en una competencia deportiva en el extranjero se había repetido ahora en México. Desafortunadamente, nadie podía hacer absolutamente nada para echar atrás las manecillas del reloj.

***

El teléfono sobre el escritorio timbró dos veces antes de que el hombre con cabello canoso y gafas con gruesos lentes levantara el auricular.

—General Carreras aquí.

—Tengo a Mejías de la delegación de paracaidismo en la línea para usted. Dice que es urgente.

—Póngalo.

—General. Tengo malas noticias. Uno de los paracaidistas ha desaparecido.

—¿Quién es? — ¿Dónde y cuándo ocurrió?

—Es Nickolich, el quien llaman el Lince. Notamos su ausencia hace quince, quizás veinte minutos. Aparentemente se esfumó mientras nuestro grupo estaba de compras en una tienda por departamentos.

— Nadie se esfuma, Mejias. ¿Alguien lo vio?

—Negativo. Habíamos estado en las tiendas apenas cinco o diez minutos cuando Pablo notó su ausencia. Pasamos otros cinco minutos buscándolo por toda esa tienda y también en los alrededores.

—Esperen ahí y mantenga a su grupo unido. Voy a enviar la furgoneta para recogerlos— ¿Dónde están exactamente?

El agregado militar anotó en un papel el nombre de la tienda y colgó el teléfono. Levantó el auricular de nuevo y marcó la oficina de Alcides Sánchez para darle las noticias y las coordenadas donde Mejías y su grupo se encontraban. Alcides era el jefe interino de la dirección general de inteligencia cubana en México.

El comandante Carreras le echó una ojeada a su *Rolex GMT*, un reloj de lujo el que Fidel le había obsequiado años atrás en una ceremonia en el Palacio de la Revolución. Fidel, endeudado con Carreras por su papel decisivo durante la invasión de Bahía de Cochinos, había recompensado al piloto con su regalo más característico. Desde principios de los años sesenta, los relojes *Rolex GMT* y *Rolex Submariner* habían sido los símbolos de poder y de clase social más reconocidos en Cuba.

—¡Qué partida de idiotas! —gritó Carreras en voz alta. —¡Veinte minutos! Y dice Mejias que se esfumó. Ese tipo se dio a la fuga y ya puede estar a varios kilómetros de distancia.

El agregado militar buscó en un cajón de su escritorio, extrajo el pasaporte de Lince y salió de su oficina con paso apurado. En la oficina de Alcides, Carreras le entregó el pasaporte López.

—Hagan varias ampliaciones de la foto y tengan listos todos los autos disponibles para salir de inmediato.

—A su orden, comandante.

Alcides colocó sus gafas de leer sobre el escritorio y miró a Carreras directamente a los ojos.

—No sirve de nada ahora apuntar a nadie con el dedo, pero Méndez nunca debería haber permitido que ese tipo saliera de Cuba. Esperemos poder encontrarlo antes de que sea demasiado tarde.

—Esto no fue solamente culpa de Méndez. Muchos en Cuba ansiaban la victoria del equipo en México. La responsabilidad también recae sobre nuestros hombros. Hoy teníamos suficientes evidencias circunstanciales para detenerlo y enviarlo de vuelta a Cuba. Sin embargo, decidimos no tomar acción.

—*Después de visto, todo el mundo es listo*, dijo Alcides.

—A propósito— ¿sabes por qué llaman a este tipo *el Lince*? — pregunto Carreras.

Alcides rio entre dientes.

—Comandante, sé que este no es momento para chistes, pero creo que Nick está siendo fiel a su apodo. Los Linces son una especie de felinos muy veloces y difíciles de atrapar.

Carreras pareció estar turbado ante la observación de Alcides. — Yo ya sabía eso. Llama urgentemente a la oficina del ministro de relaciones exteriores de México y proporciónale su descripción física. Veintiséis años, de estatura media, pelo castaño, ojos verdes y bigote. Lleva encima blue jeans azules y un abrigo color marrón. Infórmele a la policía federal que es un tipo peligroso, está indocumentado y debe ser puesto bajo arresto tan pronto lo encuentren.

Alcides extrajo un mapa de la Ciudad de México de un cajón y lo desdobló encima de su escritorio. Usando un lápiz, dibujó un círculo en el mapa alrededor del área donde estaba localizada la tienda por departamentos.

—Tenemos que ir a donde lo vieron por última vez. El tipo todavía puede estar escondido en las inmediaciones de esa tienda.

—Envía allí tanta gente como estimes necesario. Hay que atrapar a ese lince, o *sacarlo del medio*, dijo Carreras mientras abandonaba la oficina.

El jefe de la estación de la DGI en México echó una mirada a los tres teléfonos encima de su escritorio con línea directa al exterior. En el fondo de su corazón, esperaba que uno de ellos en particular comenzara a timbrar muy pronto. En un pequeño rotulo pegado con cinta adhesiva a uno de los auriculares se podía leer un nombre escrito a mano: *Duvalón*.

El coronel Méndez le había dicho que *Duvalón* sería su carta de triunfo si Lince se salía por la tangente y decidía desertar.

Murphy's Law - la ley de Murphy. Alcides había leído en alguna parte que los americanos usaban ese cliché cuando algo que pudiera salir mal en efecto salía muy mal.

***

Quince minutos después de la llamada de Mejías a la embajada de Cuba, seis hombres portando maletines del tipo *attaché* salieron deprisa del edificio de la embajada de Cuba y abordaron tres automóviles Mercedes Benz 300 de color negro. Los coches rodaron rápidamente a través del portón trasero de la embajada y se alejaron en direcciones diferentes. En cada maletín había una copia ampliada de la foto del pasaporte del fugitivo, un rifle automático AK-47 con culata plegable y un cargador adicional con 30 proyectiles.

El primero de los Mercedes Benz en salir del recinto se dirigió directamente hacia la Embajada de los Estados Unidos, situada a unos pocos minutos de la embajada cubana. Nick era el hijo de un ciudadano norteamericano y la embajada de EE. UU. sería el lugar más lógico para buscar refugio. El segundo auto se aparcaría en el área donde Lince había desaparecido. El paracaidista podría estar aún escondido en las inmediaciones del establecimiento esperando el momento adecuado para salir a la superficie y perderse en la ciudad. Si ese era el caso, los agentes de Alcides lo estarían esperando en la calle para capturarlo.

Los hombres en el tercer Mercedes Benz tenían órdenes de

trasladarse a las inmediaciones de la embajada de Uruguay. Alcides no pasó por alto la posibilidad de que el uruguayo que había sido visto charlando con Nick la noche anterior hubiera hecho contacto con su embajada y pedirles que ayudaran al deportista fugitivo.

Todos los agentes de la DGI que fueron despachados para la misión recibieron exactamente las mismas órdenes—llevar al hombre conocido por *el Lince* de regreso a la embajada, vivo o muerto.

Alcides descolgó un teléfono en su escritorio y le pidió a la operadora que lo conectara con la oficina del ministro de relaciones exteriores de México. En pocos minutos, tenía al ayudante del ministro en la línea y procedió a darle la información personal del fugitivo como el comandante Carreras le había ordenado.

Por último, el jefe de la estación de la DGI descolgó un teléfono con line directa y marcó el número de un amigo en la jefatura de la Dirección Federal de Seguridad de México. Los agentes de la DFS serían los primeros en conocer el lugar preciso donde el paracaidista asomara la cabeza.

La cacería del *Lince* había comenzado.

Capítulo 34

El taxi de la Yellow Cab estaba a menos de una milla de la intersección donde Lince lo había abordado cuando **el** hombre tuvo una corazonada. Tal vez el llamar a Duvalón no sería prudente después de todo. Había una pieza en el rompecabezas que aún no encajaba. Mientras que el mensaje que el norteamericano le había dado por teléfono en la Habana aparentaba ser legítimo, el método de transmisión lo hizo pensar que podía ser una trampa.

Su estado de ansiedad se acrecentó a medida que pasaban los minutos. No le hallaba sentido al hecho de que el departamento de estado, u otra agencia de los Estados Unidos pusiera en peligro a uno de sus operativos solamente para darle un número de teléfono y una contraseña y facilitarle su fuga en México. Los riegos eran demasiado grandes, tanto para el agente como para él. Si los americanos realmente hubieran querido ayudarle, podían haber esperado a su llegada a México para establecer contacto. No hubiera sido muy difícil entregarle una nota en forma disimulada ya bien en la zona de saltos, o en el hotel de Oaxtepec.

Lince supuso que los servicios de inteligencia cubanos habían interceptado el mensaje que le envió a Henry Kissinger varios meses atrás por intermedio de los paracaidistas canadienses. Ya había varios funcionarios americanos residiendo y trabajado en la Habana, mientras que un número similar de diplomáticos cubanos se habían establecido en Washington, D.C. A pesar de que no tenía forma de saberlo con certeza, sospechaba que alguien dentro del gobierno de Estados Unidos lo había traicionado.

Concluyó que el DSE, luego de descubrir sus intenciones

durante el viaje a México, había decidido tenderle una trampa. El hombre que llamó por teléfono a su casa pretendiendo ser un turista norteamericano era posiblemente un operativo trabajando para la inteligencia cubana. Los cubanos contaban con suficientes efectivos disponibles que hablaban inglés como nativos. Sin dudas, la seguridad del estado había reclutado en sus filas a varios de los fugitivos de la justicia estadounidense que residían en la isla bajo la protección del régimen. También pensó en la posibilidad de que el norteamericano anónimo hubiese sido el mismo Richard Harwood Pearce, el piloto desertor de la fuerza aérea de USA quien años atrás había llegado a la isla en una avioneta privada y se había puesto al servicio del régimen comunista.

Si su hipótesis era cierta, el número de teléfono que el presunto agente le dio en la Habana timbraría en una oficina de la embajada de Cuba en México, o en otra de las dependencias secretas del DGI en la ciudad. Al recibir la contraseña, la persona al otro lado de la línea procedería a darle una dirección. Lince pensó que, si cometía la imprudencia de hacer la llamada y acudir a esa cita, pudiera encontrarse allí con agentes armados de la embajada de Cuba prestos para secuestrarlo y llevarlo de regreso a la isla.

Era hora de ejecutar el plan B.

—Hay un teléfono público a apenas una cuadra de aquí—le dijo el taxista.

—Amigo, olvídese del teléfono. Lléveme a la embajada americana, Paseo de la Reforma 305, lo más pronto posible.

—De acuerdo, señor. Yo sé dónde está ubicada.

—¿Cuánto tiempo nos tomará en llegar?

—Es la hora punto y el tráfico se pone muy difícil en Reforma.

Creo que podemos llegar en unos veinte minutos.

—Hágalo en quince y le triplicaré su tarifa.

***

Luego de lo Lince consideró como toda una eternidad, el menudo chofer del taxi se empinó nuevamente sobre su asiento para mirar a su pasajero a través del espejo retrovisor.

—Ya casi estamos ahí. —Un poco más adelante está la rotonda del ángel de la independencia. La embajada de los Estados Unidos se encuentra al otro extremo del círculo.

Lince se asomó desde la ventanilla del taxi para admirar un monumento impresionante erguido en el centro de la rotonda y que databa de principios del siglo veinte—un alto obelisco que era la base de una escultura chapada en oro representando a un ángel alado. El ángel sostenía una corona de laurel a lo alto en su mano derecha y una cadena quebrada en su mano izquierda. Interpretó las cadenas rotas como un buen augurio.

Una vez pasada la rotonda, Lince trató de reconocer la embajada tras una hilera de árboles frondosos que le bloqueaban la vista. El chofer detuvo el vehículo a unos treinta metros pasada la rotonda y extendió su brazo través de la ventanilla abierta. Su dedo índice le apuntaba a un edificio de varios pisos de altura al lado opuesto de Paseo de la Reforma.

—Ahí está...

El corazón del deportista dio un vuelco. Sobre una asta elevada frente al moderno edificio vio ondeando la bandera de los Estados Unidos de Norteamérica. Sin embargo, no tardó en percatarse de un obstáculo con el cual no había anticipado—los terrenos de la embajada estaban protegidos por una valla de hierro de unos diez pies de altura.

Lince sacó el equivalente a cien dólares en pesos mexicanos de su billetera y se lo entregó al taxista. Los ojos del hombre se abrieron aún más a la vista del dinero.

—Eso es mucha plata, señor.

—Disfrútalo y que Dios te bendiga, amigo. Acabas de salvarme la vida.

El deportista no perdió un segundo. Salió deprisa del taxi y se lanzó a correr hacia el otro lado de Reforma, zigzagueando por el tráfico de vehículos que transitaban por sus ocho vías. Según sus cálculos, debía haber llegado a la embajada antes que los agentes de la DGI, aunque no tenía forma de saberlo con certeza. Por el momento tenía que salvar dos serios obstáculos. Uno era la valla elevada que protegía el perímetro de la embajada; el otro eran dos agentes de la policía mexicana que observó apostados en la acera frente a la valla.

No lo pienses, hazlo. Salta por encima de la cerca antes de que los policías te alcancen, o decidan disparar sus armas de fuego.

Mientras corría con rapidez esquivando los vehículos que transitaban por el bulevar, Lince notó una pequeña puerta para peatones en la valla a pocos metros de donde se encontraban los guardias. *La puerta estaba abierta.* ¿Le habría advertido Fred O'Donnell a la embajada acerca de su llegada inminente? *¿Sería esa pequeña entrada el Golden Gate que Fred le mencionó a Sam en la noche anterior?*

Lince asemejó su enfoque absoluto en esa diminuta entrada a

un aterrizaje con su paracaídas en un lugar difícil. Recordó un salto de exhibición que hizo hacia años sobre un estadio de beisbol en Cuba y donde se vio en apuros a varios metros antes de tocar tierra. Una vez comprometido, tuvo que proseguir con la aproximación sin desviarse. En esta ocasión haría lo mismo. No habría lugar para el más mínimo error.

Los oficiales de la policía no se percataron de sus intenciones hasta que Lince había llegado a pocos metros de la acera. Uno de ellos reaccionó y trató de bloquear la entrada con su cuerpo, pero el atleta llevaba un impulso incontenible. Se necesitaría un muro de ladrillos para detener su avance.

—*Soy americano*, — profirió, empujando al policía contra la valla de hierro e irrumpiendo por la pequeña entrada hacia los terrenos de la embajada.

En un instante fugaz, Lince cruzó el abismo que separaba la esclavitud de la libertad. El paracaidista no se detuvo por un solo segundo ni tampoco miró hacia atrás. Continuó su carrera hasta llegar jadeante a los anchos escalones que conducían al vestíbulo exterior de la embajada. En lo alto de los escalones, observó a un infante de marina vestido con uniforme de gala quien lo miraba impasible y en perfecta atención.

Desde su posición elevada, el centinela había seguido con la vista la carrera desesperada del desconocido a través del tráfico vehicular en Paseo de la Reforma. Segundos después, lo observó como empujaba a uno de los guardias mexicanos e incursionaba en los terrenos de la embajada. Cuando Lince se prestó a dar el primer paso sobre los escalones, el *marine* hizo un gesto con su mano para que se detuviera.

Lince respiro profundo, degustando momentáneamente su victoria. Ya era un hombre libre. Momentos después, el *marine* sería la primera persona en saber que le habían tomado dieciocho años al Lince para cruzar la meta final. Su odisea, sin embargo, aún no había terminado.

* * *

—Quisiera hacerle una petición especial al embajador—les dijo a los hombres que lo interrogaban desde el otro extremo de una mesa lustrosa de conferencias. Los individuos se le habían presentado como Morris y Thomas, posiblemente agentes de los servicios de inteligencia norteamericanos.

—Te estamos escuchando.

—Es vital que alguien en la misión de intereses de los Estados Unidos en Cuba visite la casa de mis padres tan pronto como sea posible. Mi padre es un ciudadano estadounidense y mi fuga lo ha situado tanto a él como a mi madre en un peligro grave.

—Hemos tomado nota de tu preocupación. Se lo informaremos al embajador de inmediato.

—Se lo agradezco mucho, —les dijo.

— ¿Por qué tu familia permaneció en Cuba después de la primera oleada del éxodo de los años sesenta? —le preguntó Thomas.

—Fue una decisión difícil para mi padre y de la cual ha estado arrepentido hasta el día de hoy. En 1959, acababa de cumplir sesenta y cuatro años y pensó que era demasiado tarde para empezar su vida de nuevo en otras partes. Como muchos otros en Cuba, nunca se imaginó que Castro pudiese permanecer tanto tiempo en el poder. Mi madre, por su parte, opinaba que quedarse en Cuba era un error y quiso que empacáramos las maletas y saliéramos del país el mismo día en que las fuerzas de Castro entraron en la Habana. Mi padre no accedió por las razones anteriormente expuestas.

—Nos dijiste que tu hermana vive en Estados Unidos desde hace diez años. ¿Cómo fue que salió de Cuba?

—Mi padre logró sacarla a través de México con la ayuda de un antiguo amigo y socio de negocios que reside en Mississippi. Al poco tiempo de su llegada a México, mi hermana recibió su pasaporte americano en esta misma embajada. Para entonces, mi padre había caído en cuenta de su error de no sacar a toda la familia cuando aún era posible, pero ya era demasiado tarde. Yo había cumplido la edad militar y el régimen no me permitiría marcharme. Mis padres podrían haberse ido solos a los Estados Unidos, pero nunca me hubieran dejado abandonado en Cuba. La última esperanza para nuestra familia era que yo lograra escaparme primero y después tramitar la salida de mis padres.

—Corriste un riesgo enorme en hacer lo que hiciste hoy. Te prometemos que nuestros representantes en la Habana visitarán a tus padres muy pronto.

Lince bebió un sorbo de agua y contempló momentáneamente una foto que colgaba de la pared. Era el retrato de un hombre sonriente en traje y corbata junto a la bandera norteamericana. Su rostro era afable y tenía ojos azules y brillantes lo cuales, por algún extraño efecto óptico, parecían estar mirándole directamente a los suyos. Su nombre era Jimmy Carter, el trigésimo noveno presidente de los Estados Unidos.

Sin embargo, no fue el hombre, sino la bandera de estrellas y rayas lo que ofreció respiro de que finalmente estaba a salvo.

— ¿Quieres que encarguemos una pizza? —le preguntó Thomas.

—Me parece una gran idea, gracias.

Lince no había probado bocado desde su desayuno en Oaxtepec y también se sentía exhausto. Su odisea en el almacén de ropa y posteriormente en las calles de Ciudad de México había hecho mella en su resistencia física y mental. El interrogatorio intenso con Morris y Thomas también había sido agotador. En ocasiones, articuló sus respuestas sin mayor dificultad. En otras instancias, sus propias palabras le sonaban sin sentido.

Había sido una tarea monumental tratar de condensar la trayectoria de toda una vida en solo unas pocas horas utilizando nombres, fechas y lugares. ¿Qué parte de su vida les sería de interés a los norteamericanos y cual Morris y Thomas considerarían irrelevante? Sin desglosar los últimos años de su vida en Cuba, sería imposible explicar por qué la inteligencia cubana sospechaba de su persona solamente unos días antes de su salida de Cuba y aun así lo enviaron a competir a México.

Lince les ofreció a los agentes un informe detallado de todo lo que había ocurrido en los meses y semanas antes de su partida de la Habana. Les habló de su suspensión por un año después del viaje al Perú, de la visita de los canadienses a Cuba y de su petición de ayuda al departamento de estado a través de Jock Covey, el asistente personal de Henry Kissinger. También compartió con ellos sus sospechas de que alguien en Estados Unidos lo pudo haber traicionado.

Morris y Tomas no mencionaron si su petición de ayuda para fugarse había llegado o no a oídos de Kissinger, o a la embajada americana en México. Tampoco revelaron si el capitán O'Donnell había hecho o no contacto con la embajada para avisarles de su llegada eventual. Los oficiales se limitaron a hacer preguntas y tomar notas en detalle en sus cuadernos con páginas amarillas.

$$***$$

En su oficina en otro piso de la embajada, el embajador Patrick Lucey estaba ocupado intercambiando cables cifrados con Cyrus Vance, el secretario de Estado de los Estados Unidos. Un deportista cubano había irrumpido en los terrenos de la embajada con asesinos de la DGI siguiéndole en sus talones. Durante su interrogatorio, el hombre afirmó ser el hijo de un ciudadano estadounidense y había pedido aisló político. El departamento de estado no tardó en verificar la identidad del disidente y confirmar que en efecto tenía familiares cercanos en Estados Unidos, incluyendo a su hermana mayor.

Al principio, Vance se mostró indeciso en cómo actuar. Era difícil predecir las consecuencias que esa crisis inesperada podría provocar a la luz de las negociaciones en curso entre los Estados Unidos y Cuba. A petición de Vance, Lucey puso una llamada urgente a Alfonso Rosenzweig Díaz, el entonces subsecretario de relaciones exteriores de México. Lucey le pidió al subsecretario que le otorgara a Nickolich asilo político en México, lo cual Rosenzweig Díaz rechazó de inmediato. Señaló que tal acción crearía una situación embarazosa entre los gobiernos de Cuba y México en vísperas de la visita de Santiago Roel, el secretario de relaciones exteriores a la Habana. Roel tenía planeado viajar a Cuba en los próximos días para un encuentro oficial con Fidel Castro.

Rosenzweig Díaz le sugirió a Lucey que le concediera a Nickolich un refugio temporal en la embajada, o tramitara su salida inmediata para los Estados Unidos. Lucey le respondió que la embajada no contaba las facilidades para ello, o con un lugar seguro donde alojar al deportista temporalmente sin correr el riesgo de que fuese secuestrado por agentes de la embajada de Cuba.

El embajador Lucey insistió en que el gobierno mexicano debería hacerse cargo de Nickolich y llevarlo a un lugar seguro hasta que terminara la visita de Santiago Roel a Cuba. Rosenzweig Díaz respondió que dudaba de que pudiese conseguir aprobación para ejecutar esa alternativa.

Presionado por Lucey, Rosenzweig Díaz eventualmente cedió. Nick sería puesto bajo la protección del servicio secreto mexicano y conducido a un lugar seguro en la Ciudad de México en espera de la autorización para su entrada en los Estados Unidos. El subsecretario instó al embajador Lucey a darle prioridad al ingreso de Nick en los Estados Unidos. Lucey, por su parte, le expresó su preocupación por la seguridad de Nick mientras estuviese bajo la protección del gobierno de México.

—El secretario Vance quiere recibir garantías de que Nickolich no será entregado a las autoridades cubanas.

—Pueden estar seguros de que no lo entregaremos a los cubanos—respondió Rosenzweig.

—Además, es vital que el gobierno mexicano tome todas las medidas necesarias para proteger al deportista de un posible intento de secuestro por parte de los cubanos mientras esté bajo la protección del Gobierno de México.

—Puedo garantizarle que su hombre estará protegido las 24 horas del día por agentes de la Dirección Federal de Seguridad.

En un cable enviado a Cyrus Vance en ese mismo día, el embajador Lucey solicitó una autorización para la entrada inmediata de Nickolich en los Estados Unidos. Hizo hincapié sobre la necesidad de cooperar con Rosenzweig para aliviar al gobierno de México de una situación embarazosa, la cual podría acentuarse por una demora innecesaria en tomar acción.

Después de colgar el teléfono con el embajador americano, el subsecretario Rosenzweig Díaz convocó al jefe de la DFS, la Dirección Federal de Seguridad y lo instruyó que se encargara de la situación personalmente y sólo con sus hombres de mayor confianza.

Después de una media hora de ausencia, Morris entró en la habitación por enésima vez desde el comienzo del interrogatorio. Nick ojeó su reloj y notó que era pasada la medianoche.

—Nick, el departamento de estado y el embajador Lucey han decidido trasladarte de inmediato a un lugar seguro. Desafortunadamente, nuestra embajada no tiene las facilidades adecuadas en Ciudad de México para estos propósitos.

Morris hizo una pausa para tomar un sorbo de su vaso de agua.

—A petición del Embajador Lucey, el gobierno de México ha decidido otorgarte asilo político de forma temporal hasta que podamos ponerte a bordo de un avión hacia los Estados Unidos. Esto es solamente una formalidad para garantizar tu seguridad personal mientras estés en México. Un efectivo del servicio secreto mexicano se hará cargo de tu protección personal hasta que recibas la luz verde para entrar en USA.

—Eso sería un error—protestó Lince. —A través de los años, México le ha devuelto a Castro un sinnúmero de desertores. Ustedes, más que nadie, deben saber de qué Cuba y México son países aliados y que las autoridades de aquí harán todo lo posible para que eso no cambie. No les tengo la menor confianza.

Morris rio entre dientes.

—Nick, no tienes nada de qué preocuparte. Tanto el departamento de estado como el servicio exterior mexicano han priorizado tu seguridad personal. El secretario de relaciones exteriores le dio garantías al embajador Lucey que los agentes cubanos no se acercarán a una milla de tu persona. Los efectivos de la DFS son los mismos que protegen al presidente de México y son unos de los mejores en su trabajo.

—Entiendo, —dijo Lince.

Thomas miró su reloj.

—Los agentes de la DFS deberán estar aquí en unos veinte minutos. A propósito, el embajador Lucey ya envió un cable al jefe de la misión de intereses de los Estados Unidos en la Habana pidiéndole que visite a tus padres lo antes posible.

—Eso me hace sentirme mucho mejor. Ustedes han sido en extremo complacientes.

—No es problema alguno para nosotros, Nick. Solo estamos haciendo nuestro trabajo. ¿Quieres otra tajada de pizza?

Capítulo 35

Quince minutos pasados la una de la madrugada, Morris y Thomas le comunicaron a Lince que los agentes de la DFS habían llegado a la embajada. El atleta fue escoltado desde el salón de conferencias a través un laberinto de pasillos en el primer piso de la sede diplomática. Al final de un corredor, los tres hombres bajaron por una angosta escalera que conducía al garaje subterráneo del edificio. Fue ahí donde se encontraron con tres individuos vestidos con sobretodos, el más alto de ellos sosteniendo una metralleta israelí UZI en su mano derecha. Uno de los hombres, el de más baja estatura y quien lucía un bigote negro espeso, dio un paso hacia adelante para estrecharle la mano a Lince.

—Señor Nickolich, soy el comandante Vásquez de la Dirección Federal de Seguridad. Es un placer conocerle. Mis dos colegas, Sergio y Manuel, serán sus guardaespaldas personales desde ahora hasta el momento en que viaje a los Estados Unidos.

—El placer es mío, comandante.

—Mientras se encuentre bajo nuestra custodia y para su propia seguridad, debe hacer exactamente lo que le indiquemos. Nuestra primera parada esta noche será las oficinas de la secretaría de gobernación. Un funcionario de inmigración nos esperará allí para completar ciertas formalidades.

Lince se dio vuelta para estrechar la mano de Morris y Thomas y darles las gracias. Los hombres le desearon buena suerte y le aseguraron de que todo saldría bien. Mientras tanto, Sergio había abierto la puerta corrediza blanca de una furgoneta VW y le indicó al deportista que subiera al vehículo. Vásquez, quien ya estaba al volante de un VW escarabajo color verde oscuro, tomó la delantera.

En cuestión de segundos, una caravana de dos vehículos fue observada abandonando el garaje de la embajada americana a alta velocidad y uniéndose subrepticiamente al tráfico nocturno de la enorme ciudad.

—Aférrate bien, Nick—le advirtió Sergio.

El viaje a la oficina de la secretaría de gobernación fue una experiencia electrizante incluso para un aventurero fogueado como el Lince. Los vehículos de la DFS emprendieron una carrera fugaz por las calles casi vacías de la ciudad. Los vehículos se turnaron en tomar la delantera cada varias cuadras, violaron todos los semáforos de luz roja que encontraron en su camino, hicieron rechinar los neumáticos por las esquinas y rotondas, e hicieron varios virajes repentinos hacia callejones de una vía. Indudablemente, los hombres a cargo de su protección eran expertos en el arte de la evasión vehicular.

—No te preocupes, Nick. Necesitamos asegurarnos de que tus amigos cubanos no nos estén siguiendo. Varios efectivos de la DGI fueron avistados en las cercanías de la embajada americana al atardecer del día de hoy.

La caravana del servicio secreto desaceleró súbitamente al aproximarse a un regio edificio del tiempo de la colonia en el centro de la ciudad. Lince observó un portón corredizo abriéndose en anticipación a su llegada para darle paso a los dos vehículos. El comandante Vásquez, quien les seguía en la retaguardia, debió haberle avisado por la radio al centinela. Los vehículos pasaron velozmente a través de un túnel abovedado debajo del edificio, emergiendo segundos más tarde en un patio interior rodeado de paredes altas cubiertas con plantas de enredadera. Eran la una y cuarenta y cinco de la mañana.

Lince se bajó de la furgoneta y se unió a Sergio, Manuel y Vásquez en el patio adoquinado. El comandante extrajo un llavero de su bolsillo, abrió una pequeña puerta de madera en la fachada del antiguo edificio e hizo un ademán que le siguieran adentro. Los tres hombres procedieron a avanzar deprisa por un pasillo angosto mientras los tacones de sus zapatos resonaban asimétricamente en el techo abovedado. Vásquez procedió a abrir otra puerta que conducía a una oficina amplia y poco iluminada. El recinto, con pisos de mármol pulido, estaba amueblado con alfombras persas y cómodos sillones de cuero, las paredes cubiertas por una estantería de madera de cedro repleta de volúmenes bien encuadernados.

Adentro se encontraron a un hombre de aspecto huesudo sentado tras un escritorio de caoba en el centro de la habitación. El individuo tendría unos sesenta años con una tez extremadamente pálida, acentuada por una luz verde tenue proveniente de una lamparilla de mesa. Llevaba su camisa desabotonada al cuello y la corbata desanudada, lo cual sugería que le habían sacado de la cama en medio de la noche para que se ocupara de la situación imprevista.

—Buenas noches, caballeros. Soy el secretario adjunto Bianchini. Por favor, tomen asiento. Vásquez se sentó próximo a Lince al otro lado del escritorio, mientras que Sergio y Manuel permanecieron de pie detrás de ellos.

—¿Está todo en orden? —preguntó Vásquez.

—Sí. Sólo necesito hacerle algunas preguntas de rutina al Sr. Nickolich y luego proceder a formalizar su solicitud de asilo político. Esto no nos tomará mucho tiempo.

El funcionario del gobierno mexicano colocó una hoja de papel en el rollete de una máquina de escribir Olivetti y comenzó a deslizar sus dedos con destreza sobre el teclado electrónico. Le pidió a Lince sus datos personales, incluyendo su nombre y apellidos, fecha de nacimiento, país de origen y los detalles de su evasión. Una vez terminado el breve interrogatorio, Bianchini extrajo la hoja papel de la máquina y procedió a leerla en voz alta.

—Seño Nickolich, ¿se encontraba usted en México asistiendo a una competencia internacional de paracaidismo deportivo, correcto?

—Sí señor.

— ¿En la tarde del 1ro de diciembre de 1977, decidió usted separarse de los otros miembros de su equipo durante una salida de compras en el distrito de Polanco?

—Correcto.

—¿Y por esa acción suya ahora teme represalias por parte del gobierno cubano?

—Así es.

—¿Desea usted proseguir entonces con su solicitud de asilo político al Gobierno de México?

—Desde luego.

El hombre le pasó a Lince el documento y una pluma estilográfica.

—Por favor, compruebe que toda la información plasmada en este documento es la correcta. Si usted está completamente de acuerdo con su contenido, por favor plasme su firma en la parte inferior de la página.

Lince leyó el documento en silencio bajo la mirada del secretario y de los agentes de la Dirección Federal de Seguridad. El trato que le ofrecía el secretario adjunto de gobernación no era precisamente lo que había anticipado. Si firmaba ese documento, podría verse obligado a permanecer en México indefinidamente. Sabía que mientras estuviese en territorio mexicano corría el riesgo de ser secuestrado por los agentes de la inteligencia cubana. Castro tenía muy buenos amigos en las altas esferas del gobierno de ese país, gente que no dudaría en darle información a la embajada cubana sobre su paradero. Sin embargo, la elección ya no era suya para tomar.

Lince plasmó su rúbrica en el documento y se lo entregó al secretario. El funcionario mexicano le pidió que levantara la mano derecha y prestase juramento que la información en el documento que acababa de firmar era verídica.

—Quiero expresarle mi agradecimiento al gobierno mexicano por su amable hospitalidad, pero también quiero dejar claro que no es mi intención quedarme aquí más tiempo del necesario. Lince había escogido sus palabras cuidadosamente para no aparentar el ser descortés o ingrato.

—Su solicitud de asilo en México es sólo una formalidad. Es el único mecanismo mediante el cual nuestro gobierno puede brindarle protección bajo la ley por parte de los agentes del servicio secreto que aquí lo acompañan. —Sin embargo, de ahora en adelante es la responsabilidad del gobierno norteamericano el asegurarle un ingreso rápido en los Estados Unidos. Todo está ahora en manos de ellos.

—¿Cuánto tiempo cree usted que se tomarán esos trámites?

—De nuevo, eso es un asunto interno de la embajada americana y del departamento de estado. El proceso puede llevar desde unos pocos días hasta varias semanas, o incluso meses. No tenemos forma de saberlo, aunque estimo que su caso será un proceso acelerado. Pero a partir de esta noche, usted es oficialmente el huésped de los Estados Unidos Mexicanos.

Después de otra carrera veloz por las calles de la ciudad, los vehículos de la DFS se detuvieron frente un pequeño hotel que haría función de guarida temporal para el Lince. Sergio dio un brusco viraje a hacia el interior de un garaje en penumbras y detuvo el vehículo junto a la pared del fondo. El comandante, quien les había seguido de cerca, dio un giro de 180 grados con su VW escarabajo dentro del garaje y lo dejó estacionado de forma que bloqueara totalmente la entrada.

Manuel y Lince permanecieron próximos a la furgoneta mientras que Sergio avanzaba hacia centro del callejón con la metralleta UZI al descubierto. El hotel carecía de acceso directo desde el garaje al vestíbulo, lo cual les obligaba a salir a la calle antes de entrar al hotel. Con el arma en alto, Sergio echó una mirada hacia ambos extremos de la calle y le dio la señal de que todo estaba en orden.

La habitación reservada por la DFS se encontraba al final del pasillo en el cuarto piso del pequeño hotel. El comandante fue el primero en entrar e inspeccionar cada centímetro del lugar. Era una habitación sencilla con dos camas, una mesa con dos sillas, un escaparate y un aparato de televisión. Vásquez le dijo que regresaría temprano en la mañana para llevarle artículos de aseo personal y un cambio de ropa. Sergio, mientras tanto, llamó al servicio de habitaciones y pidió ocho vasos de ron y coca en hielo, cuatro para sí y cuatro para Manuel. *Cuba Libres*. Los agentes colocaron sus armas cargadas encima de la segunda cama y produjeron un paquete de barajas, comprometiéndose en lo que sería un juego de póker largo y tendido. Eran las dos y cuarenta y cinco de la mañana del 2 de diciembre de 1977.

$$* * *$$

Lince no recordó el momento exacto en que capituló al mundo de los sueños. El paracaidista se despertó pasadas las diez de la mañana al aroma de una tortilla de jamón y queso humeante, tostadas y café que sus guardaespaldas habían ordenado al servicio de habitaciones. Se sentía descansado y con la mente despejada, pero la presencia de Sergio y Manuel en la habitación y la metralleta UZI sobre la cama adyacente le recordaron que su situación en México continuaba siendo precaria.

El comandante Vásquez llegó a las once de la mañana con otra pareja de guardaespaldas para hacerle relevo a Sergio y Manuel.

—Los cubanos te están buscando por todas las embajadas en la Ciudad de México—le dijo Vázquez—No creo que aun sepan con certeza que te fuiste a donde los americanos. Quizás aún están esperando que llames a Duvalón.

La revelación inesperada de Vásquez le confirmó a Lince que sus sospechas no habían sido infundadas. El tal Duvalón era de hecho una trampa. La embajada debió haberle comunicado a la DFS los detalles de su deserción, incluyendo el número de teléfono y el mensaje codificado que el supuesto agente americano le había dado en la Habana. Para entonces, el servicio secreto mexicano sabría exactamente dónde timbraría el número de teléfono del supuesto

Duvalón y si esa persona existía en realidad.

—¿Hay alguna noticia de cuándo podré viajar a los Estados Unidos?

—Nada todavía. Sin embargo, te puedo garantizar que el gobierno mexicano está ejerciendo presión sobre la embajada americana para que otorgue tu visa de entrada a la mayor brevedad. En lo que al Gobierno de México respecta, tu presencia aquí es una contrariedad de la cual desean salirse lo antes posible. A propósito, te traje algunos útiles de aseo, prendas de vestir y revistas.

Lince se duchó, se cepilló los dientes y encendió el aparato de televisión. Mientras los cubanos lo buscaban desesperadamente por toda la ciudad, el deportista se pasaría su primer día como asilado político pegado a la tele y maravillado por los dibujos animados de la pantera rosa.

Capítulo 36

Un aplauso atronador resonó en el salón del centro turístico de Oaxtepec donde se celebraba el banquete oficial del evento deportivo. Tomás Berriolo, el fundador y director de la Federación Panamericana de Paracaidismo, había pronunciado el discurso de rigor a los atletas presentes, luego del cual procedió a hacer un anuncio el cual pocos anticipaban en escuchar.

—A partir de hoy, el equipo cubano continuará en el evento sin unos de sus participantes—dijo Berriolo.

Tomás no tuvo necesidad de dar razón del porque uno de los cubanos no competiría más, ni tampoco mencionar su nombre. La noticia de la fuga de Lince se había esparcido como pólvora a todos los participantes del evento.

La mayoría los competidores presentes en el salón se unieron al estallido de júbilo, menos, desde luego, por la docena de hombres y mujeres que ocupaban la mesa de la delegación de Cuba. Para el equipo cubano, el momento era humillante. Aquella noche en Oaxtepec, los paracaidistas del mundo libre expresaron su solidaridad con un paracaidista que había puesto su libertad por encima de toda gloria personal.

Cuando Berriolo concluyó su discurso, el jefe de la delegación cubana se acercó a la mesa de los anfitriones y se sentó junto al director.

—Usted ha sido un buen amigo nuestro, Tomás. Confío en usted lo suficiente como para decirle algo estrictamente confidencial—le susurró Mejías.

—¿A qué se refiere usted, señor Mejías?

—Nuestra embajada cree que Nick fue enviado por nuestro gobierno a una misión especial.

Tomás se dio vuelta en su silla para mirar al hombre cara a cara, cuyo rostro estaba parcialmente oculto por un enorme bigote estilo Pancho Villa. El director de los juegos panamericanos no pudo evitar soltar una carcajada.

—Lo siento, señor Mejías—No era mi intención ser descortés, pero lo que acaba de decirme me resultó muy gracioso.

Turbado visiblemente por la reacción de Tomás, Mejías se excusó y regresó a su mesa. Su intento desesperado de levantar sospechas sobre Lince por órdenes de la embajada no había dado el resultado anticipado. Por lo contrario, lo había hecho parecer más estúpido ante el director de la competencia. *¿Qué gobierno enviaría a un agente secreto a realizar una misión al extranjero y luego le avisaría al enemigo acerca de ello?*

***

En su oficina de la Misión de Intereses de los Estados Unidos en la Habana, Lyle Lane intentaba en vano contener una situación la cual se le había escapado de las manos. El enviado del presidente Carter en Cuba ahora tendría que darle frente a un hecho que, desde su punto de vista, nunca debió haberse permitido.

Lane consideró que tanto el embajador Lucey como el secretario de Estado Vance habían cometido un error grave en otorgarle protección al deportista cubano en México. Consideró esa decisión como extremadamente inoportuna, particularmente en un momento crítico cuando los Estados Unidos y Cuba estaban en proceso de restablecer lazos diplomáticos. Sus ambiciones de convertirse en el primer embajador de los Estados Unidos en Cuba después de dieciséis años de *impasse* parecían haberse desmoronado como un castillo de naipes.

El jefe de misión recibió una llamada telefónica en su residencia del elegante vecindario del Country Club, ahora conocido como Cubanacán, en las altas horas de la noche. El hombre al otro lado de la línea se identificó como el asistente personal de Raúl Roa, el ministro de relaciones exteriores de Cuba.

—Buenos días, Mr. Lane. Discúlpeme por haberle llamado a esta hora tan inoportuna, pero hay un asunto de extrema urgencia que necesitamos discutir con usted.

— ¿En qué puedo ayudarle?

—Nuestro gobierno está enterado de que uno de nuestros paracaidistas, el cual se encontraba compitiendo en México, ha recibido protección en la embajada de los Estados Unidos en esa ciudad.

—Esta es la primera vez que escucho esa noticia—dijo Lane.

—El ministro Roa me urgió que le recordase que no es política de los Estados Unidos conceder asilo político en sus embajadas en el extranjero—continuó el hombre. Su país ha violado el protocolo a al darle refugio a un ex miembro del equipo deportivo cubano. ¿Cómo podemos tomar en serio sus deseos de normalizar relaciones con la República de Cuba cuando ustedes realizan actos de esa naturaleza a nuestras espaldas? El gobierno revolucionario de Cuba exige la devolución inmediata del paracaidista a las autoridades cubanas.

—Me comunicaré con Washington para ponerme al tanto de la situación y expresarles sus inquietudes. Le prometo llamarle más tarde en el día de hoy.

Lane podría haberle dicho al funcionario del gobierno cubano que, bajo circunstancias extremas, las embajadas de EE. UU. tenían jurisdicción para concederle refugio temporal a un individuo cuando su vida corría un peligro inmediato. Pero no lo hizo. No sería políticamente correcto, ni prudente causarle más disgustos al canciller cubano, ni a su intermediario.

Luego de conferenciar brevemente por télex con el embajador Lucey en Ciudad de México, Lane llamó a la oficina del canciller Roa.

—No sabemos exactamente lo que ocurrió ayer en México. Pero tengo entendido que el gobierno mexicano le ha concedido asilo político al ex miembro de su equipo de paracaidismo. Desafortunadamente, la situación está totalmente fuera de nuestras manos.

Lane le prometió al ayudante del canciller Roa que, en virtud de las relaciones entre Estados Unidos y Cuba, trataría de persuadir al departamento de estado para que mantuviera la noticia sobre la deserción del paracaidista ajena a los medios de prensa.

En una oficina que ofrecía una vista panorámica del litoral de la Habana, Lane dictó un télex urgente dirigido a Cyrus Vance, el Secretario de Estado de los Estados Unidos. El cable, el cual puso al descubierto la postura vergonzosa de Lyle Lane en ese día, fue enviado a Washington, D.C. a las 7:49 de esa mañana.

0 031706Z DEC 77 FM USINT HAVANA

PARA SEC DE ESTADO WASHDC NIACT INMEDIATO 655 INFO EMBAJADA AMERICANA MEXICO NIACT INMEDIATO

S E C R E T O HAVANA 0749 EO 11652: XGDS-4 LABEL: SREF CU SUBJ: SOLICITUD DE ASILO - ATLETA CUBANO REF: MEXICO 20019

EN ESTA FASE INICIAL Y ALTAMENTE SENSIBLE DEL PROCESO DE NORMALIZACIÓN DE LAS RELACIONES CON CUBA, ME PARECE PARTICULARMENTE DESFORTUNADO QUE LOS ESTADOS UNIDOS HAYAN TOMADO ACCIÓN EN EL CASO DE REFERENCIA, ALGO QUE NORMALMENTE NO HARIAMOS BAJO OTRAS CIRCUNSTANCIAS. PRESUMO QUE AHORA DEBEMOS TOMAR TOTAL RESPONSABILIDAD POR ESTA ACCION FRENTE AL GOBIERNO DE CUBA EN ARAS DE NUESTRAS RELACIONES CON MEXICO.

[PÁRRAFO EXCESADO POR EL DEP. DE ESTADO.]

EN CUALQUIER CASO, ESPERAMOS QUE SE HAGAN ESFUERZOS POR TODAS LAS PARTES INTERESADAS PARA EVITAR DARLE PUBLICIDAD A ESTE CASO. CUALQUIER ATENCIÓN EN LA PRENSA, POR SUPUESTO, LE CAUSARÁ MAS VERGUENZA AL GOBIERNO CUBANO Y COMPLICARÁ AUN MÁS NUESTRAS RELACIONES.

LANE

Capítulo 37

Lince se despertó súbitamente por un toque sutil a la puerta. Aun adormecido, miró la esfera luminosa de su reloj Junghans y notó que eran las dos y quince de la mañana.

De inmediato, observó a Sergio situarse detrás de la cama con el cañón de su UZI apuntando a la puerta. Manuel, por su parte, colocó la cadena de seguridad y entreabrió la puerta unos centímetros mientras sostenía su pistola calibre .45 en alto con la otra mano. Sergio y Manuel aparentemente habían regresado para relevar al segundo team de guardaespaldas en medio de la noche mientras él dormía.

Luego de comprobar la identidad de los visitantes, Manuel desató la cadena de la puerta y le permitió el paso a la habitación. El más alto de los dos individuos se presentó a Lince como el primer secretario de la embajada americana en la Ciudad de México.

—Nick, tengo buenas noticias para ti. Saldrás para Miami mañana a primera hora en un vuelo de Aeroméxico.

—Muchas gracias. Es la mejor noticia que he recibido en toda mi vida.

El hombre extrajo un sobre de su chaqueta y se lo entrego a Lince.

—Aquí tienes tu boleto de Aeromexico y el documento de *preparole* que te permitirá entrar a los Estados Unidos sin problemas. No necesitarás un pasaporte.

El diplomático norteamericano sacó su billetera del bolsillo y extrajo un billete de cincuenta dólares

—Acepta este dinero, por favor—Lo necesitarás para ponerte en contacto con tu familia una vez que llegues a la Florida. Te deseo un feliz viaje y buena suerte en tu nueva vida en la libertad.

Poco antes del amanecer, el agente de la DFS Sergio Temimipa condujo la furgoneta VW a alta velocidad por las calles de la Ciudad de México y finalmente tomó una autopista en dirección al aeropuerto Benito Juárez. El agente de la DFS le presentó su identificación a un centinela apostado en una de las entradas laterales del aeropuerto y estacionó la furgoneta en una zona reservada para vehículos oficiales.

Sergio y Manuel escoltaron a Lince a través de un corredor interior de la terminal hasta llegar a una pequeña oficina donde un funcionario de inmigración mexicano ya les estaba esperando. Había llegado el momento de completar una última formalidad entre el deportista cubano y su país anfitrión.

—Señor Nickolich, necesitamos que nos firme un documento más. Es su declaración renunciando al asilo político ofrecido por el gobierno de México.

Lince le echó una ojeada al documento y plasmó su firma. Le agradeció al funcionario de inmigración mexicano por la hospitalidad de su gobierno y por la protección brindada por los agentes de la DFS.

—Tenemos que buscar tu puerta de salida ahora—le dijo Sergio—No queremos que pierdas tu vuelo a Miami.

—Estaré rezando para nadie trate de secuestrar tu avión y lo obligue a aterrizar en Cuba—bromeó Manuel. Los tres hombres se echaron a reír.

Lince partió de Ciudad de México para Miami en el Vuelo 410

de Aeroméxico en la mañana del 3 de diciembre de 1977, menos de setenta y dos horas de haberse liberado de sus captores y tomado las riendas de su destino para siempre.

Epílogo

Alrededor de las ocho de la mañana del 5 de diciembre de 1977, un camión militar ingresó a la entrada vehicular de la casa número 1708 en la calle 174 en Siboney, un residencial exclusivo ubicado en el oeste de la ciudad de la Habana.

Una cuadrilla de ocho gendarmes uniformados saltó del vehículo para tomar control de la puerta principal, y de la segunda puerta junto al garaje de dos coches. El jefe del equipo de incursión intentó abrir la puerta principal, pero la encontró cerrada con llave. El policía procedió a tocar el timbre y luego golpear en el panel de vidrio mientras gritaba:

—Seguridad del estado, abran la puerta de inmediato.

Momentos después, una mujer de aspecto frágil, de unos sesenta y cinco años, comenzó a bajar lentamente la escalera de caracol con un paso lento y dignificado.

—Apresúrate—le gritó el hombre desde afuera.

Ramona no se inmutó. Sin alterar su paso, bajó los escalones de granito pulido y abrió la puerta de cristal.

—Ya sé por qué están aquí. Mi hijo es ya un hombre libre. Nos acaba de llamar de los Estados Unidos. Ya no hay nada que puedan hacer contra él.

En lo que se asemejó a una maniobra militar bien ensayada, seis agentes del DSE se despegaron deprisa por la escalera de caracol hacia la planta alta, mientras que uno de ellos permaneció afuera vigilando la entrada. Otro soldado, quien actuaba como el líder de la cuadrilla, puso mano en la espalda de Ramona y trató de empujarla escaleras arriba.

—Quíteme sus garras de encima—le exigió—No necesito ayuda.

—¿Dónde está el dormitorio de tu hijo?

—Siga por el pasillo, la segunda puerta a la izquierda.

Momentos después, Víctor Daniels, quien apenas unos días antes había cumplido los ochenta y tres años de edad, fue forzado hacia el comedor por uno de los soldados y obligado en sentarse a la mesa junto a su esposa. Aun tenía puesto su pijama y mostraba un sobresalto visible en sus ojos pálidos. Mientras tanto, Ramona permanecía calmada y con una mirada de orgullo cincelada en sus ojos verdes.

—No pueden levantarse de la mesa mientras estamos registrando la casa—les dijo el jefe. Si necesitan usar el baño, uno de nosotros tendrá que acompañarlos.

Ramona le propinó al oficial una mirada de desprecio. Estaba presta a decirle todo lo que se había guardado para sí por tanto tiempo—los largos años de la angustia y de privaciones vividas bajo el régimen tiránico de Castro. Anticipando lo que su esposa estaba a punto de hacer, Víctor Daniels le puso una mano en el hombro y le imploró con sus ojos a que callara.

La última vez que algo así les había sucedido fue en 1961, cuando tres milicianos de Castro prácticamente le voltearon la casa al revés en búsqueda de armas. En esta ocasión, el desorden causado por la requisa prometía ser aún mucho peor.

Los agentes del G2 se trasladaron de una habitación a la otra con una precisión militar. Rebuscaron en los armarios y cajones, echando dentro de varias cajas de cartón todo lo que había pertenecido a Nick— trofeos, medallas, juguetes de los tiempos de su niñez, artículos de ropa, libros, su radio *Zenith*, todo. Los genízaros aparentaban estar decididos a no dejar en la casa ninguna pertenecía o recuerdo del deportista. Era evidente de que trataban de borrar todo rastro de que el hombre había jamás existido.

Ramona notó que uno de los oficiales se dirigía hacia las escaleras llevando consigo un libro voluminoso.

—No pueden llevarse eso. Es nuestro álbum familiar.

—Estamos autorizados a confiscar todo lo que consideramos sea necesario para nuestra investigación—le dijo el jenízaro. Permanezcan en silencio o ambos se meterán en un problema grave.

—No me asustan sus amenazas—le respondió Ramona— Ustedes no son más que unos tontos inútiles del régimen, unas ovejas más en el rebaño. Terminen de hacer lo que les ordenaron sus jefes y luego váyanse de mi casa—Ninguno de ustedes es bienvenido aquí. Podrán robarnos las cosas materiales que le pertenecieron a mi hijo, pero nunca podrán borrar su memoria de nuestras mentes.

La burda incursión policiaca demoró casi dos horas en completarse. Cuando el último oficial salió por la puerta, la pareja se acercó al mirador en la parte superior de la escalera. Apilados en forma desordenada sobre la cama de un camión militar se encontraban veintiséis años de recuerdos de la vida de su hijo en camino a sólo Dios sabía dónde.

Víctor Daniels y Ramona recibieron órdenes precisas por parte de los oficiales de la seguridad del estado—no podrían vender o regalar ningún artículo de su pertenecía. Todo dentro de su casa había sido inventariado minuciosamente por el DSE, desde las alfombras persas y los frescos al óleo que adornaban las paredes, hasta el último cubierto de plata. Todo por lo que habían trabajado y ahorrado en su vida ya era parte del gran botín malversado por los trúhanes del régimen cubano.

En el transcurso de ese año, funcionarios la misión de intereses de los Estados Unidos en la Habana visitaron del hogar de la familia Nickolich con regularidad. Los padres de Nick estaban convencidos que esas visitas evitaron nuevos abusos por parte del régimen. Afortunadamente, los padres de Lince también contaban con buenos amigos y vecinos que les visitaban con frecuencia y les ayudaban con los menesteres diarios

En octubre de 1978, Víctor Daniels y Ramona abandonaron Cuba para siempre con rumbo a los Estados Unidos a través de Kingston, Jamaica y con sólo una maleta pequeña cada uno conteniendo una muda de ropa. Nunca miraron hacia atrás, ni añoraron la pérdida del fruto de toda una vida. Estaban felices de poder reunirse muy pronto con sus hijos y conocer a su primer nieto Alex, el que había nacido dos años antes en tierras de libertad. Era el fin de una amarga pesadilla que había durado veinte largos años.

$$***$$

En 1995, la carrera de Lince como paracaidista alcanzó a su clímax en los cielos sobre el aeropuerto de Lake Wales en la Florida. En ese día, Lince y Jerry Bird se tomaron de las manos junto a otros 211 paracaidistas en un intento de romper el récord mundial de formación en caída libre.

Veinte años atrás, fue Jerry quien le dio a Lince su primera lección teórica de vuelo relativo en caída libre durante el Campeonato Mundial de Paracaidismo en Szolnok, Hungría.

***

Fidel Castro continuó haciéndole el juego a Jimmy Carter para normalizar las relaciones con Cuba y lograr el levantamiento del bloqueo económico, pero sólo en sus propios términos. El dictador cubano rechazaría sistemáticamente las demandas de Carter y otros presidentes para abordar las cuestiones de los derechos humanos en la isla, compensar a los norteamericanos por las propiedades confiscadas, limitar sus relaciones con la Unión Soviética, o permitir que el más mínimo vestigio de democracia floreciera en la isla. Para el impenitente tirano, esas demandas eran inaceptables ya que amenazaban el mismo núcleo de su poder autoritario.

Tal y como había sucedido desde 1961, los Estados Unidos de América continuarían siendo un enemigo irreconciliable del régimen cubano durante las próximas décadas, y también el pretexto más desgastado en la retórica castrista para continuar sometiendo al pueblo de Cuba.

Apéndice I

Testimonio personal de Matt O'Gwynn, Miembro del Equipo de Paracaidistas del Ejército de EE. UU. en México, 1977.

Doy este recordatorio para que los lectores comprendan mejor quiénes somos, qué somos y, lo que es más importante, porqué somos. En noviembre de 1977, estaba yo participando en mi primera temporada con el Equipo de Paracaidistas del ejército de EE. UU. Mi primera competencia internacional con los *Golden Knights* sería el Campeonato Panamericano de Paracaidismo en Tequesquitengo, Morelos, México. Después de un vuelo en un avión Caribú YC-7A del Ejército, llegamos a la Ciudad de México y fuimos transportados al hotel, nuestro punto inicial de reunión. Este prometía ser un viaje muy emocionante para un joven soldado y competidor. Aún más intrigante, nos dijeron que competiríamos contra el equipo de Cuba. Los cubanos habían tenido una buena actuación en el campeonato Panamericano anterior en el Perú en 1975 y yo estaba particularmente fascinado con la idea de competir contra estos deportistas quienes habían sido entrenados y subvencionados por la Unión Soviética.

Mi padre pasó 33 años en la Fuerza Aérea de los Estados Unidos, principalmente en el Comando Aéreo Estratégico como piloto de un tanquero KC-97. Recuerdo vívidamente la Crisis de los Misiles de Cuba como el hombre de la casa a los siete años de edad. Mi padre estaba en alerta en Alaska, mi madre y yo estábamos en nuestra casa en la base aérea de Dover AFB Delaware con planes de permanecer en el sótano durante aproximadamente tres semanas después del inminente conflicto nuclear.

En Tequesquitengo, me presentaron a Víctor Nickolich, quien gozaba del título de Maestro del Deporte en Cuba. Habiendo competido contra mi jefe de equipo en 1975 en el Perú, Nick era un paracaidista bien conocido y respetado.

A mediados de la competencia, nos ofrecieron un día libre y un viaje a Cuernavaca para hacer turismo e ir de compras. Cuando entré esa noche al salón de recepciones para asistir al banquete oficial del evento, presentí de inmediato que algo serio había ocurrido. Una atmosfera etérea de tensión penetraba la sala, mientras los equipos de los diferentes países hablaban a baja voz sentados en sus mesas. Fue entonces cuando Tomas Berriolo, el director del encuentro anunció que los cubanos continuarán la competencia con un competidor de menos. Cuando les pregunté a mi capitán de equipo y al jefe de delegación qué estaba pasando, ambos me dieron una mirada que yo entendería algo más adelante. Por el momento no tenía la menor de lo que había ocurrido. En algún momento durante el transcurso de ese día, Nick desapareció. Cuando me senté en el autobús a la mañana siguiente y tomábamos las curvas en el camino sinuoso a la zona de saltos, finalmente caí en cuentas de lo ocurrido—Nick había hecho su movida hacia la libertad.

No hubo ninguna declaración oficial hasta que aterrizamos en Harlingen, Texas en el vuelo a casa. Una vez en nuestro país, nuestro capitán de equipo dio la noticia de que Nick estaba a salvo en Estados Unidos. En mayo de 1978, Nick viajo de Miami a una competencia en Raeford, Carolina del Norte, nuestra zona de saltos ubicada a sólo una milla de Fort Bragg. Cada uno de nosotros abrazó a nuestro hermano paracaidista, sin palabras para expresarle nuestra inmensa alegría por su victoria.

Cualquier persona que ha perseguido una pasión sabe lo difícil que es «pasar» a la siguiente fase de la vida. El dejar atrás la emoción de las competencias, la adrenalina y la camaradería es algo que yo también he experimentado con dificultades. Durante mis tres décadas de receso de la competencia clásica de *Estilo y Precisión*, no pasó un día sin que no añorase el volver. La semana pasada en Lake Wales, Florida, logré colocarme el 4to lugar y ocupar, una vez más, un puesto en el equipo nacional de Estados Unidos.

Mis palabras no le hacen justicia a mi gran respeto por los atletas que superan obstáculos que nosotros, los norteamericanos, nunca hemos tenido que experimentar en nuestras vidas.

Matt O'Gwynn

Equipo de Paracaidistas del Ejército de EE. UU., 1977

Apéndice II

Testimonios.

Copias de los télex secretos (desclasificados) intercambiados entre el departamento de estado de los Estados Unidos, la Embajada de los Estados Unidos en la Ciudad de México y la Misión de Intereses Especiales en la Habana entre el 1ro ye el 3 de diciembre de 1977 relacionados con la fuga del paracaidista cubano en México.

Estos documentos le fueron entregados al autor en septiembre del año 2006 bajo la Ley de Libertad de Información (Freedom of Information Act) de los Estados Unidos.

Case Number: 200601114

SECRET

UNCLASSIFIED

PAGE 01   MEXICO 20019   020202Z
ACTION ARA-14

INFO OCT-01 ISO-00 SS-15 NSCE-00 L-03 HA-05 PRS-01
      CA-01 VO-05 CIAE-00 INR-07 NSAE-00 INRE-00 DODE-00
      FBIE-00 SY-05 INSE-00 SSO-00 (ISO) W
      ------------------027570 020451Z /63

O 020150Z DEC 77
FM AMEMBASSY MEXICO
TO SECSTATE WASHDC NIACT IMMEDIATE 6689

S E C R E T MEXICO 20019

EO 11652: XGDS4
TAGS: SREF, CU
SUBJECT: CUBAN ASYLUM REQUEST

Dept. of State, RPS/IPS, Margaret P. Grafeld, Dir.
( ) Release (✓) Excise ( ) Deny ( ) Declassify
Date 3/28/07 Exemption b1

REF: 2FAM 229.3

1. AFTERNOON DECEMBER 1, CUBAN NATIONAL CAME TO EMBASSY
REQUESTING ASYLUM. FOLLOWING INFO AS REQUESTED 2 FAM
228.5:

A. VICTOR NICKOLICH   CUBAN

B. MARCH 13, 1951, HAVANA, TRANSLATOR INTO ENGLISH.
(COMMENT: NICKOLICH IS MEMBER OF CUBAN CIVILIAN PARACHUTE
TEAM PARTICIPATING IN MEXICAN SPONSORED INTERNATIONAL
PARACHUTE COMPETITION. HE STATES HE IS A CIVILIAN.)

C. HOLDS CREDENTIAL AUTHORIZING HIS PARTICIPATION
IN PARACHUTE GAMES IN MEXICO.

D. SINCE NICKOLICH LEFT HIS TEAM COLLEAGUES SOME-
TIME MORNING DEC 1 IT SEEMS CERTAIN CUBAN EMBASSY KNOWS
OR SUSPECTS HE HAS FLED. DCM HAS NOTIFIED UNDERSECRETARY
OF FOREIGN RELATIONS OF MEXICO, AS WILL BE REPORTED BELOW.
    SECRET

    SECRET

PAGE 02   MEXICO 20019   020202Z

Current Class: SECRET

Dept. of State, RPS/IPS, Margaret P. Grafeld, Dir.
( ) Classify as (✓) Extend as (≤) Downgrade to
Date 9/5/06 Declassify on 9/4/00 Reason 25x1

UNCLASSIFIED

Case Number: 200601114

E. SUBJECT WALKED INTO EMBASSY REQUESTING ASYLUM.

F. HE HAS BEEN AFFORDED TEMPORARY REFUGE IN EMBASSY.

G. HE STATES HE WISHES TO LIVE IN A FREE SOCIETY.
NICKOLICH STATES HE HAS U.S. CITIZEN SISTER, MRS. VICTORIA
MILITZA PADILLA, BORN 12/30/48 IN HAVANA, ADDRESS UNKNOWN,
TELEPHONE NUMBER 552-8210 IN MIAMI. HE SAYS IF SISTER IS
NO LONGER AT THIS NUMBER, SHE CAN BE REACHED THROUGH
COUSIN, DOLORES FRONTELA, TELEPHONES 883-2041 OR 887-7505,
BOTH ALSO IN MIAMI.

H. NO KNOWN CRIMINAL CHARGES

I. STATES HE IS NOT COMMUNIST PARTY AFFILIATE.

2

Excised

DCM CONTACTED UNDER-
SECRETARY ALFONSO ROSENZWEIG-DIAZ, TO INFORM HIM OF CASE
AND REQUEST THAT GOM ACCEPT NICKOLICH AS ASYLEE IN MEXICO.
ROSENZWEIG-DIAZ AGREED THAT MEXICO SHOULD AND NORMALLY
WOULD ACCEPT HIM, BUT POINTED OUT THAT IT WOULD BE EX-
TREMELY EMBARRASSING FOR GOM TO HAVE HIM ON ITS HANDS
WITH FOREIGN SECRETARY ROEL DUE TO LEAVE DECEMBER 5 FOR
OFFICIAL VISIT TO CUBA. HE ASKED WHETHER USG COULD CON-
TINUE HIM IN TEMPORARY REFUGEE STATUS IN EMBASSY OR
ARRANGE FOR HIS TRAVEL TO U.S. DCM COUNTERED WITH SUG-
GESTION THAT GOM TAKE CHARGE OF HIM BUT KEEP HIM UNDER
WRAPS UNTIL ROEL VISIT OVER, AND UNDERSECRETARY SAID HE
SECRET

SECRET

PAGE 03   MEXICO 20019 020202Z

WOULD CONSIDER THIS, BUT DOUBTED HE WOULD BE SUCCESSFUL
IN GETTING SUCH ACTION APPROVED. ROSENZWEIG-DIAZ SUB-
SEQUENTLY OFFERED TO HAVE MEXICAN IMMIGRATION TAKE CHARGE
OF SUBJECT PENDING A U.S. DECISION ON ACCEPTING
HIM FOR IMMIGRATION. HE GAVE FIRM ASSURANCES, IN RE-
SPONSE TO SPECIFIC QUESTION BY DCM, THAT GOM WOULD NOT
TURN HIM OVER TO CUBAN AUTHORITIES AND ALSO THAT GOM
WOULD TAKE FULL SECURITY MEASURES TO ENSURE THAT NICKOLICH
WAS PROTECTED AGAINST ANY POSSIBLE KIDNAP ATTEMPT WHILE
IN GOM HANDS.

Case Number: 200601114

3. ACTION: REQUEST IMMEDIATE AUTHORIZATION TO PRE-
PAROLE NICKOLICH INTO U.S. ON URGENT BASIS. WE RECOG-
NIZE THAT TO DO SO COULD COMPLICATE U.S.-CUBAN RELATIONS.
HOWEVER, IT IS IMPORTANT TO U.S.-MEXICAN RELATIONS THAT
WE COOPERATE IN RELIEVING GOM OF EMBARRASSING DIFFICULTY
OUR FAILURE TO ACT WOULD CREATE FOR MEXICAN AUTHORITIES.
LUCEY

SECRET

NNN

UNCLASSIFIED

UNCLASSIFIED

Current Class: SECRET   Page: 1
Current Handling: n/a
 Document Number: 1977MEXICO20127   UNCLASSIFIED   Channel: n/a

<<<>>>
UNCLASSIFIED

PAGE 01   MEXICO 20127 030139Z
ACTION HA-05

INFO OCT-01 ARA-10 ISO-00 SS-15 L-03 VO-05 CA-01
      INR-07 PRS-01 SY-05 SSO-00 INRE-00 INSE-00 /053 W
      ------------------040204 030145Z /72R

O 030128Z DEC 77
FM AMEMBASSY MEXICO
TO SECSTATE WASHDC NIACT IMMEDIATE 6740
INFO USINT HAVANA IMMEDIATE

S E C R E T MEXICO 20127

E. O. 11652: XDS4
TAGS: SREF, CU
SUBJECT: CUBAN ASYLUM REQUEST

REF: STATE 288198

1. IN RESPONSE TO OUR URGENT APPEAL, INS ASSOCIATE COM-
MISSIONER CARL WACK HAS AUTHORIZED NICHOLICH PAROLE. WE
ARE SEEKING FLIGHT INFO FROM GOM, WHICH WILL BE PHONED
TO COMMISSIONER AND TO DEPARTMENT'S OPERATIONS CENTER AS
SOON AS AVAILABLE. PLAN IS TO HAVE NICHOLICH LEAVE HERE
TOMORROW FOR MIAMI.

2. REQUEST DEPARTMENT COORDINATE WITH INS EFFORTS TO
CONTACT NICHOLICH'S SISTER IN ORDER TO ADVISE HER OF
ARRIVAL. ALSO STRONGLY REQUEST DEPARTMENT CONTINUE
EFFORTS WITH AGENCIES INVOLVED TO KEEP ALL ASPECTS OF
NICHOLICH CASE AWAY FROM PRESS ATTENTION, IN ORDER TO
MAKE SURE THAT THERE IS NO EMBARRASSMENT TO SECRETARY
ROEL ON EVE OF HIS DEPARTURE FOR CUBA OR DURING HIS VISIT
THERE.
3. WITH REGARD TO PARA 4, PRESS GUIDANCE TO BE USED BY
EMBASSY ON IF ASKED BASIS ONLY, WE WOULD NOT USE LAST Q
AND A, REGARDING SUBJECT'S STAYING IN EMBASSY OVERNIGHT.
   SECRET

   SECRET

PAGE 02   MEXICO 20127 030139Z

FYI. FACT IS THAT AT 2130 DECEMBER 1 REPRESENTATIVES
OF INTERIOR SECRETARIAT PICKED UP NICHOLICH AT EMBASSY.

UNCLASSIFIED

UNCLASSIFIED

Current Class: SECRET
Current Handling: STADIS
Document Number: 1977STATE288198

UNCLASSIFIED

PAGE 01   STATE   288198
ORIGIN HA-05

INFO OCT-01 ARA-10 ISO-00 SS-15 L-03 VO-05 CA-01
      INR-07 PRS-01 SY-05 SSO-00 INRE-00 /053 R

DRAFTED BY HA:ORM:LARTHUR:CAF
APPROVED BY HA:JLCARLIN
HA/ORM - SCLOWMAN
ARA - WSTEDMAN
ARA/CCA - DBOWEN
                  ------------------036847 022121Z /61

O 022101Z DEC 77
FM SECSTATE WASHDC
TO AMEMBASSY MEXICO IMMEDIATE

S UNCLASSIFIED 288198
STADIS//////////////////////

E.O. 11652: XGDS-4

TAGS: SREF, CU VICTOR NICKOLICH

SUBJECT: CUBAN ASYLUM SEEKER

REF: MEXICO 20019
1. INS/CO HAS BEEN CONSULTED CONCERNING THIS CASE.

Excised

UNCLASSIFIED

PAGE 02   STATE   288198

2. IN ANY EVENT, SUBJECT SHOULD BE TURNED OVER PROMPTLY TO
MEXICAN AUTHORITIES RATHER THAN REMAIN IN EMBASSY WHILE

Current Class: SECRET

UNCLASSIFIED

Current Class: SECRET
Current Handling: n/a
Document Number: 1977STATE288198

HIS REQUEST FOR ADMISSION INTO U.S. IS PURSUED.
3. FYI - MIAMI TELEPHONE NUMBER FOR SUBJECT'S SISTER
HAS BEEN DISCONNECTED. SUBJECT'S COUSIN HAS BEEN ASKED
TO HAVE MRS. PADILLA IMMEDIATELY CONTACT DEPT. SO THAT
SPECIAL APPOINTMENT CAN BE ARRANGED WITH INS/MIAMI. END
FYI.

4. THE EMBASSY MAY USE THE FOLLOWING PRESS GUIDANCE
STRICTLY ON AN IF ASKED BASIS:
Q. CAN YOU TELL US ANYTHING ABOUT A CUBAN WHO MAY HAVE
RECENTLY CONTACTED THE EMBASSY SEEKING ENTRY INTO THE
U.S.?

A. A CUBAN DID CONTACT THE EMBASSY SEEKING TO IMMIGRATE
TO THE U.S. HE INFORMED US THAT HE HAS RELATIVES WHO
ARE U.S. CITIZENS AND HE IS ATTEMPTING TO OBTAIN AN
IMMIGRANT VISA.

Q. CAN YOU TELL US HIS NAME AND OCCUPATION?

A. I AM SORRY BUT FOR PRIVACY CONSIDERATION, I CANNOT
DIVULGE THAT INFORMATION.

Q. DID THE INDIVIDUAL MAKE A REQUEST FOR ASYLUM IN THE
U.S.?

A. A BASIC TENET OF U.S. GOVERNMENT POLICY REGARDING SUCH
MATTERS IS TO MAINTAIN THE CONFIDENTIALITY OF INDIVIDUAL
ASYLUM REQUESTS. I, THEREFORE, CANNOT ANSWER THAT QUESTION.

SECRET

SECRET

PAGE 03   STATE   288198

HOWEVER, I WOULD LIKE TO POINT OUT THAT HE DOES HAVE U.S.
CITIZEN RELATIVES AND HE IS ACTIVELY PURSUING AN IMMIGRANT
VISA FOR ENTRY INTO THE U.S.

Q. WAS HE ALLOWED TO REMAIN IN THE EMBASSY LAST NIGHT,
AND IF SO, IS THIS THE USUAL PROCEDURE IN IV CASES?

A. WHILE SOMEWHAT UNUSUAL, HE WAS ALLOWED TO REMAIN IN
THE EMBASSY OVERNIGHT FOR SOME 24 HOURS.   VANCE

SECRET

NNN

Current Class: SECRET

UNCLASSIFIED
SECRET

UNCLASSIFIED

```
DOC_NBR:        1977HAVANA00749
FILM:           D770449-0521
DATE:           03 DEC 1977
TYPE:           TE
FROM:           HAVANA
DRAFTER:        n/a
OFFICE:         ACTION ARA
TO:             STATE
CHANNEL:        n/a
ORIGHAND:       n/a
ORIGPHAND:      n/a
ORIGCLASS:      SECRET
ORIGPCLASS:     n/a
EO:             X4
SUBJECT:        CUBAN ASYLUM REQUEST
REFERENCE:      77 MEXICO 20019
CONTROL_NBR:    n/a
ENCLOSURE:      n/a
LOCATOR:        TEXT ON-LINE, ON MICROFILM
ERRORS:         N/A
CONCEPTS:       REFUGEES
TAGS:           SREF, CU
```

UNCLASSIFIED
SECRET

```
    PAGE 01          HAVANA 00749  032259Z
    ACTION ARA-14

    INFO  OCT-01  ISO-00  SS-15  NSCE-00  L-03  HA-05  PRS-01
          CA-01  VO-05  CIAE-00  INR-07  NSAE-00  INRE-00  DODE-00
          FBIE-00  SY-05  INSE-00  SSO-00  /057 W
                             --------------049401  032353Z /72

    O 031706Z DEC 77
    FM USINT HAVANA
    TO SECSTATE WASHDC NIACT IMMEDIATE 655
    INFO AMEMBASSY MEXICO NIACT IMMEDIATE

    S E C R E T HAVANA 0749

    EO 11652: XGDS-4
    TAGS: SREF CU
    SUBJ: CUBAN ASYLUM REQUEST

    REF: MEXICO 20019

    AT THIS EARLY AND CURRENTLY SENSITIVE STAGE OF A PROCESS OF
    "NORMALIZATION" OF RELATIONS WITH CUBA, IT SEEMS PARTICULARLY
    UNFORTUNATE FOR U.S. TO TAKE AN ACTION IN SUBJECT CASE WHICH IS
    NOT CONSISTENT WITH ACTIONS WE WOULD ROUTINELY TAKE IN SUCH MATTERS
    AT ANY OTHER TIME. WE WOULD PRESUMABLY TAKE THE FULL ONUS FOR THIS
```

UNCLASSIFIED

ACTION WITH GOC FOR THE SAKE OF OUR RELATIONS WITH MEXICO.

Excised

2. IN ANY CASE, WE HOPE THAT EVERY EFFORT WILL BE MADE BY ALL
PARTIES CONCERNED TO AVOID PUBLICITY IN THIS CASE. ANY PRESS
ATTENTION WOULD, OF COURSE, FURTHER EMBARRASS THE CUBAN GOVERN-
MENT AND THUS COMPLICATE OUR RELATIONS EVEN MORE.
LANE

SECRET

NNN